ちくま文庫

思索紀行（下）

ぼくはこんな旅をしてきた

立花隆

筑摩書房

思索紀行（下）——ぼくはこんな旅をしてきた

目次

I　パレスチナ報告

II　ニューヨーク研究

上巻目次

Ⅳ　ヨーロッパ反核無銭旅行

第8章　ヨーロッパ反核無銭旅行

注・作品タイトル下の年代は、作品中の旅が行われた年代。
出典は各作品末及び、一覧を巻末に記載。

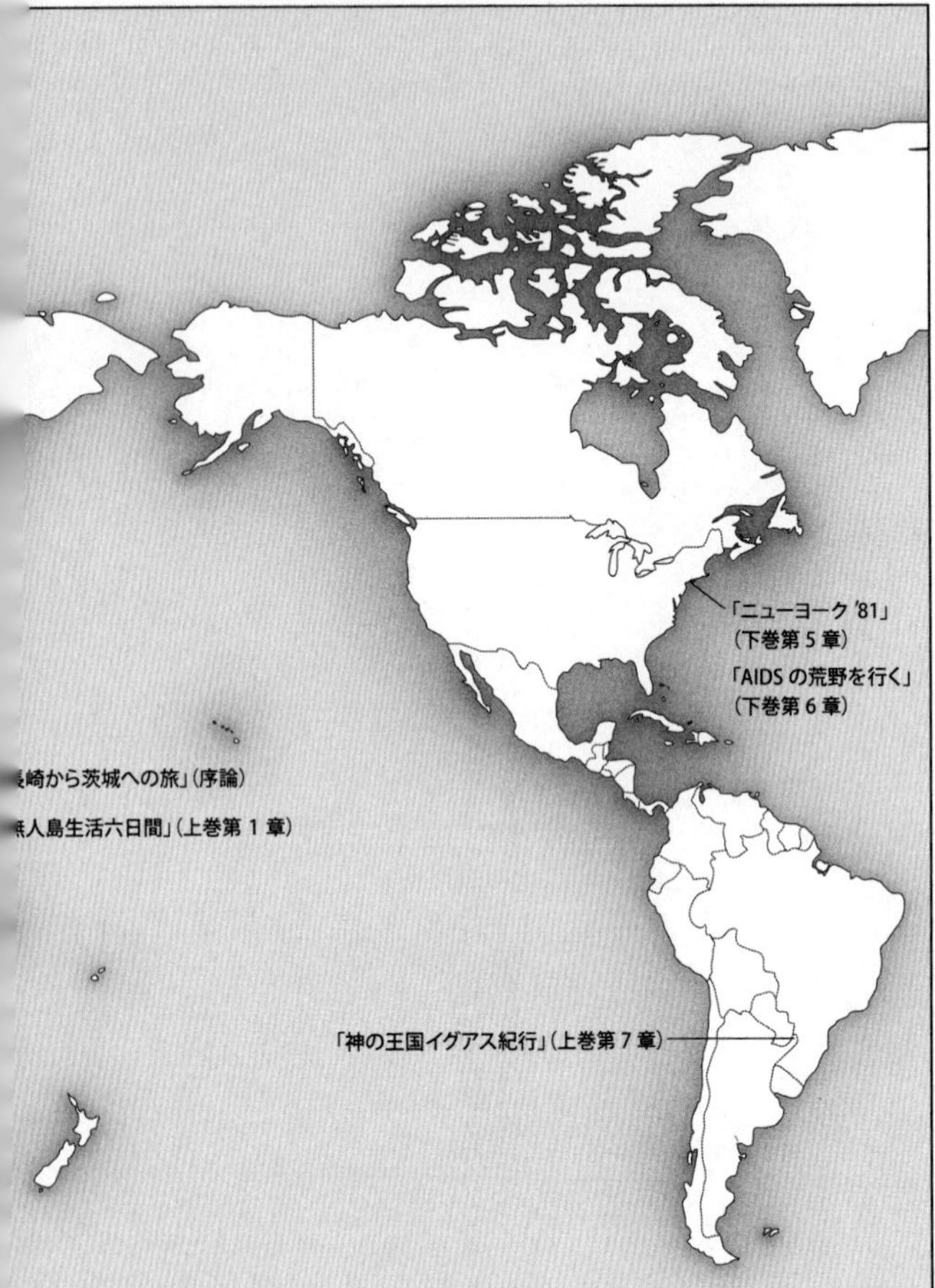

「ニューヨーク '81」
（下巻第 5 章）
「AIDS の荒野を行く」
（下巻第 6 章）
崎から茨城への旅」（序論）
人島生活六日間」（上巻第 1 章）
「神の王国イグアス紀行」（上巻第 7 章）

本書に登場するおもな旅とそのスタート地点

思索紀行（下）

——ぼくはこんな旅をしてきた

I　パレスチナ報告

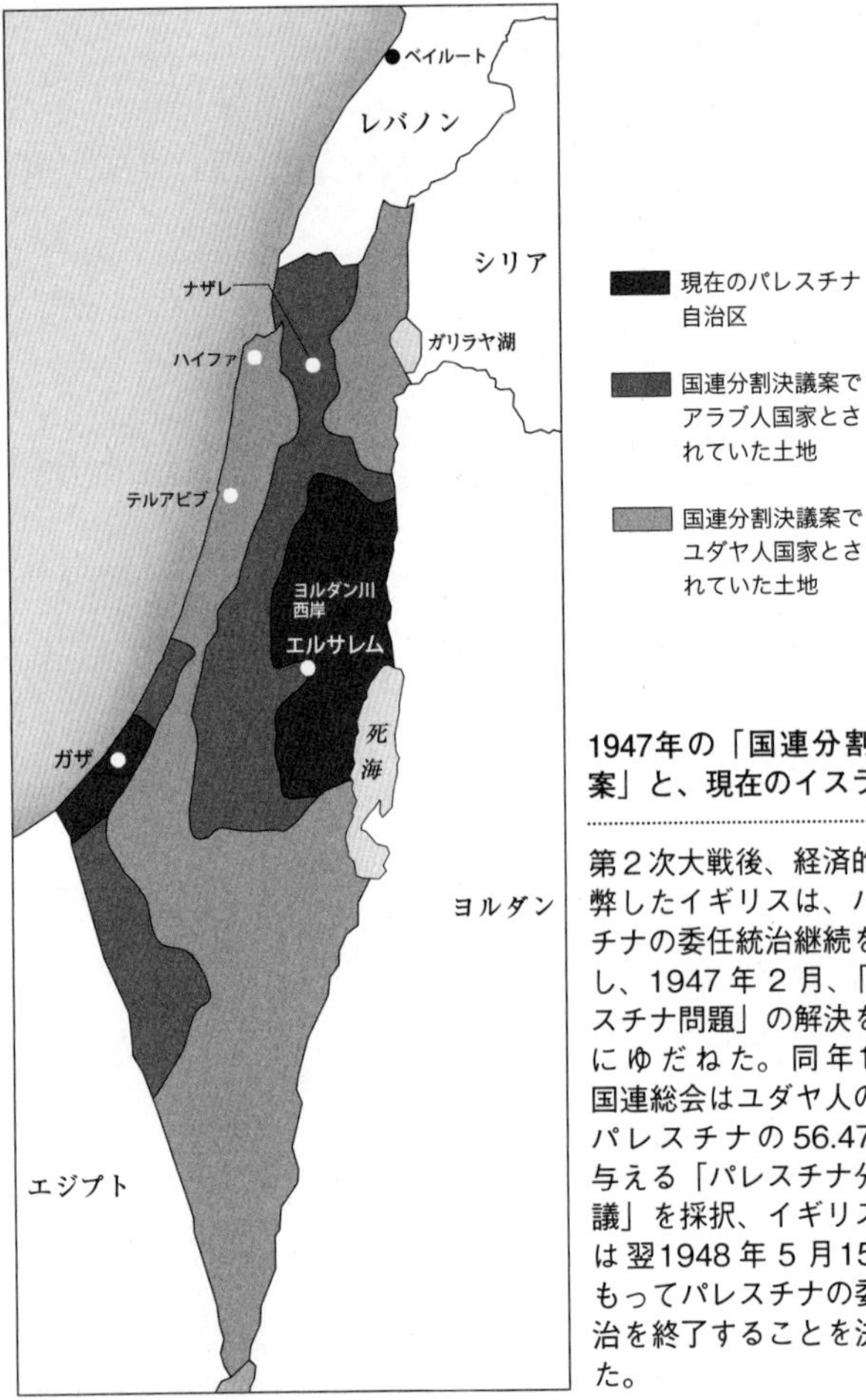

1947年の「国連分割決議案」と、現在のイスラエル

第2次大戦後、経済的に疲弊したイギリスは、パレスチナの委任統治継続を断念し、1947年2月、「パレスチナ問題」の解決を国連にゆだねた。同年11月、国連総会はユダヤ人の国にパレスチナの56.47％を与える「パレスチナ分割決議」を採択、イギリス政府は翌1948年5月15日をもってパレスチナの委任統治を終了することを決定した。

第1章　パレスチナ報告（'72・1〜7、'74・2〜5）

ゲリラの総本山

ベイルートには、市の中心部を大きく囲むようにして走っている環状線のバスNO3がある。山手線のようなものだ。一乗り一五円。一周しても三〇円である。

このNO3バスのSecurité Social（直訳すれば、社会保障だから、この辺に社会保障関係のお役所があるのだろう）という停留所で降りると、目の前にパレスチナの旗をかかげたPLO（パレスチナ解放機構）のビルが建っている。

ビルの前にはいつも自動小銃を持った兵士がいて、彼が受付の役割を果たしている。訪問者の用件をきいて、電話で確認をとり、所持品検査（武器、爆弾のたぐいがないか）をしてから、何階のどの部屋にいけと指示してくれる。

パレスチナ人の取材をしようと思うジャーナリストは、まずこのビルの五階にあるPLO情報宣伝部を訪ねることからはじめる。情宣部長のシャムート氏は、初老のきわめて物静かな紳士である。熱弁をふるいだすと止まらなくなるのがアラブ気質だが（エジプト大統領ナセルなどはよく二時間も三時間も演説をつづけたものだ）、このシャムート氏にはそのかけらもない。

玄関で兵士のチェックにあって、いよいよここが〝ゲリラの総本山〟かと妙に緊張したり意気込んだりして入っていくと、このシャムート氏の寡黙《かもく》でどことなく超然とした応対にぶつかって、毒気を抜かれることになる。

これはあとから知ったことだが、シャムート氏は絵描きなのである。パレスチナ人画家の中では最も名高い画家である。同時に著名な映画監督でもある。

後にシリアを旅行していたとき、アレッポの街で偶然知りあった青年が映画青年で、映画の話をしているうちに、シャムート氏の名前がとびだしてきた。シャムート氏ならベイルートで何度か会ったことがある、というと、その青年は目を丸くして驚いて、ホントか、ホントにシャムート氏に会ったことがあるのか、と、くどいほどに念を押す。ホントだと答えると、しばらくぼくの顔を驚きと羨望《せんぼう》と畏敬《いけい》の念をまじえた目でポカンと見守っていた。彼の絵や映画を見たとき、これはかなりの水準だとは思ったものの、そのときまで彼がアラブ社会でこれほど高い評価を受けていようとは思わなかった。

そして考えたのだが、もしシャムート氏がイスラエルの諜報機関の手によって暗殺されたとしたら（これは、あらゆるパレスチナ人指導者と同じように、大いにありうることだが）、恐らく、日本の新聞は（のみならず、西側の新聞のほとんどが）〝ゲリラの指導者暗殺される〟と報じ、読者は、〈そうか、ゲリラの指導者が殺されたか。PLOの情報宣伝部長とくりゃ、相当の奴だったんだろうな〉といった程度の感想しか持つことはあるまい。しかしアラブ社会での受け取られ方は全くちがったものになっただろう。この辺りからアラブ世界と他の世界の断絶がはじまっている。

ナセル以来の大葬儀

それを理解していただくために、もう一つの例をあげよう。

一昨年（一九七二年）七月、PFLP（パレスチナ解放人民戦線）のスポークスマン、ガッサン・カナファニが暗殺された。昨年（一九七三年）四月には、PLOのスポークスマン、カマル・ナセルが暗殺された。

この二人の葬儀のとき、ベイルートの通りは、怒り、嘆き悲しむ人で埋めつくされた。それはエジプトのナセル大統領が死んだとき以来の大葬儀だったという。

それがどんなに大変なことだったか、ナセル大統領の死にアラブ人がどう反応したかを知らない日本人には想像もつくまい。

「ベイルートでは、そのニュースが伝わった瞬間から全市の機能は停止した。市中は完全な無政府状態に陥った。ライフル、ピストル、機銃、ダイナマイトは終日全市を揺がし、路上で燃やされた古タイヤの煙は街中を覆った。哀悼の意を表さない人間は、外国人といえども容赦なく袋だたきにされ、路上に駐車していた車にはつぎつぎと火が放たれた」（小山茂樹『知られざる中東』竹内書店）

それから三日間、あらゆる商店、会社、工場、学校、役所が喪に服して休み、通りという通りは、「ナセル、ナセル」と号泣しながら行進する大群衆で埋めつくされたのである。

ガッサン・カナファニとカマル・ナセルの葬儀がそれに次ぐものになったということは、何を意味するのだろうか。

もちろん、彼らがＰＬＯ、ＰＦＬＰの中心的な指導者だったということもある。そして、パレスチナ人の運動がアラブの一般大衆の支持を受けているということもある。イスラエルの卑怯なやり口に対する怒りもある。

が、それだけでは充分な説明がつかない。ランクからいけば同じくらいのパレスチナ人指導者が、同じように無惨に暗殺されたとしても、あれだけの葬儀にはならなかったろうからだ。

その差を説明するものは、二人が高い評価を受けている文人だったことにある。ときいても、日本人には、それが理由になるとは思えないだろう。この点を理解していただくためには、アラビア語の不思議な性格を知っていただかねばならない。

ベイルートに滞在中のある晩、私はアラブ文化については全く無知な日本人の友人と連れだって、フェイルーズを聴きにいった。

フェイルーズというのは、アラブ社会では最も人気がある女性歌手の一人である。その舞台を見ての帰り道、ぼくは友人と近くのカフェーで感想を語りあっていた。と、突然、

「フェイルーズはともかく、ぼくはあの詩には感心したなあ。意味は全然わかんなかったけど、あの音のひびきだけで、なんともいえずいい詩だったですねえ」

と友人がいいだした。

「エッ？」

「やだなあ、ホラ、舞台が開く前にやったじゃないですか。若い男がでてきて。多分、フェイルーズをたたえる詩なんでしょうけど、あんなことをやるとこは、なかなか洒落《しやれ》てるなあ」

「いや、あれは詩じゃありません。単なるスピーチです」

「エ、あれがスピーチ。そんなバカな。あれはどう見たって、いや、どう聴いたって、詩ですよ。いくらぼくがアラビア語を知らないからって、普通のことばと詩の区別くらいひびきでわかりますよ」

「そう、あれが普通のことばじゃないのは確かです。でも、あれはスピーチですよ。アラビア語のスピーチというのは、あんなもんなんです」

「いやあ、ぼくは信じない。あれは絶対、詩です」

ついに彼は、翌日になって、それがスピーチであることをアラブ人から説明してもらうまで、信じなかった。実際、普通の話しことばよりはるかにきたない音のひびきの演説（田中首相の演説を思いだしていただきたい）しか聞くことができない日本語の世界で育った人には、信じがたいことだろう。

翻訳不可能なアラビア語

他の言語とくらべて、アラビア語の最も特異な点は、文語と口語が画然《かくぜん》とちがうことである。この場合、日本語でいう文語と口語の区別を想像されると困る。アラビア語の文語は古典語、すなわちコーランのアラビア語がその範とされることばである。コーランのアラビア語といえば、七世紀のアラビア語である。同時代の日本ではまだ古事記も万葉集も成立していない。この時代のことばで、いまだに生きて用いられつづけていることばといったら、アラビア語をおいてないだろう。

アラビア語の文章は、すべてこの古典語で書かれる。といっても、正統古典語から、かなりくずれたものまで、さまざまのレベルがあるが、いずれにしても日常話されているアラビア語ではない。文章だけではない。スピーチ、演説、宗教講話、ラジオのニュースなど、一人の語り手が多数の聞き手に向けてしゃべるときにはやはり文語が用いられる。そしてもう一つ文語の重要な機能は、それがアラブ社会の国際語の役割を果たしていることだ。

というと、アラブ人は全部アラビア語を話しているものと思っている日本人には奇異にきこえるかもしれない。

口語のアラビア語は地域によって大幅にちがう。発音はもちろん、単語の意味やいいまわしまでちがってくる。隣接した地域ならともかく、北アフリカとイラクのように離れたところだと、まず口語によるコミュニケーションは不可能である。大ざっぱにいって北アフリカ、エジプト、東アラビア、メソポタミア、湾岸諸国、アラビア半島のアラビア語はそれぞれにちがうことばであると思っていただいてよい。だいたい同じラテン語から発生したイタリア語、フランス語、スペイン語などが異なっているのと同じくらい異なっている。

それにもかかわらず、アラブ諸国の国際会議などは通訳なしでおこなわれる。というのは、そこで語られるのは文語だからだ。いわば文語アラビア語は、中世ヨーロッパ社会におけるラテン語のような位置を占めているわけである。

さてこの文語アラビア語だが、二つの点において世界で稀にみるほど豊饒《ほうじょう》な言語である。第一に、コーランにはじまる一三〇〇年余のアラビア文学の遺産が、単語やいいまわしの隅々にまで生きているということだ。これは日本でも近世まではあったことだ。浄瑠璃《じょうるり》の詞《ことば》など、和漢の古典が驚くほど精緻《せいち》に織りなされている。その後、日本語は古典から切断されてしまったので、現代日本語、ひいては現代日本文学は、言語表現という点では恐しく貧弱なものになってしまったのだが、これは別の話だ。

だから、アラビア語をその含蓄《がんちく》、ニュアンスをも含めて翻訳するのはほとんど不可能といってよい。これは新古今集の和歌や、浄瑠璃の詞が翻訳可能かどうかを考えてみればおわかりだろう。いずれの場合も、本文の数倍の訳注が必要になるだろう。

もう一つアラビア語の表現を翻訳すると消えてしまうのは、その音響効果である。詳しい説明は省くが、アラビア語はその特有の音韻構造から、韻をふませることが実にたやすい。そして同時に同じビート（音拍）を保っていくことができる。書こうと思えば完全に同じ韻をふみ、完全に同じビートを保った詩を延々何行でも書いていくことができる。アラビア語は詩を作るためにあるようなことばなのである。詩のみならず、いい散文、いいスピーチは、すべてきわめて効果的な音楽性を持っている。

そして、ここで忘れてはならないのは、この音楽性がことばの意味の一部をなしているということだ。

西欧の伝統においては、ことばはロゴスに他ならないのだが、アラブにおいては、ロゴスはことばの一部でしかない。ロゴスに音楽性がかきたてるパトスが加わってはじめて、ことばはことばとしての意味を持つ。

ところが翻訳という操作は、ロゴスを移すことはできても、このパトスを移すことはできない。だから、コーランはいまにいたるも世界のどこのイスラム教徒でもアラビア語のまま用いている。各国語の翻訳もあるにはあるが、それは異教徒が読むもので、イスラム教徒が読むものではない。翻訳でコーランを読む異教徒は、本人はわかったつもりでも半分もコーランの意味が理解できないはずだという。

よくいわれることだが、アラブ人が演説をはじめると、自分自身のことばに酔ってしまう。それを翻訳で聞くと、あまりにも誇大で、あまりにも激烈な調子であるのにビックリする。ところが現実はそのことばとあまりにちがっているので、言行不一致はアラブ人の常ということにされてしまう。しかしほんとは、あの演説を西欧の概念の演説といっしょにするのがまちがいなのである。あれはむしろ、詩人が自作の詩を朗読しているのだとでも思ったほうがよい。詩と現実が一致しないのは当り前である。

これだけ広義の詩がコミュニケーションに広く用いられている社会では、詩人の地位はきわめて高い。アラブ世界では、古代から、他のあらゆる職業よりも詩人の地位は高いものとみなされてきた。そして、詩人は魔力を持つものと考えられた。実際、アラブ人は詩によって自分の魂がかきたてられるとき、それがなんらかの魔力によるものと考えずにはいられない。それほど深く彼らは詩に突き動かされるのである。

詩といっても、日本人の場合、詩によって動かされるのは、もっぱらセンチメンタルな心情でしかないから、もう少し説明しないと誤解を招くだろう。

日本語は本質的に女性的な言語だが、アラビア語は本質的に男性的である。ことばだけでなく、社会そのものが男の社会である。だから、アラビア語で〝ザイエル・マラ〟（女みたい）という表現は、最もひどい侮辱のことばとなる。このことばが投げつけられたら、当事者同士はもちろん、その家族、一族をまきこんでの殺し合いになりうるのである。

男らしさ、力、たくましさ、敵のやっつけ方、敵の弱さ、裏切者の非難、名誉を守る復讐、不正のはねのけなど、男性的な諸価値を表現することば、いいまわしにおいて、アラビア語は豊かすぎるほど豊かである。

そして、アラブの詩がかきたてるのは、多くの場合、女性的なセンチメンタリティではなく、男性的なパトスなのである。

イスラエルのダヤン前国防相が、パレスチナの詩人、ファドワ・トゥカーンのある詩を読んだとき、

「この詩は、コマンドス二〇人に匹敵する」

とうなりながらいったというのも、もっともなことである。

アラブの現代詩の世界で、パレスチナ詩人たちは中心的な役割を果たしている。彼らが三〇年間にわたってうたいつづけてきた、パレスチナ人の苦難、悲嘆、抵抗、闘

い、希望の詩のいくつかを読んだことがないアラブ人は少ないだろう。幾篇かは、すでに教科書にも取り入れられている。

他のメディアもさることながら、詩を通じて、アラブ人の大衆は、パレスチナ人のパトスをその最も深いところで共有しているのである。

そのパレスチナ詩人の代表の一人が、暗殺されたPLOのスポークスマン、カマル・ナセルだった。彼はスポークスマンであると同時に詩人であり、作家であり、戯曲作家であり、また同時にPLO機関紙の主筆でもあった。つまり、彼の活動はすべて広義の詩活動であったわけだ。そして、イスラエルのテロもまさにそこに向けられていた。

彼が殺されたとき、ちょうど彼は机に座って詩を書いているところだった。しかし、暗殺者は彼を殺しただけでは満足せず、倒れた顔を引きあげ、さらに口の周囲に一二発の弾丸を打ちこんで、顔の下半分を穴だらけにした。それから、彼がつかんでいたペンを折り、さらに、机の上をナイフでえぐり取ったのである。まるで、さあこれで、お前の口からも手からも、一切の詩は生まれないぞとでもいいたげに。

ガッサン・カナファニもカマル・ナセルに劣らぬ高名な文人だった。PFLPのスポークスマン、機関誌『アル・ハダフ』の編集長という重職にあったにもかかわらず、三五歳で死んだとき、彼は六篇の長篇小説、五冊の短篇集、四冊の評論をのこしており、他にも発表を待っていた数多くの作品があった。そのうちのいくつかは、英、仏、独、ハンガリーで翻訳され、一篇は日本語にも翻訳されている。

ベイルートのデイリー・スター紙が彼を追悼《ついとう》して書いたように、

「ガッサンは銃を撃ったことがないコマンド。彼の武器はボールペンで、彼の戦場は新聞のページだった。しかし、彼はコマンドの一部隊よりも多くの敵を傷つけた男だった」

のである。それ故に彼は殺され、それ故に彼の葬儀はかくも盛大だったのである。

必要な〝無知〟の知

さて、こうして多くの紙数を費して、一見パレスチナ問題とは直接かかわりがなさそうなことを長々と語ってきたのは、これまでの日本におけるパレスチナ問題の理解のされ方が、あまりにも単純で、その安直な理解は誤解の上にしかなりたっていないように思えるからである。

実際、私自身がつい二年前まではそうだった。

二年前、私はイスラエル政府の招きでイスラエルを訪れた。イスラエルは自国PRのために毎年数人のジャーナリストをジャンル別に招待しているのだが、その年は雑誌ジャーナリズム関係の人ということで、たまたま私はその一人に選ばれた。まる一週間、外務省の係官がつきっきりでイスラエルの国中をひきまわし、山ほどの資料をくれ、さまざまの階層の人々との会見をアレンジしてくれた。

一週間の日程が終ったところで、私たちはその外務省の係官とホテルのバーでくつろいでいた。

「さあこれでもう、皆さんはイスラエルの専門家ですよ。ジャーナリストなら誰でも、この国を一週間訪問すれば、一冊の本が書けるそうです。大いに書いてください」

といって彼はニヤッと笑った。実際、そういう人が幾人かいたそうだし、私たちの一週間の経験からしても、確かにそれくらいの材料はありそうだった。

「しかし、同時にこうもいわれていることを忘れないでください。イスラエルに一カ月滞在したジャーナリストは、一冊の本をまとめるどころか、自分がまだなにも知らないということを発見するということを」

しばらく間をおいてこういってから、彼は一瞬とまどいの表情を浮べた私たちの顔を見て、カラカラと笑った。

同じことはどこの国についてもいえるだろう。早い話、外国人ジャーナリストが日本を駆け足旅行して、数冊の資料を読んだだけでまとめた日本論には、信じがたいほどに誤りに満ち満ちている本がある。

その後、招待された私たちの仲間は全員が帰国してしまったが、私は一人でとどまって約一カ月半ばかり、自分の足でイスラエルを歩きはじめた。キブツにも住み込んだし、占領下のガザにいって、アラブ人たちとも話した。そして、外務省の係官のことば通り、私はイスラエルについてウッカリ口を開くことはできないぞという気持ちになっていった。

それから数カ月間、ヨーロッパと中近東をブラブラ歩いているうちに、例のテルアビブ事件*が起きた。〔*一九七二年五月三〇日、日本赤軍の奥平剛士《おくだいらつよし》、安田安之《やすだやすゆき》、岡本公三《おかもとこうぞう》の三人が、テルアビブのロッド空港で銃を乱射して、無差別テロをはかった。死者二六人、負傷者七〇人以上。奥平、安田の二人は乱射後手榴弾《しゅりゅうだん》で自殺。生き残った岡本だけが裁判にかけられた。〕

私はイスラエルに再び舞い戻り、それから一カ月あまり、のびのびになった岡本裁判が終るまで、滞在することになった。その間、多くの日本人記者と行動を共にしなければならないことがしばしばあったのだが、そのたびに彼らと私の間の大きすぎる意識の落差を感じて憂うつにならざるをえなかった。

「あいつは要するにバカで、向こうみずがとりえなだけの一本釣りで釣られた兵隊なんだ。イスラエルのことも、中東問題のイロハも、なんにもわかっちゃいない」

というのが記者たちの大方の見解で、その後日本に帰って目にしたジャーナリズムの論調も、基本線はそれと同じだった。

しかし、その記者たちにしろ、あるいは大所高所からさまざまの識見を開陳せられた識者の方々にしろ、自分がほんとうに、イスラエルのことや、中東問題のイロハを知っていると自信をもっていえるのだろうか。

私自身についていえば、それぞれ三カ月に及ぶイスラエルとアラブ諸国双方からの取材、さらに双方の側から、あるいは客観的立場からのさまざまの資料を読みあわせることで、やっとイロハがわかりかけてきたところである。

この報告で私は、中東問題のすべてを解説するつもりはないし（私の手にあまる上、それだけのスペースもない）、〝この目で見た生々しい問題の核心〟といったたぐいのずさんな〝ルポ〟を書くつもりもない。

ただいくつかの（すべてではない）基本的事実と、その事実を考える上で頭に入れておくべき最低限度の背景のいくつか（再びすべてではない）を述べたいと思うだけである。

それによって、読者の方が、自分がいかに中東問題について無知であるかを自覚していただけるなら、それで充分だと思う。

石油危機を機に、これまで中東で手を汚したことがなかった日本、というよりは完全に無知のままでいられた日本も、中東に関わりを持たざるをえなくなった。今後は一層そうであろう。

だが、どう関わりを持っていくべきなのか。これまで完全に無知のままでいた日本人に、果たして適切な判断が下せるのだろうか。にわかにジャーナリズムには中東関係の記事がふえだしたし、解説書も幾冊かあらわれ、にわか論客も多数登場した。

しかし、私のみるところ、日本人の多くは、無知から理解にではなく、無知から誤解に、あるいはせいぜいよくて一知半解に進んだだけである。無知ならばまだ救いようがあるが、誤解や一知半解が定着してしまうともう救いようがない。あとはお互いにいいかげんな理解にもとづく党派的な論争だけということになるだろう。

いま何よりも必要なのは、〝無知の知〟であろう。中東問題は高等数学の問題である。それにぶつかるには算数からはじめて、初級数学、中級数学へと順を追っていかねばならない。無知の知の自覚がないかぎり、算数や初級数学の段階はとばしたくなるにちがいないが、それなしには、高等数学の問題はとけっこないのである。

日本で誤解される理由

「パレスチナ問題は、それ自体のうちに、世界史の全過程を貫くような歴史性と、世界中のありとあらゆる問題と深く関連しあう世界性とをかかえている。……さらにパレスチナ問題は、そもそも本質的に、人を欺《あざむ》くか自ら認識を誤らしめるような構造をもっている、といえるであろう」（『アラブの解放』平凡社刊）

という板垣雄三氏（東大教授）の所説に、私も全く賛成である。

なぜかくもパレスチナ問題は誤解されやすいかという理由の一つは党派性の問題である。

パレスチナ問題に関しては、ウンザリするほどの資料・文献があるが、その多くはきわめて党派的なものである。しかも客観性をよそおいながら党派的なものが多いから困る。これはホントかウソかという問題ではない。百パーセントの事実だけをならべていっても、百パーセント党派的なもの（イスラエルが全面的に悪い、あるいはその逆）が簡単にできるのである。

　そして、日本にかぎっていえば、さらに三つの事情が、一般の人の正しい認識を妨げていると思われる。一つは、アラブ側の見解がもっぱら左翼陣営の人から提出されてくるため、それがあまりに特有の左翼用語でちりばめられており、それだけで非左翼の人の反発を招いてしまうこと。もう一つは、〝アラブ寄りはアブラ寄り〟ということばに象徴されるように、アラブ寄りの見解に近づくのは、いかにもアラブの石油戦略の脅しに屈したようで面白くないという感情である。実際、理解の上にたってではなく、便宜主義的にアラブ寄りに立った人がとりわけ政界人、財界人に多いだけに、それをいさぎよしとしないというだけで反アラブの見解に立つ人も多い。

　二年前、私がイスラエルを訪ねて、外務省のプログラムが終ったところで、さて明日からどうこの国を見てまわろうかと、ホテルでぼんやり考えていたとき、地元の新聞記者が一人訪ねてきた。彼は新聞記者として働くかたわら、大学院で政治学の勉強をしているという。テーマとして選んだのは日本の中東政策なのだが、さっぱり資料がなくて困っている、教えてほしいというのである。

　それを聞いて私は仰天《ぎようてん》した。日本になんらかの中東政策があるとは思わなかったからである。そんなものはない、と正直に答えると、今度は彼のほうが仰天した。

「この国際政治の焦点である中東問題に対して政策がないって。そんなバカなことがありますか。たとえば、首相の施政方針演説とか自民党の政策の中では、どういう風にとりあげられてるんですか」

「たしか一行もふれられていないはずです」

私はいささか申し訳なさそうに答えた。彼は、私の顔を見守ったまましばらく茫然《ぼうぜん》としていた。が、気を取り直して、

「じゃ社会党は？」

「やっぱりないでしょう」

「公明党は？」

「ないでしょう」

民社党は、共産党は、と、さすがに日本の政治を研究している人だけあって、ちゃんと勢力の大きい順にたずねてくる。結局、日本の政界にはほんとに中東政策がなにもないのだということを知ったときの彼の顔といったらなかった。

「じゃ、中東問題が国会で議論されたことは？」

「それも私の記憶する限りではありません」

「じゃ日本人は中東問題に関心がないんですか？」

「そう、関心がないというより、まず無知なんです」

それからたった二年の間に、テルアビブ事件を皮切りに、ミュンヘン・オリンピック事件、日航機ハイジャック事件、ＫＬＭハイジャック事件、シンガポールのシージャックとクエートの日本大使館占拠事件、そして石油危機という具合に、あまりにショッキングな事件の連続によってパレスチナ人への関心を急速に呼びさまされた結果、日本人の多くは歴史的コンテクスト抜きで、もっぱらゲリラ活動への関心からパレスチナ人を見るようになってしまったというのが、第三の事情である。

「ユダヤ人が相手ではない」

以上三つの事情から、多くの日本人がすでになにがしかの固定観念を抱きだしているとは思うが、もう一度二年前の無知な日本人に立ちかえって、虚心坦懐《きょしんたんかい》に基礎的事実からこの問題をながめ直してもらいたいと思う。

まず、何が争点なのかという点からはじめよう。誰が誰に対して何を争っているのかという問題である。

実は最も基本的なこの問題に答えることが、そう簡単なことではない。〈誰が〉〈誰に対して〉〈何を〉のそれぞれ一つの項目ですら、答えるのは容易ではない。それがどんなに容易でないかを知ることが、パレスチナ問題の理解の第一歩である。相当のページ数をいただいたにもかかわらず、ここでは、もっぱら〈誰が〉を中心に、問題点の簡単なスケッチを試みることくらいしかできないだろう。

〈誰が・誰に対して〉という点に関しては、正誤を問わないとして、次のようないくつかの答えがあるだろう。

〈ユダヤ民族 vs アラブ民族〉
〈ユダヤ教徒 vs イスラム教徒〉
〈イスラエル国 vs アラブ諸国家〉
〈シオニスト国家 vs パレスチナ人〉
〈アメリカ帝国主義とその同盟者 vs アラブ民族主義〉
〈アメリカの手先 vs ソ連の手先〉
〈すべての保守反動封建勢力 vs すべての革命的民主的進歩勢力〉

だいたい以上の各項、あるいはその組合せといったところで、〈誰が〉はつくされるだろう。しかし、争いに参加している当事者たちの間ですら、この〈誰が〉について意見が一致していないのであるから、事情は複雑きわまる。だいたい、ここに登場してくる用語の一つ一つについても、使う人によって定義が一定していない。

それを解説していったら、それだけでこの原稿は枚数がつきてしまう。が、とりあえず日本人が思いちがいをしていると思われるいくつかのポイントにふれておこう。

パレスチナ人たちに会って取材をしているとき、政治指導者からゲリラの兵士、学生、あるいは一難民にいたるまで、しつこいほどくり返し聞かされたことばがある。

「この点だけはまちがえないでくれ。我々は決してユダヤ人を憎んでいない。パレスチナ人の誰一人としてユダヤ人を殺しつくそうとか、海に追い落そうなどとは考えていない。我々は数百年もの間、ユダヤ人と仲良くやってきた。我々の闘っている相手は、ユダヤ人ではなくシオニストなのだ」

表現の仕方はさまざまだが、だいたいこんな内容である。この点だけは徹底していた。党派、年齢、教育程度、社会階層を問わず、こちらがたずねもしないのにこういわなかった人はいない。

「シオニスト以外のユダヤ人ということになれば、我々はむしろ尊敬してます。我々がまだ闘いを組織できず無力だったころから、彼らはシオニズムに対して闘ってくれていました。我々の運動はこうしたユダヤ人たちの思想を学ぶことからはじまったのです」

と付け加えた人もいた。

ユダヤ人、イスラエル人（ユダヤ系の。以下同じ）、シオニストというのは、それぞれに重複しあいながら、全くちがう概念である。さらに、ユダヤ教徒という概念は、以上のいずれとも少しずれた形で存在する。

ユダヤ人をどう定義するかという問題は、イスラエル国内で、ここ数年、果てしない議論がつづけられている。これは度々、政治危機をもたらしたほどの難問題だ。現在のところ、一応、「ユダヤ人の母親から生まれた子供」、あるいは「ユダヤ教に改宗した者」というのが最も一般的な定義だ。

この定義によるユダヤ人は、だいたい世界に千五百万人いる。大ざっぱにいうと、この三分の一強がアメリカに住んでいて、いちばん多い。次がソ連で、約三五〇万人。次がイスラエルの二六〇万人。以下、フランスに五四万人、イギリス四〇万人、アルゼンチン五〇万人、という具合に世界中に散らばっている。イスラエル以外の国にいるユダヤ人はディアスポラ（離散中）のユダヤ人と呼ばれる。

さて、イスラエルは、ディアスポラのユダヤ人に民族的郷土《ナショナル・ホーム》を与える目的で建設された。したがって、ディアスポラのすべてのユダヤ人は、イスラエルの潜在的市民とみなされている。ユダヤ人はイスラエルにくれば自動的に市民権が与えられるのである。

シオニズムについても複雑怪奇な経緯と広がりがあるが、一応ここでは、イスラエルの地にディアスポラのユダヤ人を結集させようという政治運動と考えておこう。この運動に参加する者がシオニストである。

ではシオニズムが、ユダヤ人全体からどれだけ支持を受けているかというと、意外に少ない。一応、十九世紀末に、テオドール・ヘルツェルが第一回シオニスト会議を開き、世界シオニスト機構を作ったときが、現代シオニズムのスタートとされている。そのスタート当初から今日に至るまで、シオニストが、ユダヤ人の多数派になったことは一度もない。

それどころか、ユダヤ人の間には、一貫して強い反シオニズム運動がある。それはシオニストが作った国家であるはずのイスラエルの中にさえあるのだ。

大半のユダヤ人はシオニストでも、反シオニストでもない。世界シオニスト機構は、きわめて強力な〝帰還〟運動をおこなっているが、彼らの期待に反して、イスラエルへ〝帰還〟する人は少ない。それどころか、一九六七年頃には、〝帰還〟してくる人より、イスラエルから離散していく人のほうが多かった年がある。

異教徒シオニスト

世界シオニスト機構は、きわめて強い危機意識にとらわれて、組織の総力をあげて会員獲得運動を展開することを一九六九年に決めた。それでも、七一年までに会員となったものは、わずか九〇万人である。その大部分がアメリカの六五万人。だからといって、他のユダヤ人たちがイスラエルを支援しないかというと、そうではない。その人たちも、いざイスラエルが戦争ということにでもなれば、喜んで募金に応じたりする。

一方、ユダヤ人ではないが、シオニストであるという人たちがいる。俗に異教徒シオニストと呼ばれる。もし異教徒シオニストたちがいなかったら、イスラエルという国は生まれなかったろう。それだけユダヤ人シオニストの力は弱かったし、異教徒シオニストの力は強かったのである。異教徒シオニストの筆頭にあげられるのは、バルフォア宣言*を出したイギリスの外務大臣バルフォアである。〔*第一次大戦中の一九一七年に、イギリスの外相A・J・バルフォアが、英国シオニスト連盟会長ロスチャイルド卿あての書簡の形で発表した対パレスチナ政策。戦後のアラブ国家樹立を認めた対アラブ公約を破り、「イギリス政府はパレスチナにユダヤ人の民族的郷土《ナショナル・ホーム》が設立されることを支持し、その目的達成をうながすために最大の努力を惜しまない」ことが宣言されていた。このイギリスの二枚舌外交が、現在にいたるパレスチナ問題の出発点となった。」

この宣言が出されるにあたって、イギリスの内閣内で激しい議論があったが、そのとき反対の急先鋒に立ったのはユダヤ人の閣僚だった。イギリス国内の主たるユダヤ人団体もシオニズムには反対していた。当時イギリスにいた三〇万人のユダヤ人のうち、シオニストは八〇〇〇人にすぎなかった（現在でも四〇万人のうち七万人）。だから、ユダヤ人の総意がイスラエルという国を作ったと考えるのは、とんでもない誤りである。

ではどうして、大多数のユダヤ人たちはシオニズムに反対していたのだろうか。その理由を知るには、もう一人の代表的異教徒シオニストの名前を出すのが手取り早いだろう。

それはアドルフ・アイヒマン*である。私は決して悪い冗談をいっているのではない。彼はSS（ナチス親衛隊）公安部に入って間もなく、ユダヤ人問題を扱う部に配属される。彼の上官は、アイヒマンにまずシオニズムの古典的著作であるテオドール・ヘルツェルの『ユダヤ人国家』を読むことをすすめる。これを読んだアイヒマンは、たちまちシオニズムに完全に心酔してしまうのである。〔＊ナチス・ドイツにおいて、「ユダヤ人問題」解決の実行責任者となった親衛隊将校。第二次大戦後、アルゼンチンに潜伏しているところをイスラエルの特務機関によって発見され、エルサレムで裁判を受け、絞首刑となった。〕

それから以後の彼は、シオニストたちと協力しながら、一心に〝ユダヤ人問題の解決〟に邁進していくことになる。

「この解決は、彼らに住むべき土地を与え、彼らが自分の場所、自分の土地を持てるようにすることにあると私は考えました。そして私はこの方向にむかって喜び勇んで働いたのです。このような解決に達するために私は嬉々として協力しました。なぜならそれは、ユダヤ人自身の間に起こっていた運動（シオニズム）が賛成していた解決だったのですから」

と、アイヒマン裁判で彼は述べている。そして、自分がどんなにシオニストたちと協力したかを縷々述べ、

「人々はいまそのことを忘れがちです」

と苦情を呈している。苦情ももっともである。当時はシオニストが感謝のしるしにアイヒマンをパレスチナに正式招待さえしていたのである。

イスラエルにも断絶が

おわかりだろうか。シオニズムとナチズムの結節点が。どちらも〝ユダヤ人問題の最終解決〟をめざしていたのである。一方はユダヤ人だけの国家を作ることによって、もう一方はユダヤ人の追放、強制収容所への収容、抹殺《まっさつ》と三つの段階を踏むことによって。はじめの二つの段階においては、シオニストとナチとは充分に協力することができたし、現実に協力していたのである。

だからこそ、当時のドイツにおいて、シオニストは圧倒的少数（九五％が反対していた）だったのに、ヒットラーが政権を取ると共に、たちまち勢力を伸ばすことができたわけだ。機関誌の発行部数でいうと、ヒットラー登場前はわずか五〇〇〇部だったのが、ほんの数カ月で四万部にも伸びたのである。

「結局、シオニズムはユダヤ国家を作ることであらゆるゲットーに終りをもたらすのだとしていたが、現実に作ったものは、国家という名のゲットー、ユダヤ史上最大のゲットーでしかなかったわけだ。シオニズムはユダヤ人問題を解決するどころか、国家という規模で、一層ひどい形にしただけだった」

と、エルサレムで会ったイスラエル人の学生はいった。彼はイスラエルでシオニズムに反対する数少ない組織の一つ、マツペンに所属していた。マツペン、またの名をイスラエル社会主義機構は、シオニズムに真向《まっこう》から反対し、イスラエルの体制をくつがえすためには、パレスチナ人との共闘も必要と主張している（実際に共闘している）。しかし、

「この国で反シオニズムを唱えるのは大変なんです。子供のときからシオニズム教育を受けているから、みんな完全に先入観ができてしまっている。デモをやっても集まるのは多くて五〇〇人。それも通行人のバ声を浴びながら、ときには右翼の学生団体と乱闘しながらなんです。中心メンバーは全員公安から完全なマークを受けています。アラブ人のメンバーもいるんですが、彼らの状況はもっと苦しい」

とのことである。しかし、イスラエル国外では、ユダヤ人の反シオニズム運動はもっと盛んで、単に政治的に左側の部分からばかりではなく、非左翼の知識人、宗教人（シオニズムはユダヤ教の堕落であるとする立場から）などから言論を通じての強力な反シオニズム運動が存在する。そして、彼らとパレスチナ人の運動の間には協力関係もある。

以上、まとめていうなら、シオニストはユダヤ人の多数派ではないが、イスラエル

人の多数派である、ということになりそうだが、そういいきってしまうことにも多少のためらいがある。

イスラエルにいる間、私は人に会うたびに、必ずその人のセルフ・アイデンティフィケーションをたずねてみた。自分を何と意識するか。イスラエル人とか、ユダヤ人とか、シオニストとか。そして、ユダヤ教徒であるかどうか。

すると、若い世代と親たちの世代の間では驚くほどの意識の断絶がみられる。親たちの世代、つまり移民か、あるいは独立以前からパレスチナにいた人々にとっては、まず第一にユダヤ人であり、次にシオニストであり、イスラエル人である。そしてこの三つであることとの間の距離が小さい。ところが若い世代は、例外なしに自分はまずイスラエル人であると答える。ユダヤ人意識はうすい。シオニスト意識もうすい。ユダヤ教に関しては、両世代とも、一般に想像されているよりは、はるかに奉じている人が少ない。若い世代では特にそうである。

アイヒマン裁判の目的

「この国をダメにしているのは、ユダヤ教の狂信者どもだ」

と、あからさまにユダヤ教徒を批判する人たちも、決して珍しくない。自分がユダヤ教を奉じないことを公然と示すために、ブタ肉を食ってみせる人たちで繁盛しているブタ肉料理店もある。

それにもかかわらず、イスラエルはユダヤ教の国である。官庁、学校、軍隊などでは、厳格なユダヤ食の規定（聖書を読めばわかるが信じがたいほどに煩瑣《はんさ》である）が守られている。

ユダヤ教の祭日は国家の祭日である。安息日の土曜日は公共交通機関にいたるまですべての労働がストップする。個人的な身分に関する問題は、宗教によって、宗教裁判所で決定される。その中には、ユダヤ人は非ユダヤ人と結婚してはならない、子供なしでヤモメになった女は、義兄（弟）が結婚する権利があるなど、異教徒の我々には想像を絶するような法律がある。

宗教法ではない一般の法律でも、聖書、タルムード（習慣律）にもとづく法が多いので、法体系全体がユダヤ教的なのである。

これに対して、若い世代の間では、猛烈な反発がある。特に結婚については、ユダヤ教によらない結婚も認めろと迫る若者たちと伝統主義者たちの間で、何年にもわたって国をあげての大論争がつづいている。

ユダヤ人の若者が非ユダヤ人の女の子と結婚したいと願ったとする。すると、その女の子はまず、ユダヤ教徒に改宗せねばならない。しかし、結婚目的の改宗は禁じられているから、その改宗目的が〝不純〟でないか、意地悪な質問をしてくるラビ（ユダヤ教聖職者）に対して、上手なウソをつかねばならない。次に一、二年の宗教教育が要求される。それが終ったら、三人のラビの目の前で素裸《すはだか》になって洗礼を受けねばならないのである。

こんなことは我々から見てバカバカしいのと同様に、非宗教的イスラエルの若者たちにとってもバカバカしい決まりである。しかし、それにもかかわらず頑固にユダヤ教が法を律している背景には、この国の特別な政治事情がある。

俗に、ユダヤ人が二人集まると政党が三つできるといわれるほど、ユダヤ人たちの政治的見解はテンデンバラバラで、しかも互いに妥協しようとしないから、やたらに政党の数が多い。その結果、小党が分立し、政権は常に連合政権。これまでは一貫して労働党連合（三つの党の連合体）が比較多数をとってきたが、過半数を制するために、いつも宗教党と手を組んできた。そして、宗教と関係がある問題では、熱狂的ユダヤ教徒に妥協し、その他の政治問題では協力をうるという形で政治がすすめられてきたからである。

その結果、イスラエルには平均的イスラエル人が妥当と考える以上の宗教国家体制ができあがってしまった。それがかえって反発を呼び、特に若い世代のユダヤ教からの離反を招いているといえそうだ。

ユダヤ人意識が希薄になった最大の理由は、イスラエルがユダヤ人の国だからである。ユダヤ人意識を構成していたのは、内からの宗教文化共同体意識と、外からの特別視・差別・迫害によってもたらされる集団的防衛意識の二つの意識だろう。ところがイスラエルはユダヤ人の国であるため、国内では後者がスッポリなくなってしまった。ここではユダヤ人であるがために有利な差別はあっても、不利な差別はない。だから、イスラエル生まれの若者たちには、前者はわかっても、後者からくるユダヤ人意識は理解できない。

だから、国としては一生懸命、ユダヤ人がいかに迫害されたかを若い世代に教え込もうとあらゆる努力を払っている。アイヒマン裁判の目的の一つがそこにあったことは、当時のベン・グリオン（イスラエルの初代首相兼国防相）の演説によっても明らかである。だが、皮肉なことに、こうした教育は逆効果をもたらしている。若い世代に、自分たちはそういうユダヤ人とは異質であるという感じを一層強くもたせるようになってしまったのである。

これは、イスラエルならびにパレスチナ問題の未来にきわめて大きな影響を及ぼすファクターであるから、よく理解していただきたい。

この若い世代の意識の変化は、彼らとディアスポラのユダヤ人との間の意識の断絶をもたらした。ディアスポラのユダヤ人は、いまでも昔ながらのユダヤ人意識を多かれ少なかれ持っているからである。

青少年アリア運動というのがあって、ディアスポラのユダヤ人の子弟は一定期間イスラエルにきて住むことが奨励されている。その若者たちになされた意識調査は明確にこの断絶を示している。中には次のような感想をもらした者たちもいた。

「イスラエルに来るまでは、ユダヤ人というのが一つの民族だと思っていたが、ここにきてからそれを疑いだした」

「イスラエルの地に対しては、〝我々の〟という感じがあるが、イスラエル人に対しては、〝彼ら〟としか思えない」

この意識の断絶が進んでいくと、ディアスポラの全ユダヤ人の故国という、イスラエルの基本的性格が変わらざるをえない。つまり、イスラエル人の側でも、ディアスポラのユダヤ人の側でも、イスラエルはイスラエル人の国とみなすようになっていくということである。

最大の借金国・イスラエル

それが明確にあらわれているのが、移民の問題である。移民奨励と移民受入れはイスラエルの国是《こくぜ》であり、国家とシオニスト機構が総力をあげてこれに取組んでいる。どんな貧乏なユダヤ人でも、イスラエルにくればすぐに家が与えられ、職を探してもらえ、定着するまであらゆる面倒をみてくれるなど、いたれりつくせりである。

これに対して、国内の貧しいイスラエル人たちからは猛烈な反発がある。移民ばかり厚遇して我々はどうなのだ、というわけだ。私がいる間、連日のように移民省では、家がないために結婚できない若者たちのデモと座り込みが警官隊と衝突していた。

なにしろ、社会福祉関係の総国家予算額を国民一人当りにすれば千ポンドにも満たないのに、移民一人には軽く一万ポンドを超すお金が使われているのだ。

一方、これだけ厚遇されても、ディアスポラのユダヤ人は、ソ連のユダヤ人を例外として、もうほとんど帰還しようとしない。かなり前から、人口の自然増加が移民による増加をはるかに上まわるようになっている。

イスラエル人のイスラエルという性格は、今後ますます強まるだろう。問題は、それがパレスチナ問題にどういう影響を及ぼしていくかという点にある。この若い世代の一般的傾向をまとめると、きわめて強い愛国心（現体制に対してではなく、イスラエル国に対して）、アラブとの共存と平和の追求、の二点にある。

イスラエルの若者たちとパレスチナ問題を議論していると、たいてい、

「じゃオレたちにどうしろというんだ。どこにいけというんだ。オレたちはここで生まれ育ち生活してるんで、他にはどこにもいくところがないんだぞ。アラブが攻めてきたら、死ぬまで戦うほかないじゃないか」

と興奮して叫びだして終りになるのである。この意識が、彼らの強い愛国心のもととなっている。実際、戦争のたびに、彼らは旧世代の人がビックリするほどの勇敢な兵士ぶりを示したのである。

一方、イスラエル人のイスラエルという方向には、アラブとの共存が不可欠条件として入ってくる。なぜなら、アラブ諸国との緊張関係の中でイスラエルという国は、経済的にも軍事的にもディアスポラのユダヤ人の支援なしには自立していくことができない国だからである。

イスラエルは人口三〇〇万、面積二万平方キロ。日本でいえば、一つの県が国になったようなものだ。日本の一つの県が、周囲の県と完全に経済関係を断って独立した

と考えれば、イスラエル経済の困難性がわかるだろう。本来、隣の県との交易ですむところを、なんでもかんでも、海を越えて輸出入しなければならない。しかも、距離が近いところはすべてアラブ圏なので、資源も市場も遠いところに求めなければならない。

この困難性ゆえに、イスラエルの国際収支は年々驚くほど巨額の経常収支赤字を積み重ねている。普通の国ならとっくに破産しているところだ。それを救っているのが、ディアスポラのユダヤ人たちの直接、間接の経済的支援、アメリカの経済援助、外資導入などである。だから、イスラエルは、国民一人当りにすると最大の借金国で、最大のタダ金受取り国である。

軍事的にも、古代ギリシアのスパルタを想像させるような軍事国家でありながら、自立からはほど遠い。アメリカからの軍事援助がなければ、どうしようもない。そしてここでも、ディアスポラのユダヤ人の存在が重要である。戦争が起こると、すぐにマハルと呼ばれる義勇軍がはせ参じてくる。この義勇軍の力なしには、一九四八年の独立戦争にしてからが、ああはうまくいかなかったろうと、ベン・グリオンは回想している。

以上の両面で、アメリカとアメリカのユダヤ人の力は圧倒的に大きい。それにはアメリカの国内法規があずかっている。イスラエルに対する寄付は特別免税、ユダヤ系アメリカ人のイスラエルにおける従軍も特別に認められている。

かくして、イスラエル人のイスラエルという方向をめざそうとしても、アラブとの平和、友好関係を保てないかぎり、イスラエルはディアスポラのユダヤ人ならびに、アメリカとの関係が切っても切れないというジレンマに逢着《ほうちゃく》する。

これが、若い世代がシオニズムの矛盾を感じながら、それに従っている大きな理由だろう。私が住み込んだキブツで、高校の先生をしている女性がこう語ったことを思いだす。

「戦争状態がこの国の結合をつなぎとめてるんです。もし平和がつづいたら、みんなバラバラの方向にいって、社会的カタストロフがおとずれるんじゃないかしら。特に、若い世代と私たちの世代（彼女は四九歳で、キブツの創成期からいる）とでは、考え方、価値観が決定的にちがいますからね」

以上で、一応イスラエル側の〈誰が〉の分析を終えておくことにする。ほんとは、もっともっと複雑なからみ合いがあるのであって、これはきわめて大ざっぱなものであることを忘れないでいただきたい。

今度はアラブ側の〈誰が〉を考えてみよう。こちらも、イスラエル側に負けず劣らず複雑である。〈誰が〉だけでなく、〈誰に対して〉の問題も、ここで考えなくてはならない。

ゲリラかテロリストか

アラブで、〝ユダヤ人に対して（闘う）〟が禁句であることは前に述べたが、イスラエルにも禁句がある。それは、アラブ・ゲリラ、パレスチナ・ゲリラということばだ。このことばを使うと、必ず相手は訂正してくる。

「いや、彼らはゲリラではない。テロリストだ。要するに単なる犯罪者だ」

イスラエルは、テロリストは相手にせずという態度を一貫してとっている。テロリストは交渉の相手ではなく、力で物理的に押え込む対象でしかないというわけだ。したがって、アラファトはテロリストの親玉、ＰＬＯはテロリストの集団であるとして、断固として話合いを拒否している。

イスラエルは、話合いの相手はあくまでもアラブ諸国であるとの態度をくずしていない。

逆にアラブ側では、イスラエルを国家と認めない。今回のエジプト、シリアとの兵力引離し交渉*でも、単に紛争の相手方として認めているだけで、国家と認めているわけではない。アラブは、イスラエルの建国自体が不法であるとみる。イスラエルは、パレスチナ人を追いだしてその資産の上に作られた、いわば強盗行為の結果生まれた国である。第一になされるべきことはパレスチナ人の正当な権利の回復であり、それがなされれば、イスラエルは自然消滅するわけで、いわば、イスラエルという国は一時的に不法な暴力によってその存在を保っているにすぎないフィクショナルな国であるとみる。〔＊一九七三年一〇月に起きた「十月戦争（第四次中東戦争）」の後、エジプト・イスラエル間には第一次兵力引離し協定（七四年一月）、第二次兵力引離し協定（七五年九月）が締結され、その後シナイ半島が順次エジプトに返還されていった。一方、シリア・イスラエル間には七四年五月にゴラン高原の兵力引離し協定が成立し、シリアはクネイトラの町を回復し、ゴラン高原には国連兵力引離し監視軍（ＵＮＤＯＦ）が駐留することになった。〕

この辺がわかっていないと、今回のニクソン大統領の中東訪問で出されたサダト大統領との共同声明にしても、正しい読み方がわからないだろう。

「パレスチナ人民を含む中東のすべての国民の正当な利益と、同地域のすべての国家が存在する権利を充分に考慮に入れるべきである」

外交文書というのは、だいたい双方が独自に解釈できる余地を残したあいまいなものだが、これもその例にもれない。ニクソン側では、イスラエルを〈すべての国民〉、〈すべての国家〉の一つに数えるだろうが、サダト側では、〈すべての国民〉のほうには数えても、〈すべての国家〉の一つには数えないという独自の解釈ができるのである。あるいはそれに数えたとしても、「存在する権利を考慮に入れる」ということは、存在の仕方の変更を一切認めないということではないということができる。

大方の日本人は、エジプト、シリアでの兵力引離し交渉の成立、ニクソン大統領の中東歴訪などの動きから、いよいよ中東にも平和がやって来そうだと考えているかもしれないが、事態はそんなに甘いものではない。

さて、アラブ諸国がイスラエルを認めないのとは裏腹に、イスラエル側ではパレスチナ人を認めない。これは、前に述べた、彼らがテロリストである、という理由からではない。そもそも、パレスチナ人なんて存在しない。難民が存在することは認めるが、それはアラブ側の責任において存在する。アラブ諸国が難民を吸収してしまえば、難民は消えてなくなる。というのがイスラエルの論法である。

ここに、パレスチナ問題の第一の難関がある。お互いに相手の存在そのものを認めない当事者同士の争いには、政治的解決の余地はない。お互いに暴力で自分の存在といい分を相手に認めさせる他ないわけだ。もちろん、これは両者の多数派の代表的意見で、どちらにも相手の存在を一応は認めるべきだとする少数派もいることを申しそえておこう。

アラブ連帯の秘密

さて、両者の食いちがいの事実調べはあとにまわして、もう少しアラブ側の〈誰が〉をみていこう。

アラブ諸国は、ヨルダンをのぞいて、イスラエルと対決している主体はパレスチナ人と考える。六七年戦争（第三次中東戦争）でイスラエルに占領された領土（次々頁図版参照）については、エジプト、シリアがそれぞれ当事者であるが、それ以上のパレスチナ人の権利回復については、パレスチナ人が主役である。アラブ諸国はそれを全面的に支持し、物心両面の支援を惜しまないというのが公式の態度だ。

ただし、この関係を国際政治上の他国間の支援関係になぞらえて考えると少しちがう。つまり、お互いの国益上の一致からでてきた関係ではないのである。もし、アラブ諸国とパレスチナ人の関係に近いものを他に求めるとするなら、ディアスポラのユダヤ人のイスラエルへの支援がいちばん似ているといえそうだ。

この点を理解していただくためには、もう少し、アラブ（アラブ人）のことを知っていただかねばならない。ちょうどユダヤ人が人種的に一つの民族ではないように、アラブも人種的に一つの民族ではない。

イスラエルにいくと、さながら人種の展覧会のように、あらゆる人種がみられる。二月頃、スカンディナヴィア系のユダヤ人が素裸《すはだか》で海で泳いでいるのを、中近東出身のユダヤ人がオーバーにくるまりながら眺めているといった光景は珍しいものではない。

アラブも、ユダヤ人ほどではないが、人種的にはかなりちがう。地中海沿岸部は古代から、さまざまの民族が入り乱れて覇権を争ったところなので、混血がきわめて多い。一つの村全員が金髪で青い眼という例もある。混血だけでなく、エジプト、スーダンなどは、はじめから人種がちがう。

では、ユダヤ人のように宗教文化共同体なのかというと、そうではない。同じ中東に住み、イスラム文化共同体に属するトルコ、イランなどはアラブではない。そして、アラブの中には沢山のキリスト教徒がいる。いい例がレバノンで、ここではキリスト教徒のほうがイスラム教徒より多い。パレスチナ人の二〇％はクリスチャンで、前に

第1次中東戦争（1948〜1949年）

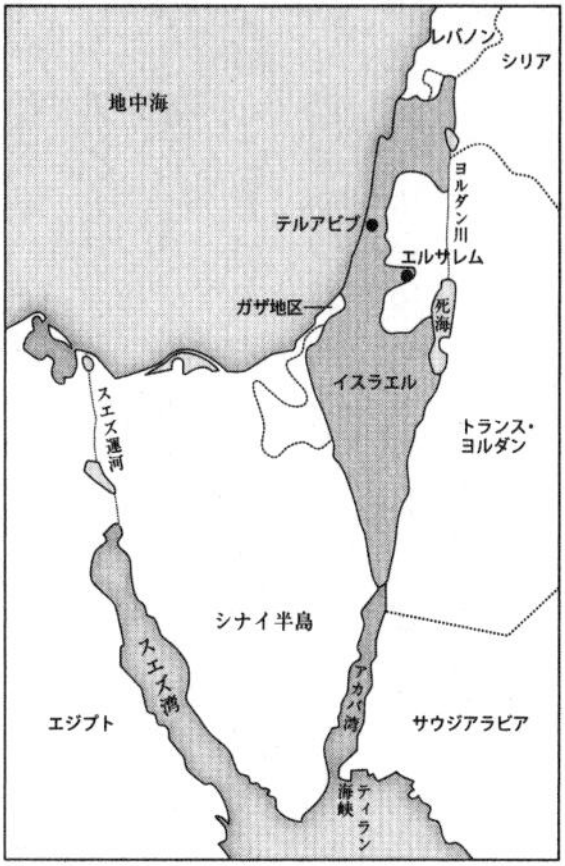

●**第1次中東戦争**（「パレスチナ戦争」「独立戦争」） 1948年5月14日夜、イスラエルの独立宣言とともに、アラブ諸国軍がパレスチナに進撃。イスラエル優勢のうちに休戦決議が発効し、東エルサレムを含むヨルダン川西岸はヨルダンに併合され、ガザはエジプトの支配下に入った。

●**第2次中東戦争**（「スエズ戦争」「シナイ作戦」） 1956年10月29日、英仏両軍がイスラエルと連携してエジプトに侵攻したが、国際世論の非難を浴びて撤退を余儀なくされる。その結果、エジプト大統領ナセルがアラブ世界で英雄視されることになった。

●**第3次中東戦争**（「67年戦争」「六日間戦争」）1967年6月5日、イスラエル空軍がエジプト、シリア、ヨルダンの空軍基地を先制攻撃。わずか6日間で圧勝する。この結果、イスラエルは、ヨルダン川西岸、ガザ、ゴラン高原、シナイ半島を占領した。

●**第4次中東戦争**（「十月戦争」「贖罪《ヨーム・キップル》の日戦争」） 1973年10月6日、エジプト、シリア両軍が南北からイスラエルを攻撃するが、イスラエル優勢のうちに停戦。その後、エジプトはイスラエルとの和平を進め、シナイ半島が順次返還されていった。

第3次中東戦争（1967年）

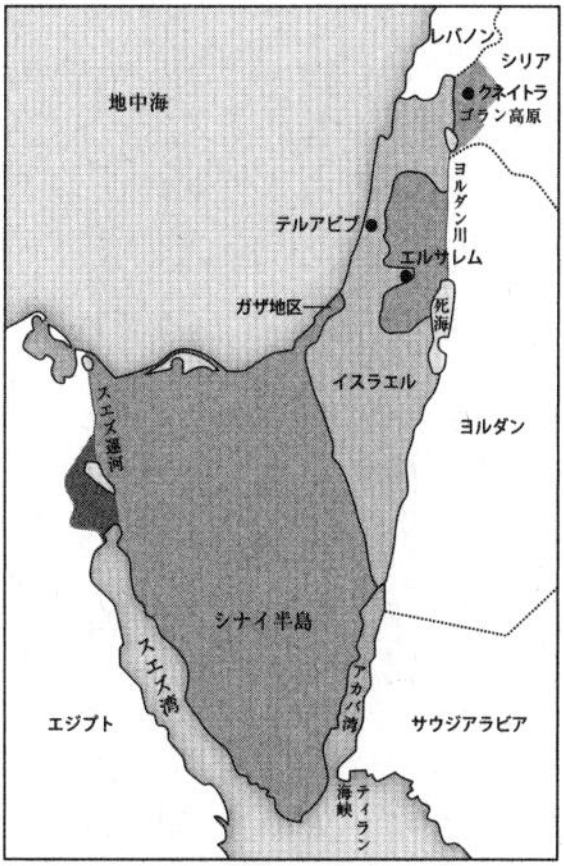

第4次中東戦争（1973年）

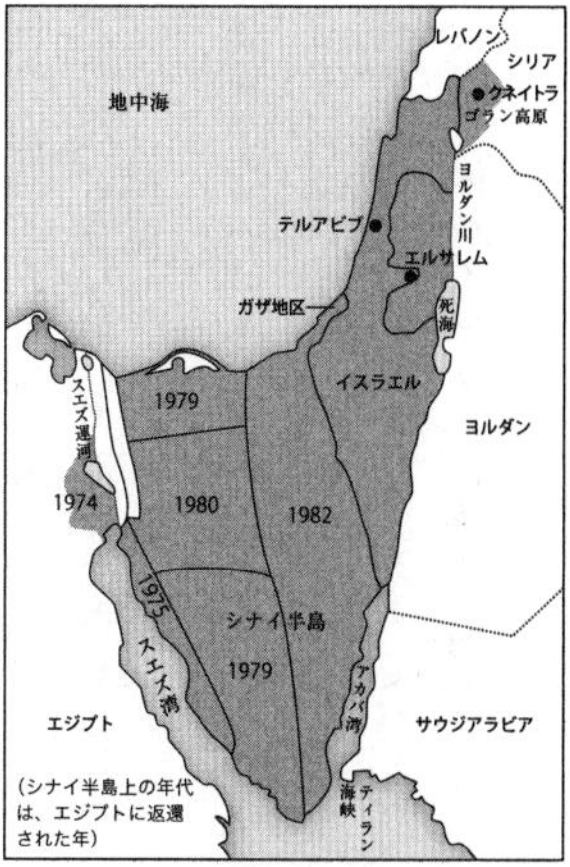

（シナイ半島上の年代は、エジプトに返還された年）

ふれたカマル・ナセルも、PFLPの指導者ジョージ・ハバシュもクリスチャンだ。

アラブを一口で定義するなら、アラビア語とアラビア語文化を共有する言語文化共同体であるとでもいう他ない。その意味で、はじめに述べたアラビア語の特異性を知っておくことが、アラブ理解には欠かせないのだ。

同じ言語文化共同体といっても、旧大英帝国の英語文化共同体や、ラテン・アメリカのスペイン語文化共同体のゆるい結合とはちがう。あのアラブの強い連帯はどこからでてくるのか。一つには前に説明した、アラビア語の翻訳不可能性による、他の文化圏からの疎隔《そかく》がある。かつては同じ共同体がサラセン帝国として、政治的にも文化的にも世界に君臨していたのだという歴史的共同体意識もあるだろう。そして、近代に入ってからは、ヨーロッパの植民地となって、似たような苦しみをなめさせられたという被害者共同意識もある。

特に、この最後の点は、被植民地国であった経験がない日本人にはわかりにくいが、重要である。地域によって、言語も宗教もちがうインドは、もともと亜大陸全体が一つの国家に統一されていたことはほとんどなかった。それが、独立にあたってバラバラの小国に分裂しないですんだのは、インド亜大陸全体がイギリスの植民地だったことによる。

アラブはちょうどインドの裏返しのケースである。言語が同じ、宗教がほとんど同じでありながら、宗主国が相異なる植民地に分割されてしまったために、いまなおバラバラなのである。

現在のアラブ諸国を形成している国境の多くは、列強が植民地を分割するときに作った人為的なものであり、アラブはこの国境を越えて統一すべきだというのが、アラブ・ナショナリズムで、この考えは全アラブの支持を受けている。アラブ諸国の指導者で、いや、わが国はわが道をいきます、などという人は一人もいない。だからといって、彼らが本気でアラブ統一をめざしているかというとそうではない。統一したら、現在はそれぞれの国で最高権力者である指導者たちも、そうではなくなってしまう。会社の合併や、町村合併ですら同じような理由からなかなか進まないのだから、国家が主権を捨て大国家を作る作業がそう簡単にいくわけはない。

しかし、民衆レベルでは、アラブ統一は当然のことと考えられている。だいたい、アラブの各国民は、自分をシリア人とか、イラク人とか考える前に、自分をアラブ（アラブ人）と考えるのである。だから、アラブの政治活動にしろ、経済活動にしろ、文化活動にしろ、国境を越えてなされるのが常識である。

以上がアラブ統一へ向かっての求心力とするなら、一方では遠心力も強く働いている。体制のちがい、宗教的少数派、地域的特異性、人種のちがい、部族のちがいといった要素である。

現在のところは、求心力が遠心力を圧している。それに大いに役立っているのがパレスチナ問題である。

前述したアラブの強い一体意識の下で、パレスチナ人の受けた屈辱は、アラブ全体に与えられた屈辱と受けとめられた。そして、はじめに述べたように、詩の力が、パレスチナ人に与えられた不正とはずかしめ、それに対する怒りと悲しみと復讐を誓う心とを、全アラブに追体験させたのである。この辺のところは、ことばを通すかぎり他人事は他人事に終ってしまう日本語の世界と同じに想像してはいけない。アラビア語は、くり返していうが、ことばとリアリティの間の距離が短く、しかもロゴスだけでなく、パトスをゆり動かすことばなのである。

「アンネの日記」の有無

そしてまたこのことが、パレスチナ人の実情がアラブ世界ではアッという間に理解されたのに、西側世界ではなかなか理解されなかった理由でもある。そしてまたそれが、イスラエル側のプロパガンダはあんなに西側世界にスイスイ通るのに、どうしてアラブ側の正当ないい分が聞いてもらえないのかという、アラブのいらだちの原因でもある。

このいらだちが政治目的の石油戦略という手段に、アラブを踏み切らせたのだと思う。しかし、それが正しかったのか、裏目に出たのか、前にも述べたような日本での心理的反発を考えると、まだいかんともいいがたい。

私は、アラブとイスラエルの双方を丹念に取材した経験がある者としていうのだが、文化のちがいによるコミュニケーションのちがいが、正直いってこんなに大きいものだとは思わなかった。

イスラエルも日本も、それぞれに異質なものを持っているとはいえ、活字メディアによるコミュニケーションの手法という点では西側世界に属する。だから、こちらがほしい材料は黙っていても、広報担当者が用意しておいてくれる。数字がほしいといえば、サッと出てくる。ヒューマン・ドキュメントがほしいといえば、ユニークな体験者（それぞれ自分の体験を生き生きと語ってくれる）を紹介してくれる。とにかく、かゆい所に手が届くように、データをそろえてくれる。それは確かに一週間の滞在で本を書こうと思えば書けるような材料のそろえ方なのだ。

ところがアラブ側では全くちがう。一週間でできることといったら、抽象的なことば、ことば、ことばの羅列《られつ》を集めることくらいである。それは恐らくアラビア語で聞けば感動的なのかもしれないが、こちらにとっては、ただのことばでしかない。

イスラエル軍に捕えられ盲目にされた人の具体的な経験をききだすために、私は四回以上その人に会わねばならなかった。少年時代にハイファァ（パレスチナ北部の港町）にいて、イスラエル軍に強制的に追いたてられた人の話をきくために、五回もその人のオフィスに通わねばならなかった。いいかげんウンザリして、もう取材をやめようかと思ったことも幾度かある。

現代パレスチナ文学の頂点に立つ二人の作家として、前にふれたガッサン・カナファァニとならんであげられている、ハリム・パラカト氏と親しくなって、ベイルート滞在中に何度か会った。最後に会ったとき、私は自分の取材体験から、

「パレスチナ人は自分たちが世界の人から理解されていないと文句をいうけれど、それはパレスチナ人にも責任がある。ユダヤ人たちの理解のされ方と、あなた方の理解のされ方のちがいがどこにあると思いますか。それはユダヤ人の中には〝アンネの日記〟を書いた女の子がいたけど、パレスチナ人の女の子にはそれがいなかったということです。それがどんなに大きなことか、パレスチナ人をはじめとするアラブ人はわ

かってないんじゃありませんか」

というと、彼は苦笑しながら、

「実は、私も、それと同じ意味のことを書いたことがあるんです」

といった。

パラカト氏は作家であると同時に高名な社会学者でもあり、現在はレバノンの教育問題研究所の所長をしている。パレスチナ問題を理解するには、アラブの文化、社会構造から入っていくことが必要であることを、はじめに教えてくれたのが、このパラカト氏である。

死で守る家族の名誉

さて、アラブの価値体系の中で最高位に置かれているのは、名誉である。そして、アラブ社会では家族の結合がきわめて強い。家族が社会の基本単位で、個人はそれに従属している。したがって、守るべき名誉も、家族の名誉が中心になる。いいかえれば、個人の名誉が傷つけられた場合、それはその個人の属する家族の名誉が傷つけられたことになる。

この大切な家族の名誉の中でも大切なのが、〝アル・イルド〟と呼ばれる家族内の女性の品行である。ふしだらな女性を家族から出すということは、最大の恥になる。このふしだらさの基準が、よその文化圏よりはるかに厳しい。いちばん厳しいところでは家族以外の人に素顔を見せることまで含まれる。見知らぬ人と口をきくこともそうだ。したがって、性的関係を持つなどということは論外で、もしそんなことがあれば、殺すのである。ふしだらな女を出したら、それを殺さないかぎり、その家族の名誉は回復されないからである。

ベイルートには売春街があるが、ここの売春婦を、田舎から父親なり、兄弟なりが殺しにやってくるというのは、決して珍しい事件ではない。

アラブではいちばん文明化されているレバノンでも、刑法にちゃんとアル・イルドを守る目的の殺人の免責規定がある。その規定によれば、妻、娘、孫娘、母、妹などに姦淫《かんいん》の事実があってこれを殺した場合、またはその相手の男を殺した場合は計画的殺人でも無罪。姦淫の事実はなくても、それが疑われるような状況があって殺した場合は、普通の殺人罪は適用されず、ずっと低い刑が与えられる。

ここ十年の統計をとってみると、レバノンでは平均して月に一回はこのアル・イルド殺人がある。しかし、現実にははるかに多くのアル・イルド殺人がおこなわれている。それは、自殺の強制という形でおこなわれる。家族が不品行を犯した娘をとり囲んで、毒薬を呑ませるか、ピストルで自殺させる。拒絶したら、力ずくでそれをさせる。

だから中東に赴任する商社員が最初に受ける注意は、どんなことがあっても素人の女性には手を出すなということである。

ここで注意すべきは、本人の意志ではなくてなされた不品行（強姦された、男になぶりものにされた）の場合でも、その女性は死ななければならないということである。この場合、相手の男も殺さなければ、家族の名誉は回復されない。

アル・イルドのみならず、あらゆる家族の名誉の侵害に対して、相手を殺して復讐することがアラブの男の神聖な義務なのである。名誉を侵害されたのに、相手を殺せない家族は、社会の一員として受け入れてもらえず、恥を背負ったまま生きなければならない。

そのため、アラブで殺人事件が起きた場合、警察が被害者の家族から事情を聴取しようとしても、ろくなことを聞けないということがしばしばある。その家族は、犯人が警察に逮捕されたりしたら、名誉の回復ができなくなる。そこで犯人が誰か、どこにいそうかを知っていてもいわない。そして、警察よりも先に、犯人を見つけて殺そうとするのである。もちろん現代では、この種の復讐殺人は刑法上の罪になる。しかし、家族の名誉を命より重んじるアラブには、司法の威嚇が通じない。家族の名誉に対する侵害は、アル・イルド殺人といったものに限らない。あらゆる不正がそうであるし、ことばによる侮辱もそうなのだ。

以上のようなアラブのメンタリティが、パレスチナ問題の多くの側面を説明してくれる。

アラブにとって、一九四八年に起きたイスラエルの建国と、それによって起きたパレスチナ難民の苦しみとは、アラブという一大家族に与えられた一大名誉侵害なのである。これは家族全体が打って一丸となって、名誉回復にあたるべき大問題なのである。これが、彼らがパレスチナ人の権利回復を〝アラブの大義〟と表現する理由である。

侵害された名誉は、金銭や政治的交渉では決して解決されない。物理的に回復されなければならない。イスラエル側が、イスラエルという国はすでに事実上二六年間も存在しているのだから、これを認めろといっても、この論理はアラブに通用しない。まず、名誉侵害に時効はない。日本の仇討《あだうち》のように、父親を殺された子供が大きくなってから加害者に復讐したというのは珍しい話ではないのである。

そして、〈すでに事実上〉といういい方もアラブには通用しない。それは、強姦した娘の父親が復讐にやってきたときに、

「処女を失ったのが、元に戻るのではなし、ここはひとつ現実的に慰謝料ということで……」

といってもムダなのと同じことである。

同じ理由で、イスラエル側が考えているような、難民問題の賠償金による解決とか、アラブ各国に同化吸収してもらってという案もアラブ側には論外なのである。

屈辱の上の屈辱

また、現実をふまえての政治的解決というのも、アラブには受け入れられない。不正の上にたてられた現実は現実と認めないからである。不正による現実（すなわち仮象）を、現実（復讐）によって打ち砕けば真の現実（名誉回復）がもたらされるというのが、復讐を成立させる論理である。

だからといって、イスラエルに対するアラブの態度が、ひたすら燃えたつ復讐心によるものであるなどと考えてもらっては困る。ただアラブの伝統的なメンタリティが

持っている論理の一つとして、復讐の論理を知っていただかないと、パレスチナ問題を理解するのはむずかしいということだ。

同様に、先に述べたアル・イルドのことを知っておかないと、なぜ、あれだけ大量の難民が出たかがよくわからないだろう。

一九六七年の難民について、前出のパラカト氏は、ベイルートのアメリカン大学のスタッフと共に、社会心理学的調査をおこなった。その結果、難民たちの難民になった原因の最大のものは、爆撃の恐怖（ナパーム弾が使用された）。その次の原因はこのアル・イルドが侵害される恐怖だったのである。

こと性道徳については、アラブとイスラエルは全くちがう。イスラエルは世界でも指折りのフリー・セックスの国である。ただし、ユダヤ教の狂信的信者たちは、驚くほど性に厳しい。あるイスラエル人によると、

「奴らは自分の女房と寝るときでも、シーツで全身を包んで、小さな穴からセックスするんだ」

というような厳しさだそうだ。日本の大人のオモチャ屋のようなセックス・ブティクがエルサレムに開店したところ、狂信者がその店をぶちこわしたという事件もあった。しかし、そういう狂信者たちはあくまで少数派で、大勢はフリー・セックスの国

である。

だから、イスラエル人がアラブの村にやってきて、いつもと同じふるまい方をしただけでも、アラブにとっては、命より大切なアル・イルド侵害がいたるところで発生することになるのである。

話はとんだが、以上で、パレスチナ人に与えられたはずかしめが、アラブ全体に与えられたはずかしめと受け取られ、パレスチナ人の権利回復の闘いを、アラブ全体の名誉回復の闘いと考えるアラブの心情がややわかっていただけたろう。

このようなアラブの心情の中で、パレスチナ問題は、アラブ統一運動、アラブ民族主義の核となったのである。それに輪をかけたのが、一九六七年戦争でのアラブ連合軍の敗北、それによる聖地エルサレムの喪失、そして、エジプト、ヨルダン、シリアの領土喪失という事態であった。これははずかしめの上に重ねられたはずかしめだったのである。

パレスチナ人の闘いに対する、このアラブ全体の心情的支援は、ちょうどアラブ統一に誰でも賛成するであろうように、これからもゆらぐことはないだろう。しかし、アラブ統一をどう実行に移すかについては、意見がさっぱり一致せず、結局スローガンだけで終りがちなように、パレスチナ人支援も、とりわけ、エジプト、シリアがイスラエルとの兵力引離し協定に合意した後のこれからは、お題目だけ、心情だけのものとなっていく可能性が強い。結局、アラブ側の〈誰が〉の主体は、あくまでパレスチナ人なのである。

そこで、そもそもパレスチナ人とは、いかなる存在かという知識を持たなければならない。

その前に、この雑誌を継続して読まれている方なら、三月号から五月号にかけて連載された、イザヤ・ベンダサン氏（上巻54頁参照）の「日本人のための《アラブ史中学生教科書》」という論文をご記憶だろう。その第三回目に、パレスチナ問題がとりあげられているが、これは私の見方とかなり違っている。この雑誌の読者のためその相違点をとりあげてみよう。

さて、ベンダサン氏の論文は次のような論旨からなっている。

「イスラエル独立直後に移住した七十万人のユダヤ人は西欧からでなくアラブ圏からである。このユダヤ人たちは、イスラム発生以前からその地に住む〝先住民族〟であり、その歴史はイスラム全史より長いにもかかわらず、全財産を没収され、難民としてやってきた。イスラエルで、対アラブ問題で最も強硬なのは、この人々である。それはイスラム圏における、ユダヤ人に対する長年の差別、迫害のしからしむところである」

　として、その迫害・差別の実例が語られてから、

「イスラムはキリスト教徒とユダヤ教徒を平等に差別してきたが、近世に入ってからはキリスト教徒に手をつけると西欧から干渉されるので、弱いユダヤ人に迫害が集中していくことになった。一九二〇〜三〇年代になると無目的、無意味なテロが横行するようになった。そのもとにあるのは、イスラム至上主義で、イスラム教徒とユダヤ教徒、キリスト教徒が平等などと主張することは許すべからざるイスラムへの侮辱で、そんなことをいう者は殺さねばならないというのがイスラム圏の感情的底流である。従って、イスラエルがいかに現実的な提案をしても、アラブの指導者はそれを受け入れられない。

　これがパレスチナ問題の一面で、もう一面は、イスラエルが自由と権利の国であるのに、中東が依然として家父長制の社会にあるということだ。イスラエルはこの家父長制社会に、自由と権利という病原菌をまき散らす禍根とみなされている。しかし、この自由と平等は、アラブ系ユダヤ人にはじまって、イスラエル施政権下のアラブ人に及び、徐々に中東に浸透しはじめている。

　一方、イスラム圏には、クルド人、ベルベル人など多くの少数民族がいる。もし、

パレスチナのユダヤ人国家を認めるとすれば、当然他の少数民族問題に火がつく。それが、イスラエルが現実に存在していても認めないというい い方がでてくるもとである。

だいたい中東というのは、訳がわからないところで、そのいい例が、アラブ難民問題である。アラブ難民が何人いるか誰も知らない。UNRWA（国連難民救済機関）の登録には幽霊人口があり、人口調査は拒否されている。それに人口調査をしたとしても、その全員が難民であるという証明はどこにもない。「レクスプレス」によれば、純粋の難民は一万五〇〇〇人だけであるという。それに、難民、難民というが、実はレバノン、ヨルダンでは大部分の人はすでに定着しているらしい。

〝本当のアラブ難民〟を受け入れて、その人がその社会に定着することは、少しもむずかしい問題ではない。それで解決できればいちばん喜ぶのはイスラエルと〝本当の難民〟とヨルダン政府だろう。難民と称する者が消失すると最も困るのは他のアラブ諸国である。そんなことになればパレスチナ問題が消失し、イスラエルの存在を認めることになってしまう。そうなれば少数民族問題だけでなく、あらゆる問題（パレスチナ問題は、アラブ諸国で、国内的な困難や矛盾から目をそらす手段となっている）に火がつくからである。

ただヨルダンだけはちがう。ＵＮＲＷＡの受給カード所持者の三分の二以上はイスラエルの施政権下とヨルダンにいる。従って大部分の問題は、もし中東以外だったら、両国のみの問題として、とっくの昔に解決できていたはずなのだ。実際、フセイン国王は、パレスチナ問題に対するアラブ指導者たちのアプローチは、パレスチナ人を政略上の目的に使ってなぶりものにしていると非難している」

ベンダサン氏への疑問

さて、

〈「イスラエルの独立直後に移住した七十万人のユダヤ人は西欧からでなくアラブ圏からである」という記述は真実なのだろうか〉

数字で見るのがいちばん手取り早い。独立直後というからには、せいぜい三年ぐらいを意味するのだろう。以下、上段はヨーロッパ、アメリカからの移住者、下段がアジア・アフリカからの移住者（アラブ圏プラス・アルファ）である（数字はイスラエルの公式資料による）。

一九四八年　七・七万人　一・三万人
一九四九年　一二・三万人　一一・一万人
一九五〇年　八・五万人　八・二万人

あまりに数字がちがうのでもしかしたら、ユダヤ人の時間感覚は日本人とかなりちがうのではないかと思って、独立後十年間をとって計算してみたが、それでも四九万人にしかならない。

これはあまりにも事実とちがいすぎる。

つぎに、

〈ユダヤ人がイスラム発生以前からアラブ圏に住んでいることで、アラブの〝先住民族〟になるだろうか〉

まず、次の概念の区別を知っていただこう。

アラブ民族、アラビア族、アラブ人、イスラム教徒のちがいである。

アラブ民族というのは、古代から幾度にもわたってアラビア半島の奥地から北部の沃地帯に進出してきた種族の総称である。その中には古代文明の担い手として有名なバビロニア人、カナン人、アラム人など多くの種族がある。

もちろん北上したアラブ民族以外のアラブ民族も半島のあちこちに存在したわけである。

アラビア族はアラブ民族の一種族で、アラビア語を話していた。数的にはそう多くないこのアラビア族が有名になったのは、もちろんイスラム教を生んだからである。アラビア族はイスラム教と共に北上し、沃地帯に進出した。

古代からそこで盛衰と交代と混血をくり返していたアラブ民族は、アラビア族に支配されて、イスラム教とアラビア語を受け入れてアラブ人といわれるようになる。アラブ人になったのはアラブ民族だけではない。その地にいた他民族の多くもこのアラビア文化を受け入れてアラブ人となったのである。

従ってイスラム発生以前から、いまのアラブ圏にはアラブ（アラブ民族）が住んでいたのであり、ユダヤ人がイスラム発生以前からそこに住んでいたということだけでは、アラブの先住民族とはいえないだろう。

先住民族の権利をいわれるなら、そもそもイスラエルの地の先住民族であったパレスチナ人とその権利についてはどうお考えなのだろうか。

〈対アラブ問題で最も強硬なのは、アラブ圏からきたユダヤ人難民だろうか。そして、その難民を生んだ原因は、永年にわたるイスラム教徒からの差別と迫害だったのだろ

うか〉

この点について、ハッキリしたことをいえるだけの資料を私は持たない。しかし、ベンダサン氏の説が、かなり一方的なものであろうと推定する根拠はある。

「クハビ・シェメシュは付け加えて、イスラム諸国出身者〔のユダヤ人〕はアラブを憎んでいるという見方が人々の間に強いが、この考えは誤っている、と語った。「われわれがまだイラクやモロッコに住んでいたとき、いろいろな手段を使ってわれわれのうちにアラブへの憎しみを育んだのはイスラエルの政府だ。イラクではユダヤ人は、アラブと隣りあって、平和と相互信頼のうちに暮らしていた。シオニストの使者がやってきてユダヤ人群集めがけて爆弾を投げ、われわれとアラブとの間に不和の種を蒔《ま》いたのだ」」（板垣雄三訳）

これはイスラエル最大の新聞、マアリヴ紙からの引用で、アラブ側の声ではない。ここに登場するクハビ・シェメシュは、アラブ系ユダヤ人で、〝イスラエルにおけるアラブ系ユダヤ人への差別〟に対して闘おうとするアラブ系ユダヤ人の政治組織「ブラック・パンサー」の指導者の一人である。

ブラック・パンサーはアラブ系ユダヤ人の多数派ではない。しかし、それは必ずしも多数の意見を代表しないということではない。彼らの活動は極度に制限されている

からだ。イスラエル滞在中に、ブラック・パンサーに会おうと試みたところ、

「あ、それはダメだよ。連中、こないだデモをやったら、一二〇人全員パクられちゃって九カ月間の投獄だっていうからね」

と、イスラエル人の友人が教えてくれた。

「だけど、連中が騒ぐのは無理ないよ。イスラエルの社会構造を一口で説明すればこうなんだ。イスラエルのいたるところで建設ブームなのは、きみもよく知ってるだろう。よくそれを観察してごらん。ドカチンやってるのはアラブで、現場監督がアラブ系のユダヤ人、そして設計技師と、できた家に住むのがヨーロッパ系ユダヤ人だ」

アラブ圏におけるユダヤ人に対する差別を語るなら（ベンダサン氏の語るのは過去の差別ばかりだから、現在の時点の話も聞きたいと思うが）、イスラエルにおけるユダヤ人によるユダヤ人の差別も語られるべきだろう。

私はアラブ圏におけるユダヤ人難民の発生まで否定しようとは思わない。そして、ユダヤ人に対する迫害があったであろうことも否定しない。しかし、難民の発生にいたるような迫害は、イスラエルの一方的な建国と、パレスチナ人迫害の後に起きたのだということを付け加えねば不公平だろう。そして、その迫害の中には、シェメシュのことばにあったように、イスラエルの謀略もあったのだということを付け加えねば

不公平だろう。同じユダヤ民族を、自らの手で迫害して人心を惑わすという手は、シオニストの歴史上たびたびあったことなのである。

あまり長くなってもいけない。ここまででだいたいベンダサン氏との相違点がある程度おわかりになるだろうから、以下、要点を指摘するだけにとどめよう。

難民の真実

一九二〇〜三〇年代にユダヤ人へのテロがかなりあったことは確かである。しかし、それは無意味なものでは決してない。シオニズム運動と、自分たちの土地へのユダヤ人移民の入植を不安な気持ちで見守っていたアラブが、一九一七年のバルフォア宣言によって、シオニストの意図とそれに対するイギリスの支持をハッキリと知り、自分たちの主張は、結局イギリス当局によって、ほとんど相手にされなかったことを知る。この時代に起こされたテロは、そのことへのフラストレーションの現れではなかったか。

つぎに、イスラム至上主義をもって、イスラム圏の感情的底流とするのは、ユダヤ教至上主義をもって、イスラエルやユダヤ人社会の感情的底流とするのと同じように誤りである。アラブ側にもベンダサン氏の論法を裏返したようなグロテスクなイスラエル宗教国家論をとなえる人々がいるが、そんな応酬は不毛な議論に終るだけだろう。〝自由と権利の国VS家父長制社会〟という論法は、『日本人とユダヤ人』の中で用いられた〝大地主・農奴・軍閥・利権・買弁体制VSキブツ・モシャブ・共同組合体制〟という論法のバリエーションだが、これはパレスチナ問題を曖昧にするだけである。二つのVSについて、それぞれの側にそれぞれの要素があることは私も認める。しかし、自由と権利の国で、どれだけの自由と権利がアラブ系イスラエル人に認められているか、キブツ・モシャブにアラブが受け入れられているのか、共同組合にはいつから加入を許されたかをいわなければ不公平である。そして、アラブ側では、ベンダサン氏がいうようなアラブ社会の封建的部分に対して最も熱心に闘っている人々が、パレスチナ問題で最も熱心に闘っている（vice versa）ということもいわねばならないだろう。

そして、アラブ諸国の中でも、最も遅れた要素を持つ国の一つであるヨルダンは、イスラエルと特殊関係を保持し、したがってパレスチナ人たちから、イスラエル、アメリカとならぶ主要な敵の一つとみなされている。七〇年にはヨルダン王政を倒そうとするパレスチナ人（ヨルダンの人口の半分以上はパレスチナ人だ）と、反抗するパレスチナ人を皆殺しにしようとするヨルダン政府との間で死闘があった。そのヨルダンとイスラエルの二国だけでパレスチナ問題を解決するとは、パレスチナ人を名義上イスラエル人とヨルダン人に分けて、名目上存在しないものにするということで、決して解決にはならない。

もう一つ引用された「レクスプレス」の一文には、重大な事実が抜けていると私は思う。

「国連がユダヤ人国家の領土と指定した地域に居住し、一九四九年にその地を離れたパレスチナ人の実数は一万五〇〇〇人であった。イスラエル国家成立の際に生まれた純粋の「難民」はこの一万五〇〇〇人である」

これがベンダサン氏の引用された文章の全文だが、この文章には、一般読者には気づきにくい二つのトリックがある。一つは、難民のほとんどが一九四八年に生じていること。そして、もう一つは、難民の半数弱が、「国連がユダヤ人国家の領土と指定した地域」から出たのではなく、国連がユダヤ人国家の領土と指定しなかったにもかかわらず、イスラエルが武力で併合してユダヤ人国家の領土にしてしまった地域（大部分の住民がアラブで、国連はアラブ国家に指定していた。下巻14頁図版参照）から出ているという事実である。つまり、年代を一九四九年にかぎり、難民の出所を国連指定のユダヤ人国家にかぎってしまうと、事情を知らない第三者には一見もっともらしく見えるが、中身は全くのデタラメの難民数をはじいてみせることができるということである。

こんな難民の定義は私もイスラエル側の見解をずいぶん調べたつもりだが、はじめて耳にするものだ。

UNRWA（国連パレスチナ難民救済事業機関）による難民の定義は次の通りである。

「一九四八年の紛争の少なくも二年以上前からパレスチナに居住し、その紛争の結果、住居と生計手段の両方を失い、かつ、一九四八年に、UNRWAが救済活動をしている国の一つに難を避けたもの」

これでもUNRWAの元事務総長のJ・H・デービス氏も認めるように、決して充分な定義ではない（洩《も》れがあるという意味で）。

難民に関してはまず、次の事実を知っていただこう。一九四八年のパレスチナには、一三八万人のアラブ人と六十五万人のユダヤ人がいた。だいたいアラブ二に対し、ユダヤ一の割合といえる。このユダヤ人たちは、パレスチナの土地のうち、五・六七％しか所有していなかった。ところが国連のパレスチナ分割案は、ユダヤ国に土地の五六・四七％を与え、アラブ国には四二・八八％の土地しか与えないというものだった

(残り〇・六五％はエルサレムで、ここは国際管理しようということになっていた)。
もともとの人口の割合と土地所有の割合からいって、これはいまから思うと、誰がみてもあまりに不公平すぎる分割案といえるだろう。少し頭を冷やして考えれば、アラブ側がこれを受け入れるはずがないことは明らかだろう。むろん、パレスチナ人もアラブ諸国もこれを拒否した。

こんな分割案が国連総会をまかり通ったことは、現代史のナゾの一つで、この点を追究していくと、パレスチナ問題のもう一つの側面が浮き彫りにされてくるのだが、ここではそれにふれている余裕はない。

分割案以後、ユダヤ人とアラブ人の内戦、イスラエルの独立宣言、英軍の撤退、アラブ諸国軍の介入、と一連のできごとが起こる。このプロセスがパレスチナ問題では、もっとも大切な〈何を〉になるのだが、これもいまふれている余裕はない。

この第一次中東戦争(一九四八〜四九年)の結果どうなったか。イスラエルが全パレスチナの七八％の土地を占領してしまったのである。分割案に加えて、新たに約二二％の土地を獲得したわけである。

もともと、分割案のユダヤ人国家は、人口がアラブの半分しかないユダヤ人に、国土の半分以上を与えるという無理をおかしていたため、その国の人口構成は、ユダヤ人四九万八〇〇〇人に対し、アラブ人四九万五〇〇〇人で、ユダヤ人がスレスレの多数派しか占められないという、かろうじてのユダヤ人国家だった。

もし分割案通りの国が平和的にでき、民主的国家ができていたとしたら、民主的政治制度とは人口比が反映するように構成された代議制を持つということだから、このユダヤ国家は、必然的に極度に政情が不安定なものとなっていたにちがいない。

さて、新しく併合された土地の人口構成はどうだったろうか。ここには、約一五万人のユダヤ人に対し、約四〇万人のアラブ人が住んでいた。これが意味するところは重大である。

もしこの地域のアラブが難民とならずに踏みとどまっていたとすれば、新しいユダヤ国家は、六五万人のユダヤ人に対し九〇万人のアラブがいる〝アラブ国家〟になってしまっていたのだ。イスラエルがどうしてもアラブを追いださねばならなかった理由はここにある。

そして結局、最終的にイスラエルに残ったアラブ人口は約一二万六〇〇〇人だった。差し引き七七万人は国を出たのである。

一九四九年の国連の調査団は、パレスチナ人難民を七二万六〇〇〇人と推定し、そのうち六五万人が窮乏状態にあると報告している。七七万人の出国者との間に差があるのは、紛争の前に、どうも危険なことになりそうだというのを見越して、上層階級、中産階級が逃げだしていたからである。

この人々の帰国許可を勧告する度重なる国連決議にもかかわらず、イスラエルはくり返しそれを拒否した。帰国を認めたのは、家族が離ればなれになってしまっていた人々のうち五万人だけである。

パレスチナ人は、ほぼ例外なしに帰国を望んでいる。困窮状態にある難民だけではない。職を持ち、〝定着〟した人もである。この点が、ベンダサン氏が引合いにだすアラブ系ユダヤ人〝難民〟と決定的にちがうところだ。

したがって、パレスチナ難民が全員〝定着〟し、ベンダサン氏の考えるように〝難民〟が消失してしまったとしても、パレスチナ問題が消失することはないだろう。帰国を希望し、それを実現するためには、政治運動から武装闘争にいたるまで、あらゆる手段に訴えることを決意しているパレスチナ人がいる限り、それが難民であろうとなかろうと、パレスチナ問題は終らない。

一九四八年時点への復帰

では、なぜイスラエルは帰国を希望するパレスチナ人を受け入れないのだろうか。理由は二つある。一つは、アラブ人口が多くなって、ユダヤ国家ではなくなってしまう恐れ。

四八年当時のように、パレスチナ・アラブ人とイスラエル・ユダヤ人の人口比は二対一と極端なものではない。建国以来、一四〇万人に及ぶ移民を受け入れたからである。しかし、パレスチナ人のほうもふえている。人口増加率が高いので、当時の一四〇万人が、今や三〇〇万人を超え、イスラエル・ユダヤ人の二〇〇万を凌駕している。むろん、帰国を許すといっても全員が帰国するわけではないだろうし、その場合には、現在占領している全パレスチナの一部を明け渡すというような手もあるから、この点の心配は、建国当時とくらべると少ない。かつてメイア前首相は、

「ベッドの中で、今日はアラブの赤ん坊が何人生まれたろうと考えると、心配で夜眠れなくなる」

と述べた。これはイスラエル領（占領地を含む）のアラブについて述べたものである。ユダヤ人の自然人口増加率一・六％に対し、アラブ系イスラエル人は四・九％、占領地のアラブ人は二・八％。国外にいるパレスチナ人は推定三～四％。

この率でいくと、四〇年以内にイスラエル領内でのユダヤ、アラブ人口比は逆転す

に逆転するだろう。

る（移民を抜いて考えた場合）。もし大量のパレスチナ人の帰国を許したら、十年以内

パレスチナ人の帰国を許さないもう一つの理由は、この理由のほうが、はるかに重大なのだが、パレスチナ人がかつて所有していた資産、とりわけ土地の返還を求めてきた場合、それを返せないという点にある。

独立以後、五年間に作られた約四百のユダヤ人入植地のうち、三五〇は難民の財産の上に築かれ、イスラエルが獲得した耕地の三分の二は難民のものだったといわれる。イスラエルの誇るキブツやモシャブの多くも、そしてイスラエルの地盤を強固にした大量の移民の受け入れも、この難民の土地の上に築かれたものなのである。

パレスチナ難民の七〇％は農民で、残してきた土地に対する彼らの愛着心はきわめて強い。イスラエルが提案した、金による解決には、応じようとする人がいなかった。

さてここで、絶対にまちがえないでほしいのは、パレスチナ人が帰国を望んでいるといっても、それはイスラエル国への帰国を望んでいるのではないということだ。彼らは自分たちの祖国としてのパレスチナ国への帰国を望んでいるのだ。

パレスチナ人の目から見れば、パレスチナの地はもともとパレスチナ人のものであり、英国の委任統治が終れば、パレスチナ国として独立すべきものだったのである。

パレスチナ人の主張する正当な権利の回復とは、この四八年時点への復帰を意味する。単に土地や資産の所有権を元に戻すとか、居住権の回復といったことではない。四八年になされるはずだったパレスチナ独立国のパレスチナの地での建設なのである。

パレスチナ人小学校にて

ベイルートで、パレスチナ人の小学校を訪問した。校長先生が、さまざまの質問に応じてくれたあとで、教室を次々に案内してまわってくれた。四年生の教室で地理の授業がおこなわれていた。その日はアジアについて学んでいるらしいことが、黒板に書かれた先生の地図でわかった。校長先生が、何か大声で地理の先生に話しかけると、彼は苦笑しながら黒板を消して、新しい地図を書きはじめた。パレスチナの地図である。見学者のために、わざわざ授業内容を変更したのだ。

「みんな自分の知っている町の名前をいってごらん」

教室中がワーッとなって、口々に町の名前を叫ぶ。それが次々に地図の中に書き入れられていく。しかし、テルアビブなどはでてこない。

「どうしてテルアビブがでてこないのですか」

校長に小声で聞くと、

「あそこはユダヤ人には重要な町でしょうけど、私たちには重要ではありません」

彼らの学ぶ地図は四八年時点でのパレスチナなのだ。町の名前は、もちろんアラブ読みだ。エルサレムはアル・コドス、空港のあるロッドはリッダ。

パレスチナの地図の上に手をおいて、先生がたずねる。

「この土地は誰のものになってる?」

教室が騒然となる。

「ユダヤ人のもの。だけどぼくらが取り返す」

と答えた少年にみんな歓声をあげて応えたのだ。

パレスチナ人の学校は、その学校のあるそれぞれの国のカリキュラムに従って教えられている。しかし、パレスチナの歴史と地理だけは特別の時間をとって教えている。学校はUNRWAによって運営されているが、先生は全員パレスチナ人である。地理の教科書を見せてもらうと、パレスチナの産業が解説されている。内容も、用いられている写真も四八年以前のものだ。イスラエルの誇る工業などはどこにもでてこない。

パレスチナ人にとって、パレスチナは昔のままなのである。

すでに国を追われて二六年。もう一世代たった。イスラエルでの若い世代の登場が、シオニズムの質を変えつつあるように、パレスチナ人たちの間でも、若い世代の登場はパレスチナ人の性格を変えてきた。

その説明に入る前に、パレスチナ人に関するいくつかの基礎的事項をおさえておこう。

彼らがパレスチナ人というとき、旧パレスチナ委任統治領にいたアラブ系の全住民とその子孫を指す。原則としてそこにはユダヤ人は入らないが、彼らと共に難民となって共に闘っているユダヤ人（きわめて少数だがいるのである）は別だ。イスラエルにいて、イスラエルの市民権を持っているアラブも、もちろんパレスチナ人に入る。他国の国籍を取得した人でも、やはりパレスチナ人に数えられる。

独特なのは、ヨルダンのパレスチナ人だ。四八年の第一次中東戦争のあと、イスラエルが七八％の国土をとってしまったことは前に述べた。それでは残りの二二％はどうなったのか。残りは二つの部分にわかれていた。ヨルダン川西岸地帯（ウェスト・バンク）とガザである。このうち、ウェスト・バンクはヨルダンが併合してしまったのである。

ヨルダン王としては、パレスチナも自分の国土のつもりなのだ。だから、ヨルダンに住むパレスチナ人は、難民であろうがなかろうが、ヨルダンの国籍を与えられる。

パレスチナ人のほうではヨルダン王の臣民であるつもりはないが、王様のほうは臣下とみなしている。前出のカマル・ナセルはウェスト・バンク出身だが、幾度もフセイン国王から直接、間接に、ヨルダンの大臣にしてやるからなれといわれていたが、それを断りつづけてきた。

つまり、ヨルダンのパレスチナ人は、ヨルダンとパレスチナの双方から勘定に入れられ、イスラエルのパレスチナ人は、イスラエルとパレスチナの双方から勘定に入れられているわけだ。

残ったもう一つのガザの地は、長さ四五キロ、幅七キロほどの狭い土地で、ここに二〇万人の難民が流れ込んだため、難民キャンプの集落地帯と化した。ここだけでパレスチナが独立するわけにもいかず、この地はエジプトの管理下におかれた。六七年戦争でイスラエルに占領されたまま現在にいたっている。

現在の中東和平でしばしば話題になっているパレスチナ国家樹立案とは、このウェスト・バンクとガザからイスラエル軍が引揚げ、ヨルダンはウェスト・バンクへの主権の主張を引込め、この二つを合わせてパレスチナ国家を作ろうという案である。その国家が樹立されれば、イスラエルはそれをもってパレスチナ問題の最終解決とみなそうとするだろうが、パレスチナ人はそれを受け入れるわけにはいかない。

なぜなら、そのパレスチナ国家は四八年のイスラエルの国境を認めることで、それができても、四八年に難民になったパレスチナ人にとっては、何の解決にもならないからだ。この案をパレスチナ人が受け入れるとしたら、あくまでパレスチナ全土解放の一段階として、つまり国家規模のゲリラ基地を作るためであって、最終解決としてではない。しかし、イスラエルは、それを最終解決として、その新パレスチナ国がゲリラの基地にならない保障を求めようとするだろうから、この話はそう簡単にまとまるとは思われない。

教育程度の高さ

さて、パレスチナ人の人口だが、これは国勢調査などやることもできないので推定の数字しかないが、だいたい三〇〇万から三二〇万人とされている。大ざっぱにいうと、この半分がイスラエルの占領下で生活している（イスラエル全土が占領されているとみなされるから、アラブ系イスラエル人もこれに入る）。

残り半分はアラブ諸国に散在しているが、多い順にならべると、ヨルダン九六万人、レバノン二六万人、シリア一七万人、クエート一七万人、エジプト三・五万人、サウディ・アラビア二・五万人、湾岸諸国一・八万人、あとは千人単位に落ちて各国である。

この他、ラテン・アメリカ諸国に一〇万五〇〇〇人、アメリカ四万五〇〇〇人、西ドイツ一万五〇〇〇人など、行先は世界中に広がりつつある。

いってみれば、ディアスポラのユダヤ人を結集させる目的で作られた国が、パレスチナ人のディアスポラをもたらしたわけだ。

全パレスチナ人のうち、UNRWAに登録されている難民は一五〇万人。このうちUNRWAから食料を支給されている者は八三万人。また、難民キャンプに収容されている者は、五九万人。

UNRWAの活動は、食料、医療、教育、職業訓練などだが、予算が少ないために大したことはできていない。食料支給を例にとれば一人当りの予算が年間六〇〇〇～七〇〇〇円で、やっとカロリーにして一日一五〇〇（夏）～一六〇〇（冬）キロカロリーにしかすぎない。

「これじゃ人間の基礎代謝量すら満たせないんです。ナチの収容所だって、二〇〇〇キロカロリーの食事が与えられたというのに」

UNRWAの職員が自嘲まじりに語る。そして、この貧しい食料ですら、予算の関係から支給対象人員の天井があって、それにはみ出した者はウェイティング・リストに名がのっているだけ。それがすでに三七万人を超えている。毎年支給対象にくり入れられる人員より、新しく生まれてウェイティング・リストにのせられる人数のほうが多いので、この数はふくらむばかりである。

私は最近のUNRWAレポートを読んでこの事実を知ったのだが、そうしてみると、ベンダサン氏が十年以上も前の資料を使って、食料支給対象者に幽霊人口が多いことを理由に難民の実数の少なさを強調しているような印象をうけるが、それはどう考えても事実に反する。事実は難民より多くの幽霊的食料支給対象者が沢山いるのではなく、難民であるのに支給対象者リストに入れてもらえない幽霊が沢山いるということなのだ。

UNRWAの果たした最大の功績は、難民に教育を与えたことだろう。学費も学用品もタダの教育が中学までは与えられる。

パレスチナ人は昔からアラブ圏では教育程度が高かった。難民の二〇%はさまざまな職業知識を持っていたので、それぞれの国で職業を見つけることができた。が、大部分の農民たちには、ほとんど職がなく、ましてや子供たちが大きくなったときの未来は全く絶望的だった。唯一のチャンスは教育を受けさせることである。そこで、どの家庭でも、両親が食うものも食わずに、子供たちに教育を与えた。
これが四分の一世紀つづくうちに、パレスチナ人は、アラブ圏で最高に教育水準が高くなってしまった。文盲率最低、大学進学率は最高である。大学卒業生がすでに五万人いる。

知識を得たパレスチナ人たちは、その知識をかわれて、次々とアラブ諸国に流出していった。特に金はあるがマン・パワーがない産油国に向かった人々が多いことは、前に書いたパレスチナ人の国別分布でもおわかりだろう。

仕事の種類で特に多いのは学校の教師で、現在五万七〇〇〇人のパレスチナ人教師がいる。サウディ・アラビアの学校教師のうち約半分がパレスチナ人、リビアでは半分以上がそうである。

アラブ諸国の人々がパレスチナ人に与える支援のかげに、これら教師たちの持つ影響力も見逃せない。

パレスチナ人がアラブ社会でどれだけの地位を占めるようになっているか、もう少しデータをあげてみよう。

パレスチナ人の大学卒業生一万人（総数の五分の一）にアンケート調査をしたことがある。その職業のうち、高位のものをあげてみると、大臣七人、次官一六人、大使二七人、裁判官三〇人、大学教授一〇〇人、助教授三〇人、研究所主任一五四人、同研究員三二七人、経営コンサルタント五九人、大会社社長一〇〇人、重役三六九人などである。部課長クラスだと一〇〇〇人をもって数えられる。特に経済界での影響力は大きく、人によっては西欧社会のユダヤ人ぐらいの力をアラブ世界で持っているという。

また石油産業においては、中堅技術労働者にパレスチナ人が多く、彼らが破壊活動をやろうと思えば簡単にできる。それが保守的な産油国でも、パレスチナ人を熱心に支援する理由の一つといわれる。

こうしたいい職業につき、中にはその国の国籍まで取得した人たちがふえれば、ベンダサン氏のお考えでは、パレスチナ問題は消失していくことになるはずが、実際に起こったことは逆なのである。

〝カラメの戦い〟の意味

一九六七年までの一般的なパレスチナ人の状況は無気力なものだった。大部分の人はナセルがきっとパレスチナを取り返してくれるだろうとか、アラーの神が奇蹟でも起こしてくれるだろうと考えながら、毎日を送っている、と当時のキャンプをルポした記者は書いている。それまでのパレスチナ人の政治指導者は、古いアラブ社会ではどこでもそうであるように、有力大家族の長だった。その連中がアラブ各国の首脳の間をかけまわっているというのが、パレスチナ人の故国復帰運動だったのである。

「だから、現実の状況なんて、なにも理解してなかったのよ。うちの両親なんか、六七年戦争（第三次中東戦争）がはじまったというニュースをきくとすぐに荷づくりをはじめたのよ。さあ、これで家に帰れると思ったんだって」

と、あるパレスチナ人女子学生は語った。

そんな心理的状況にあったパレスチナ人たちにとって、六七年戦争のアラブ側の大敗は大変な衝撃だったらしい。

そして、この戦争を境に、ゲリラ・グループがパレスチナ社会の主役として登場してくる。アラブ諸国に頼るな、自分たち（パレスチナ人）の力でパレスチナを取り返す他ない、という主張が説得力を持った。タイミングよく、翌六八年に、ファタハ（パレスチナ民族解放運動）のゲリラ軍がイスラエルの正規軍に正面から戦いを挑んで大勝利を収めるという〝カラメの戦い〟があった。絶望の淵に沈んでいたパレスチナ人たちに、この〝カラメの戦い〟の与えた衝撃は、六七年戦争に劣らず大きかったようだ。

この戦いのあと、ファタハはひきもきらず押し寄せるゲリラ志願者の扱いに困ったほどである。

パレスチナ人たちは独自の記念日を四つ持っている。バルフォア宣言の日、パレスチナ分割案国連総会通過の日、イスラエル建国の日で、この三つは屈辱の記念日だ。そしてもう一つが〝カラメの戦い〟の日で、これは彼らの希望の日なのである。

ファタハを中心とするゲリラ・グループは、あっという間にパレスチナ人大衆の支持を得て、翌六九年には、旧世代の指導者たちがアラブ諸国の援助のもとに作っていたPLOを乗っとってしまう。*〔*このファタハの指導者で、PLOの新しい執行委員会議長となったのがアラファトである。〕

パレスチナ人は、よくサウラ（革命）ということばを使う。サウラ以後は、サウラ以前は、サウラのおかげで、サウラに参加して……。この場合、サウラはさまざまの意味を持つ。PLOやファタハなどのゲリラ・グループを指すこともあれば、パレスチナ社会の権力が、旧指導者からアラファトたちに移ったことを指す場合もある。

それは確かに一種の社会革命だった。それ以後、パレスチナ人のキャンプ居住区では、パレスチナ人の自治が確立する。各ゲリラ・グループの代表が勢力に応じて委員会を作り、それが政治、行政力、警察力を持つから、UNRWAもこれを通じて活動をおこない、地元の警察もパレスチナ人社会には立ち入らない。

ここで簡単に、パレスチナ人社会の構造を説明しておこう。議会にあたるのが、パレスチナ民族評議会（PNC）で、各政党（ゲリラ・グループは武力を持った政党なのだ）の代表に、学生、婦人、労働者などの大衆団体代表、それに軍部（PLA）の代表、パレスチナ社会の長老的人々などで構成されている。

議会で内閣（PLO執行委員会）が選ばれる。内閣が政府行政機関（PLO）を統轄する。PLOは、政治部、財政部、軍事部、大衆組織部、教育部、被占領地部、情報宣伝部といったいわば官庁を持つ。これとは別に執行委員会直属の形で、リサーチ・センター、プランニング・センターがある。

財政部の下には、パレスチナ民族基金（PNF）があり、ここがPLOの資金面を担当する。PLOの最大の資金源は税金で、パレスチナ人のうち貧乏でない者から、収入の三％から六％を〝パレスチナ解放税〟として徴収する。この他、パレスチナ人の金持からは寄付金をつのる。こうして、PLOの資金のうち実に八〇％がパレスチナ人自身から出ている。残り二〇％は、アラブ諸国、社会主義諸国からの援助である。

軍事部の下にPLA（パレスチナ解放軍）と各ゲリラ・グループへの統一指令部が

である。PLAは正規軍で、三軍団を持ち、兵力は万をもって数える。十月戦争（第四次中東戦争）では、シナイ戦線でも、シリア戦線でも、最前線に立って戦った。

十月戦争におけるパレスチナ人の活躍は日本では全然知られていないが、これはかなりのものだったらしい。スエズ運河を最初に渡ったグループの一つがPLAだったし、ゴラン高原では、ヘリコプターで敵の防衛戦の内側に入って最初の突破口を切り開いたのもPLAだった。ゲリラ・グループはイスラエル内で四〇〇回に及ぶ後方攪《かく》乱《らん》作戦を展開し、南レバノン国境にも戦線を作った。

PLAは、もともとパレスチナ人で軍人だったものが中心になって作られた。難民の中でアラブ各国の士官学校に入った者も沢山いたのである。その卒業生の中には、そのままそこの国の軍隊の将校になっている者も少なくない。PLAには飛行機はないが、パイロットはいる。兵士のほうは、シリア在住のパレスチナ人の青年に対して、二年半の徴兵制がとられている。

ゲリラ・グループに関しては、統一司令部で効果がいちばんでるように軍事行動が調整される。日本でパレスチナ・ゲリラというと、すぐにハイジャックとか、ミュンヘン事件などを考えるが、主流はそうではない。

イスラエル領内でのテロ、破壊活動が中心である。イスラエル領内の事件というと、日本の新聞には、よほど大きな規模のものでないと報道されないのでわからないが、実は連日のように起きている。

「ただ理解してほしい」

私自身も、ＰＬＯの専門家にきくまではこの点に関して無知だった。で、はじめに、

「ゲリラはふだんは何をやってるんですか」

ときくと、向うはあきれたような顔で、

「ホラ、これをごらんなさい」

と、ゲリラ活動の集計表を見せてくれた。

「これが日付、時間、場所、作戦のタイプ、使った武器、与えた人的損害、物的損害、こちら側の損害……」

なるほど、見ると、平均して一日二件ぐらいのゲリラ活動に成功している。一九七二年の最初の五カ月で、計二五八件。この間パレスチナ側のロスは四六人。相手のロスは、それよりはるかに大きいが、ハッキリした数はつかめない。イスラエル側で損害をちゃんと発表しないからだという。平均すると、イスラエルのマスコミに発表さ

れるのは三分の一以下。それ以外は、交通事故として片づけられることが多い（そのためイスラエルの交通事故死亡率は世界一だという）。

こうした〝地道な〟ゲリラ活動を最も熱心にやっているのが、ファタハである。日本のマスコミでは、ファタハは穏健派ということになっているが、決してそうではない。PFLPの幹部に、

「どうして大衆的支持の点ではファタハが圧倒的なんですか。PFLPのマルクシズムがきらわれるんですか」

とたずねたところ、言下に答えた。

「それはファタハがいちばん激しく戦ってるからですよ。マルクシズムは関係ありません。大衆の中では我々も左翼用語なんか使わず、大衆のことばでしゃべってるんですから」

そのときはよくわからなかったが、その後さまざまの場所で、さまざまのパレスチナ人に会ってようやく、この意味がわかってきた。

ベイルートの町で知りあった重電エンジニアがいう。

「うちの親父はコマンドだったたし、兄貴はいまやってる。ボクだってやったことがある」

シリアのヒッチハイクでつかまえた五〇歳近いトラックの運転手がいう。

「オレは二七回も出撃したんだぜ。二七回もだ。もう二年前に引退したけどね。ヘブライ語はペラペラよ」

レバノン南部のパレスチナ人の村に友人に招待されて泊る。翌日、その友人がいう。

「昨日お前が寝たベッドの下に重機関銃があったんだぞ。あの村は全員コマンドさ」

レバノンの田舎町であった二人連れの学生がいう。

「十月戦争の間はずっと従軍してました。夏休みになったら、また行きますよ」

二歳になったばかりの男の子を持つ良家の母親がいう。

「この子が大きくなってコマンドになりたいといったら？　そう。大学を出るまではダメ。出たら好きなようになさいといいます」

要するに、パレスチナ人は全員が潜在的なゲリラなのである。老若男女を問わず、階級を問わず、知識度を問わずである。彼らには武器をとって闘うことが当り前すぎるほど当り前で、今さら理由づけはいらない。ここでは、よく闘う者だけが評価される。もちろん、知識層の間ではさまざまの理論闘争があるが、大衆レベルでは、誰がいちばんよく闘うかだけが問題になる。

かつて、イスラエルのメイア前首相は、パレスチナ人なんて、もともと存在しなかったのだといって、物議をかもしたことがある。パレスチナ人という民族意識を自覚的に持った集団は、という意味である。ある程度それは当っている。今世紀初期にパレスチナにあった民族主義は、大シリアの民族解放運動の一部としてあったものが多いからである。

しかし、いまはちがう。パレスチナ人たちは自覚的な民族意識を明確に持った集団といえる。そしてベンダサン氏のいうように自由と権利意識が遅れているアラブの中にあって、最も自由と権利にめざめた集団になってしまったのである。だからこそ、彼らは〝自由と権利の国イスラエル〟に対して、いつまでも闘いつづけるだろう。

以上でようやく、パレスチナ問題の〈誰が〉を終えることにする。しかし、これでもほんのスケッチ程度であり、しかも主役のスケッチだけで、準主役たちについては、ほとんどなにも語られていないことをお忘れなく。そしてもちろん、〈何を〉についてもである。ということで、この一文が、パレスチナ問題を〝知る〟ことがいかにむずかしいかの認識にお役に立てば幸いである。

ＰＬＯの幹部に、日本と日本人に何を望むか、とたずねたところ、

「お金も武器も人も、援助はなにもいりません。ほしいのは、ただパレスチナ問題を理解していただくこと、それだけです」

と答えた。彼は日本と日本人にはいちばんむずかしい注文をしたようである。

（『諸君！』一九七四年八月号）

第２章　独占スクープ・テルアビブ事件*（'72・7）

〔*テルアビブ事件については下巻29頁参照〕

テルアビブで岡本公三と一問一答

――裁判を控えての心がまえは？

「われわれがめざしている世界革命の意義を世界の人民の前に堂々と述べてから、死刑の判決を受けて死にたい」

――日本で裁判を受けたいと希望していると聞いているが…。

「日本なら確実に死刑にしてくれるだろうということが一つ、それに、この前の予審で通訳を介してでは、どうしても日本語のニュアンスが伝わらないと思ったから」

――どうして、そんなに死に急ぐのか、ほんとに世界革命を信じるなら、その日が到来するまで牢獄の中で待ってもいいのではないか。

「そのつもりはない」

——なぜか。

「いったん死を決意した男がオメオメ生きているのは恥だ。自分たちの計画の中で、自分だけが生きのびたことだけは失敗だと思う。だからこそ早く処刑してもらいたいのだ。もちろん、自己弁護はしたくないが、処刑の前に法廷で自分たちの死の決意の意義を明らかにしたいと思っている」

——しかし、君は最後になって現場から逃げだしたと思われている。他の二人は自殺したのに君だけしなかったのは、死ぬのがこわかったからではないか。

「(フンゼンとして) そうではない。レバノンでは模擬飛行機を使って爆破訓練をしていたし、エブロンの飛行機を爆破するのは、はじめから計画していたことだ。自分は手持ちの三弾倉を全部射ちつくしたので、その計画どおり外に出たのだ」

(彼は待合室から荷物運搬用コンベアの穴をくぐり外に出たところをとり押えられた)

——それから手榴弾で爆破するつもりだったのか。

「そうだ」

——それは投げたのか。

「投げた、しかしどういうワケか破裂しなかった」

――それで？

「自殺用に持っていたもう一発の手榴弾も思わず投げてしまったのだ。それがあたって飛行機が炎上したら飛び込んで死ぬつもりだった……。しかしそれも残念ながら飛行機にあたらなかった。それで、その場で捕まってしまったのだ」

――その手榴弾は破裂したのか。

「覚えていない」

――日本を出るときから、こういう計画に参加するつもりだったのか。

「いや、日本を出るときは単純に兄に会える期待と、軍事訓練を受けるつもりしかなかった」

（この兄とは、日本赤軍派が起こした〝よど号〟ハイジャック事件*のメンバーで、次兄の岡本武《たけし》のこと）（＊一九七〇年三月、田宮高麿《たかまろ》をリーダーとする九人の赤軍派のメンバーが、日航機「よど号」をハイジャックし、北朝鮮（朝鮮民主主義人民共和国）に亡命した。）

――日本にいるときから赤軍のメンバーだったのか。

「（リンチ事件の）森派の赤軍ではない」

――赤軍は赤軍か。

「理論的にはそうだ」

——組織的にはどうか。

「集会には参加していた」

——そもそも、革命運動に入ったのはいつごろからか。

「浪人時代から活動していた」

——子供のときはどんなだったか。

「ごくふつうの子供だったと思う」

——子供のときなんになりたいと思っていたか。

「別になんになりたいとも思わなかった」

——生活程度はどうだったか。

「中流だ」

——お姉さんが〝母が民生委員をしていたから早くから社会の矛盾にめざめたのではないか〟といっているが。

「そんなことは関係ない。マスコミが勝手に作った論理だろう」

（話が家族のことに及ぶと、シュンとした顔になって、思い出すようにいう）

——お母さんは？

「母は小学校の教師をしていて、ボクが通ったのもその学校だった。休み時間に職員室に遊びにいったりしていた」

――お父さんはどんな人か？

「典型的な熊本県人だと思う。明治維新などをよく語ってきかせてくれた。きびしい人だった」

――熊本県人とか、お父さんの明治維新の話は今度の事件に影響を与えていると思うか？

「父はかねがね死ぬということに対して、日本人としてハッキリした考えを持っていなくてはいけないといっていた。それが自分の死の決意に影響を与えていると思う」

――もう少しくわしくいってほしい。

「崇高な使命の前に自分の命を投げだすという、熊本県人の血が自分の中に流れているということだ……。吉田松陰の辞世に、〝身はたとえ武蔵の野辺《のべ》に朽《く》ちぬとも、とどめおかまし大和魂《やまとだましい》〟とある。右翼のいう意味の大和魂ではないが、なにかそういうものが自分にあった」

――浪人時代に活動をはじめたきっかけは。

「マリスト学園高校を卒業してから、京大理学部を受けて失敗した。そこで京大に入っていた兄（武）のところに一緒に下宿して、京都にある近畿予備校に通っていた。そのとき兄はすでに学生運動に入っていて、その影響で自分もはじめたのだ」

――どんな活動をしてたのか。

「浪人一年目は勉強に夢中だったので……。デモに参加するぐらいだった」

――革命理論の勉強もしたのか。

「いや、受験勉強中心であまり左翼文献も読んでない。兄も受験勉強の指導に力をそそいでくれたし……」

――兄さんはどんな人か。

「年も近いので、まるで友達づきあいみたいな関係だった。やさしくてよく面倒をみてくれた」

（次兄の話になると、固い表情に情感が読みとれるようになる）

――ケンカは？

「よくケンカもしたが、すぐ仲直りした」

――すると君の精神形成の上で一番大きな役割を果たしたのは兄さんか。

「その通りだ」

――兄さんのやったハイジャック事件はどんな影響を与えたか。

「あの事件を契機に兄は赤軍の中で英雄視されたし、その弟だということで、組織の中で自分の信用もついたことは事実だ」

――すると、そのときすでに赤軍に入っていたのか。

「そうだ」

――それはいつごろのことか。

「昭和四三年の四月に鹿児島大農学部に入学したが、ちょうどそのころ、大学管理法案の問題があったので、すぐ活動に入り一年のときから自治会の委員をしていた。しかし、そこでは自治会が革マルに握られていることもあって、ノンセクトの形でやっていたが、鹿児島大の活動が活発でなく、どうもあきたらなかった。そこで、京都に出て兄と一緒に赤軍の集会に出ていた」

――それまでずっと兄さんとは連絡があったのか。

「浪人一年後、再び京大理学部を受けたが、また落ちたので次の年地元（熊本）の予備校に通うことにした。そのころちょうど母が死んだこともあって、ボク自身かなりくさっていてあまり勉強する気にもなれなかった。そのとき兄が、〝もう京大はあきらめろ、これ以上ムリな勉強をつづけると受験勉強にスポイルされる〟といって今度は熊本大学の理工系の学部をねらうようにすすめてくれたからだ。結局、熊本大学も落ちたので鹿児島大学農学部に入ることになった。この学部の選択も兄がやってくれた。浪人二年目の時代はほんとにやる気をなくしていたので、兄のたえざるはげましと指導がなければ、ダメになっていたと思う」

――赤軍に参加したのは正確にはいつごろか。

「結局、『赤軍』四号（機関誌）が出てからだ（発行は昭和四四年一一月）。兄の武《たけし》が持ってきてくれて、これ以外にもうなにも読む必要はないといった」

――読んでみてどう思ったか。

「自分がそれまで革命の軍事的面を見落していたことにはじめて気がついた。革命には銃が必要だということをはじめて理解して、それまでの甘さを反省した」

――そうすると、『赤軍』四号の理論を全面的に受け入れたわけか。

「そうだ」

――それまでにどんな理論を勉強していたのか。

「トロツキー、レーニン、毛沢東も読んだ。それぞれ部分的にはいいところがあるが、全面的に賛成できる理論はなかった」

――赤軍理論には全面的に賛成したのか。

「そうだ」

――それはどんな理論か。

「『赤軍』四号を読んでくれ」

（正確には、共産主義者同盟赤軍派政治理論機関誌、『赤軍』第四号のこと。〝綱領確立のために〟が総タイトルで、「現代革命論への方法的視点」と題する第一章から、「過渡期世界―その歴史的展開」と題する第四章までで成っている。例によって、難解な革命用語の羅列だが、〝いまや帝国主義の全世界的矛盾は成熟しつつあり、武器をとっての革命戦争以外その解決はありえない〟とくり返し主張されている）

――日本のあさま山荘、リンチ事件など、連合赤軍のやったことをどう考えているか。

「銃撃戦はいいが、銃を持ちながら体制打破に用いなかったのは誤りだ」

――同じ赤軍ではないのか。

「同じではない、あいつらはバカだ。革命はできない」

――他のセクトはどうか。

「みんなダメだ。体制の中でいくら革命をとなえても、となえるだけではダメなのだ。銃をとって武装した肉体で突撃していって、はじめて革命は可能なのだ。また人民もそういった突撃を通してはじめて革命の可能性を認識することができるのだ。

また、日本だけでなにをやってもダメだ。革命には世界的連帯が必要なのだ」

――PFLP(パレスチナ解放人民戦線)の理論は正しいと思ったのか。

「PFLPはわれわれと連帯している。だから正しいのだ」

――つまり、君たちと連帯していない組織はダメということか。

「その通りだ。ほんとうの革命組織はわれわれの組織しかない」

――自分たちだけが正しいというのは思いあがりではないか。

「少なくも自分が知っている限りでは、自分たちの理論が一番正しい」

――それでは、自分たちが正しいというのは主観的な主張に過ぎないのではないか。

「その通りかもしれない。しかし革命というのは、自分だけが正しいという信念を持って行動する人がいてはじめて成立するのだ。その信念を持って行動する人には、それがあとから正しくないということになろうと問題ではない」

――その信念を今も持っているのか。

「持っている。それだけではない。自分たちと同じような信念の持主、革命戦士たる決意者は他にもいる」

――すると、今度のような事件がこれからも起こるのか。

「そうだ、今度の計画の目的の一つは、体制がつづくかぎりこの種の事件が起きることを市民に警告することにあったのだ」

――この種のテロ事件の連続が世界革命につながるのか。

「これはテロ事件ではない。革命戦争なのだ。革命戦争がつづけば、多くの市民も武装せざるをえなくなる、そして、それが体制をくつがえすきっかけになるのだ」

――それでは、君たちが考えている革命ではどんな世界をつくろうとしているのか。そのプログラムはあるのか。

「自分は革命戦争の尖兵《せんぺい》なのだ、あとのことは後継者がやってくれることを信じている」

――後継者とは具体的にいるのか。

「もちろん、同志は残っている。そして、自分たちの死の意義をほんとうに理解して跡をついでいってくれる者たちが出てくると思う。自分たちの死はムダにはならない」

――残った同志はこれからも玉砕攻撃をつづけるのか。

「それもあるだろうが、玉砕攻撃ばかりしていては革命戦士がいなくなってしまう。われわれの死の意義を伝えるプロパガンダも必要だ。そういう役目をになった同志もちゃんといる」

――ところで、第三世界からの告発をとなえる君たちが実際にやったことは、その第三世界での被圧迫民族のプエルトリコ人を無差別に大量虐殺したことではなかったか。無抵抗の女、子供を殺すのは君たちのいうことと矛盾しないのか。

「それは誤りだったと思う。反省している。しかしわれわれは非戦闘員を殺すつもりでロッド空港にのりこんだのではない」

――では、なんだったのか。

「イスラエル軍、警察との間で銃撃戦になると思っていたのだ。ところが、全然応戦してこないので拍子抜けしたくらいだ」

――君たちが命を粗末にするのはまだいいとしても、殺される側はたまらんではないか。

「いや、人の命がたいせつなのは知ってる」

――他人の命のたいせつさを知りながら、あれだけの大量虐殺をするとは理解できない。

「これは革命戦争なのだ、戦争である以上、大勢の人を殺すのはやむをえない。ベトナムで殺されている無実の人たちのことを考えてみろ。自分たちが殺した人間なんか問題にならないくらい大きい。自分たちのやった革命戦争は、そういった残虐さをなくすためにやっているのだ。それに、自分は農学部にいたから知っているが、いまの公害は全人類を絶滅させかねないくらい深刻化している。この公害をもたらしているのもいまの体制ではないか。ベトナム戦争や、全人類を殺す公害と比較したら規模からいってもわれわれのやったことは問題にならないではないか」

——世の中には平和に生活している人がたくさんいる。そういう人たちは君たちのとなえる革命は余計なお世話だと……。

「いや、どんなマイホーム主義者も、自分の家の中では決して幸せになれない。その人たちだっていろいろな不満を持っているはずだ。不満がない人がいるとしたらごく少数の頭がよくて、ハンサムで、家柄のいいエリートだけだ。大部分は、つもる不満をなんらかの形で解消している。しかし、根本的には革命なしには不満の解消はできないのだ。それを知りながら、革命を口ではとなえながら、マイホームに閉じこもっている人たちは銃を持つ勇気がないからだ。それでは革命はできはしない」

——そもそも、今度の計画はだれがたてたのか。

「計画は奥平《おくだいら》（剛士《つよし》＝死亡）からうちあけられた。〝一緒にやってくれるか、いやならやめてもいいが、やる以上は命を投げだしてもらう〟といわれた」

——すぐ承諾したのか。

「そうだ。ここで帰るわけにはいかないと思った。そのときの気持は日本人でなければわからないと思う」

——日本を出るときなかった死の覚悟がどうしてできたか。

「ベイルートにきてから、奥平たちと話したり、アラブ人と接しているうちに、革命のために命を投げだそうという決意ができていった」

——奥平はどんな話をしたのか。

「命を投げださない革命戦士はほんものではないといわれた。死を恐れていては革命はできないといわれた」

——奥平、安田（安之《やすゆき》＝死亡）はどんな男か。

「リッパな人たちだ。すごく頭がよくて優秀だ。体制の中で生きていたら、すごく偉くなれた人たちだろう。そういうリッパな人たちがすすんで命を投げだすのがわれわれの組織なのだ」

——その組織の一員にどうして君はなったのか。

「自分でもなぜボクに白羽の矢があたったのかわからない、多分、兄のせいだろう」

——その兄に会えるからといってレバノンに連れてこられて兄に会えず、欺《だま》されたとは思わなかったか。

「奥平が、お兄さんに会わせられなくて申しわけないとあやまったので納得した」

――その計画をうちあけられたとき、もしことわっていたら奥平たちは二人でやるつもりだったのか。

「いや、やはり三人でやるつもりだったと思う」

――すると他にも候補がいたのか。

「丸岡（修《おさむ》＝未逮捕）がいた。その後で丸岡は日本に帰るといっていたが、丸岡を日本に戻すために自分が選ばれたのではないかと思う」

――計画では全員自殺の予定だったのか。

「そうだ、だからみんなで自殺の訓練をした」

――どういう訓練だったのか。

「手榴弾を投げ、その上に身を伏せて死ぬという訓練だ」

――現場は前もって頭に入っていたのか。

「入っていた。見取図（奥平たちが下見をしていたことは周知の通り）があって、それで作戦を練った」

――どういう作戦か。

「奥平から、お前は警官との射ち合いをやれといわれた。奥平を守るのが自分の任務で、奥平が一発も射たないうちにやられては恥だと思い、警官のいる場所をしっかり頭に入れた」

――死の決意をしてベイルートを出てから、パリ、フランクフルト、ローマと移動する間、どんな気持だったか。

「スイスを通ったとき、革命をやるんでなければ、こういうところで暮したいと思った」

――なぜローマを最終出発点に選んだのか。

「ローマでは荷物のチェックがきびしくないときいていたからだ」

――ローマで出発を待って滞在している間、なにをしていたか。

「夜はよくバーにいった」

――みんなでか。

「奥平たちはいかないので一人でいった。だけど、言葉が通じないせいかよくボラレた。ローマではタクシーの運転手にもボラレた。イタリア人はずるいからきらいだ。パリでもカバンを盗まれた。パリもドロボウが多くていやだった」

――心理的にはどういう状態だったか。

「いつも不安だった。尾行されてるような気がしたし、ニセの旅券がバレるんじゃないかと心配だった」

——いざ、飛行機に乗り込むときはどうだったか。

「いまバレるか、いまバレるか、不安でならなかった」

——飛行機の乗客を見たとき、その人たちを自分が殺すことになるのだということが気にならなかったか。

「その人たちだけを殺すとは思わなかったが、当然この人たちの中からまきぞえをくって死ぬ人が出るだろうと思った。それを考えると、心が動揺してたまらなかったので、つとめて他のことを考えようとした」

——他の二人とは言葉はかわさなかったか。

「飛行機の中でも、まだ尾行されているのを恐れていたので、他人同士のようにふるまっていた」

——飛行機をおりるときは何番目ぐらいだったか。

「もう無我夢中だったので覚えていない」

——荷物がくるまで時間があったはずだが、その間どうしていたか。

「計画どおり、トイレにいってパスポートを破りすてた。それ以外のことはまるで覚えていない。とにかく荷物を待ったのだ」

——荷物はみんな一緒にきたのか。

「自分と奥平はすぐ隣り合せだったが、安田だけは少し離れたところで受け取った」

——まわりの犠牲になるべき人たちを見て心が動揺しなかったか。

「夢中で、全然目に入らなかった。それに銃をとり出した瞬間に向うから射たれて射殺されるのではないかと思っていた」

——三人ともいっせいに射ち出したのか。

「それからのことは思い出そうとしても思い出せない。とにかく、どっかからか応戦してくるだろう、射ってくるだろうと思っているうちに自分の弾を射ちつくしてしまった」

——目撃者の話では、君が仲間を誤殺したともいわれるが。

「自分がどの方向に向けて射ったのかも覚えていない」

——君が外に出たとき、奥平と安田が死んでいたことを知っていたか。

「知らなかった」

——二人が投げた手榴弾の爆発音をきいたか。

「覚えていない」

(事件直後、極度の興奮からヒステリー状態で、口もきけないほどだったと報道されてい

る）

（『週刊文春』一九七二年七月二四日号）

狙いはダヤン暗殺だった

岡本裁判が判決を二日後に控えて休廷中の七月二四日、『ニューヨーク・タイムズ』は、〈ロッド空港（テルアビブ空港）事件の背後で、国際革命機構が成立していた〉というショッキングなスクープ記事を報じたのだが、なぜかこのニュースは、日本の新聞には完全に無視された。

しかし、国際革命機構の成立を報じたこのニュースは、ロッド空港事件の性格をまったく変えてしまうような重大な意味を持っていたのである。

つまり、この事件は、イスラエル側が考えたように、〝PFLP（パレスチナ解放人民戦線）が殺人者学校で訓練し、人間から野獣に帰らせた上で送りこんできた三人の日本人によって起された事件〟（検事の論告）でもなければ、あるいは日本の警察が考えたように、〝奥平剛士を中心とする一にぎりの過激派が、一本づりで集めたメンバーによって起された単発の事件〟でもなかったのである。

では、事件の真相はなんなのか?

まずは、問題の『ニューヨーク・タイムズ』の記事（要約）を読んでいただこう。

《CIAは最近、世界中の主なゲリラ組織が連合して、国際革命機構（International Revolutionary Organization）という名の組織を作りだしていたことを探知した。

この組織は、これまで各国でバラバラに活動していた各ゲリラ組織が、これからは戦闘行動において共同行動をとるためにつくられた組織である。

そして、ロッド空港事件は、この国際革命機構の最初の活動として計画され、実行されたものである。

この組織に参加しているゲリラ組織には、アメリカのウェザーマン、ブラックパンサー、西独のバーダー・マインホフ赤軍、日本の赤軍派、パレスチナゲリラのPFLP、アイルランドのIRA、ウルグアイのツパマロスなど世界の最過激派を網羅している。

そして、国際革命機構の本部事務所は、スイスのチューリッヒに置かれ、各国にその支部がある》

すぐ翌日、今度はロンドン・タイムズがこの報道を追った。それによると、ニューヨーク・タイムズの記事に加えて、新しく次の事実があきらかになっていた。

《①国際革命機構という名の組織が成立していることは、ＣＩＡだけでなく、他の西欧諸国の諜報機関によっても確認された。

②五月二五日から二八日にかけて、アイルランドの首都ダブリンに、この機構に参加している各ゲリラ組織の代表が集まり、ＩＲＡの将校をまじえて、秘密会議を開いていた》

この二つの記事を読んだとき私は、それまで持っていた数々の疑問が氷解していくような気がした。

その疑問というのは、例えば、

▼なぜ彼らはローマで出発前に五泊もしていたのか？

▼なぜフランクフルトで二泊していたのか？　当時、バーダー・マインホフ赤軍が最も過激な行動をとっていたことと関係はないのだろうか？

▼なぜ日本でなくイスラエルでやったのか？　なぜロッド空港を攻撃地点に選んだのか？

▼なぜ、一般市民の無差別殺戮《さつりく》などという、政治的にはマイナスの効果しか生ま

ない作戦をとったのか？

というような、それ自体脈絡《みやくらく》のない疑問だった。裁判を傍聴する中で、その疑問はますますふくらみつづけていった。それがこの記事と、一つの情報（後述）によりみごとに解けたのである。

それにふれる前に、もう少し、この国際革命機構の成立の意味について説明しておこう。なぜなら、これに日本の赤軍派が参加していることから、それに類した組織の連合組織くらいに考えられては困るからである。

これに参加している組織は、爆弾数発、銃撃戦一回であえなく崩壊した日本の赤軍派とはちがって、おどろくほど強固な組織と軍事力、ゆたかな財政力を持つ名だたる猛者《もさ》ぞろいなのである。

北アイルランドのＩＲＡ、パレスチナゲリラ、アメリカのブラックパンサーなどについてはいまさらいうに及ぶまい。

日本であまり有名でないゲリラ組織について少し説明しておこう。

▼ウルグアイのツパマロス＝南米最大の都市ゲリラ。赤軍がＰＢＭ作戦でまねを

した要人誘拐《ゆうかい》、爆弾闘争、銀行強盗をここ数年つづけてきたが、今年の四月から武装蜂起。大統領が内戦状態宣言を出し、いまも正規軍と交戦中。

▼エチオピアのエリトリア解放戦線＝正規軍二〇〇〇人、民間軍八〇〇〇人を擁《よう》し、爆撃機までくりだしてくるエチオピア軍に頑強に抵抗し、南エリトリア地方の半分を解放区にしている。

▼トルコのＴＰＬＡ＝すでに逮捕者千名余、死刑求刑者百人弱を出しているが、軍部の中にも組織があり、依然健在。イスラエル領事の誘拐殺人、ＮＡＴＯ兵たちの誘拐殺人など行動は過激。

▼ギリシアの一〇月二〇日運動＝組織内部にかなりのドイツ人が参加している国際組織。爆弾闘争を数年つづけているが、最近、故ケネディ大統領の子息（オナシス夫人の息子ということ）誘拐計画を摘発された。

あげていけばキリがない。国際革命機構に参加しているゲリラ組織は、こういった赤軍派とは比較にならないほど強固で、より過激な集団なのであり、その軍事力をすべて集めれば、ヨーロッパの中小国なみになるといっても過言ではない。

この組織が岡本の最終陳述にあったように、「世界のあらゆる所で、一国的限界にとらわれることなく（日本の組織は日本で革命をとは考えず、どこの国の組織もあらゆる国のブルジョワを敵として）世界革命戦争を起していく」

とするならば、だれもマジメには受け取らなかった、岡本の、

「世界の人に警告しておく。これから同じような事件は、ニューヨークで、ワシントンで次々に起る。ブルジョワ側に立つ人間は、すべて殺戮《さつりく》されることを覚悟しておかねばならない」

という言葉も、うっかり聞き逃せないことになってきたわけである。

そして、岡本たちのローマでの五泊はダブリン会議からのGOの指令を待っていたのではないかと思われる点（日付の奇妙な一致）、フランクフルトでの二泊で西独赤軍と接触していると思われる点（ローマで武器を提供したとして捜索を受けた貿易商は西独赤軍にも同様の武器を提供していた）、ニューヨーク・タイムズの報道は、事実によって裏打ちされてくるのである。

だが、ここで、ふたたび新しい疑問が生じてくる。

ロッド事件が、国際革命機構の共同行動であったとするなら、どうして、それが日本人だけの手によって行われたのか？　どうして、軍事的効果と同時にもっと政治的効果のある作戦をとらなかったのか？

この疑問は、もう一つの情報によって、前に提出した疑問も含めて、きれいに解かれるのである。それを説明するためには、岡本裁判の話に戻らなければならない。

岡本は逮捕直後から連日ＳＳとよばれる諜報機関の尋問を受けていた。

この初期尋問の中心人物が、例の情報と自殺用ピストルの交換協定にサインした、ゼービ将軍である。*〔*七月一〇日の法廷で、検事が軍と捜査当局の作った岡本の供述調書を証拠として提出したとき、岡本の弁護を担当したクリッツマン弁護士が、その供述書は「ロハバム・ゼービ将軍が、岡本に自殺用のピストルを渡すことを条件に供述させた」ものであることを暴露。同将軍は翌日の法廷に、予定外の証人として出廷することになった。〕

ゼービ将軍は、ダヤン国防相、*エレアザール参謀総長の次に位するナンバー・スリーの男である。中央軍管区司令官であると同時に、ＳＳの長官でもあるという大物なのだ。これが一ゲリラの尋問にあれだけ長い間つきあい、しかもあんなおかしな協定までして岡本から情報をとろうとしたというのはまったく異例なことである。〔*イスラエルの独立戦争以来の英雄で、この時期、次期首相候補との呼び声が高かった。〕

裁判でその点の説明を求められたゼービ将軍はこう答えた。

「われわれは、あのとき、これは単なるゲリラのテロ事件でなく、戦争状態であると思っていた。すぐ次に第二波攻撃がくることを予想していた。その第二波攻撃の情報をとるための緊急の尋問であったから、いかなる方法をとろうとも正当化されると思っていた」

ゲリラのテロ攻撃というのは、普通一発かまして逃げるヒットエンドラン戦法である。それなのにどうしてこのときにかぎってすぐ第二波攻撃が来ることを予想していたのか？

この点をかねて親しい情報通の地元の記者にきいてみた。すると実に思いがけない話が出てきたのである。

「実はＳＳがあんなに必死になったのは、ダヤン暗殺計画が作戦の真の狙いだったんじゃないかと考えたからなんだよ」

「ダヤン暗殺計画？」

あまりに意外なことだったので思わず私は聞きかえした。

「そうなんだ。実はあのとき、ダヤンは空港に近いところにいたんだ。そして、どうもあの作戦はダヤンがそこにいるのを知っていて敢行されたと思われるふしがあった。ダヤンという男は活動的な男で、あんな事件が起ると、すぐに現場にかけつける習性を持っている。そのかけつけてきたダヤンを待伏せ攻撃する計画があったのではないかと思ったわけだ」

事実そのとき、ダヤンは事件後二五分で空港に到着している。これは自宅、国防省、軍司令部など、通常ダヤンがいる場所からでは絶対にかけつけられない時間なのである。

しかし、それだけでダヤン暗殺計画があったのではないかと考えるのは、考えすぎではないかと反論すると、彼は、

「それがなにかはボクも知らないけれど、彼らには、それ以上の有力な情報がたしかにあったらしいね」

というだけで、それ以上は教えてくれようとしなかった。

それをきいて私には思い当ることが三つあった。一つは事件後に開かれた国会で、あの事件を未然に防げなかったかという討論があったのだが、その中で、ある国会議員が、

「諜報機関では、あの事件に関して一つの手落ちがあったことを認めている」

という発言をしている事実である。

ここで、〝一つの〟といっている点が重大だと思う。つまり、逆にいえば、あの事件はイスラエルの諜報機関にとっては寝耳に水の事件だったのではなく、事前に情報が入っていたにもかかわらず、〝一つの〟手落ちであんな凄惨《せいさん》な事件になってしまっ

たという意味ではないかと考えられるからである。

はじめこの発言を聞いたときには、三人の行動計画はある程度は察知していても、それが空港で行なわれるとは判断しなかったというようなことかなと思っていた。

しかし、この話をきいて、連中の持っていた情報は、第二波攻撃のほうの部分だったのではないかと考えるようになった。そうすると、彼らが第二波攻撃がすぐに起ることを確信して執拗に岡本を調べたことも納得がいく。

つまり、ロッド空港事件というのは、ほんとうはダヤン暗殺計画のプロローグでしかなかった。ダヤンを空港という場所におびきよせるための陽動作戦でしかなかった。

それが、なにか不測の事態が起きたために、前座だけで本番が上演されずに終った事件だったのではないか。

そして、イスラエル側からいうなら、本番のほうの件に関しては、ある程度情報が入っていたために防ぐことができた。しかし、前座のほうは完全にノーマークだったためにあんな事件を起してしまった。

これがこの事件の真相なのではないか。

もう一つ思い当ったことは、同じ日の岡本裁判でのある奇妙なやりとりである。それは、ゼービ将軍が例の協定書を証拠として提出したときのことである。

証人台に立ったゼービ将軍は、胸のポケットから協定書を出し、

「この協定書を出すに際して、この文面から一つの名前を削除することを許してもらいたい。その名前が出ると、国家の安全上まずい人の名前がのっているからです」

これに答えた裁判長とのやりとりが実に妙だった。

「彼の名前が出ているのですか？」

「そうです。彼の名前が出てるんです」

「削除する前に一応こちらに持ってきて見せてください」

協定書を受け取った裁判長は検事と弁護士を裁判官席に呼んで、その名前を削除することに異存はないかをたずねた。両者ともそれを承諾した。裁判長がゼービ将軍に許可を与えると、彼はかねて用意のカミソリの刃を胸ポケットから出し、裁判官席にツカツカと近よってその部分を切り取った。

こうして、その人物の名前は永遠に記録から消えたわけである。

さて、協定書のその人物の名前があった部分は次のようになっていた。

「この協定書は、イスラエル国（この部分大文字）の法的代表者としてのミスター

この部分削除　の手にあずけて保管されるものとする」

この人物とはだれであるか？

休憩時間に記者たちの関心はこの一点に集中した。そしてほとんどだれもが同じ推理をした。この人物は、次の条件をそなえた人物でなければならない。

①岡本が知っている人。
②岡本が心情的に信頼感を抱くであろう人。
③イスラエル国の法的代表者としてふさわしい人。
④裁判長とゼービ将軍が単に〝彼〟という言葉で理解し合える人。
⑤その人がこの協定書にこういう形で関係していたことがあかるみに出ると大スキャンダルになるであろう人。

となると、たった一人、ダヤンの名前しかだれの頭にも浮かびあがってこないのである。そして、それがダヤンであるとなると、さらに次の推論がなりたつはずである。

①いかに実行する気がなかったとはいえ、ゼービ将軍が協定書にダヤンの名前を無断借用するとは考えられない。
②岡本がいかに安易にこの協定を信じたとはいえ、この協定書がたしかにその人

間に手渡されることの確認を要求したはずだ。

つまり岡本尋問の場に、ダヤンも立ち会っていたのではなかろうか。ゼービ将軍直接の尋問さえ異例であるのに、ダヤンまでもそこにいたのはなぜか？

この疑問は、ダヤン暗殺計画と結びつけて考えれば、簡単に理解できる。本番のダヤン暗殺計画をたしかめるまでは、ダヤンは空港を動くことができなかったからである。

三番目に思い当ることは、事件直後にベイルートのＰＦＬＰ本部が発表した声明である。その中で、ロッド空港にはＰＦＬＰのゲリラ五名が事件当時おり、それぞれの任務を果たして、無事帰還したというくだりがあった。

イスラエルの国内にはＰＦＬＰの組織がまだまだ残っているから、これは十分考えられることである。しかし、あの事件だけ考えると、あの行動の中で三人の日本人以外にだれかが果たすべき任務があったとはどうしても考えられない。

記者仲間では、ＰＦＬＰがかっこうをつけるためウソをついたのだとか、日本人の大言とみえた計画がほんとうに実行されるか見とどけにいったのだろうという見方が出た。

しかし、こう考えるといちばんつじつまが合うのではないか。つまり、五人は現場に来ていたのだ。そして彼らこそが本番のダヤン暗殺要員だった。しかし、この本番の計画のほうは、SSにある程度情報がもれていたため、イスラエル側がなんらかの手段をすでに講じていて、実行不可能になり、五人は帰還した……。

その場合、この五人の暗殺要員は、アラブ人ではなく、国際革命機構が選りすぐった国際編成部隊だったのではないか。

ロッド事件が、国際革命機構の作戦第一号という記念すべきものであったなら、計画の目的がダヤン暗殺という軍事的、政治的効果満点の目的を狙い、かつ、その参加者も国際部隊だったと考えるのがいちばん自然で合理的だろう。そしてこう考える以外は解釈がつかないナゾが多すぎると思うのである。

むろん、ことの真相がどうであったかは知るよしもないのだが……。

(『週刊文春』一九七二年八月七日号)

第3章　アメリカの世論を変えたパレスチナ報道（'88・4）

イスラエルに批判的になったアメリカ

八七年一二月からのイスラエル占領地区のパレスチナ人暴動は四カ月目を迎えた。はじめはすぐにおさまる一過性の騒ぎと思われていたが、四カ月たったいまも、一向におさまるきざしはない。*〔*この「インティファーダ（反イスラエル住民蜂起）」とよばれる暴動は、その後さらに長期化した。女性や子供までが参加したこの反イスラエル運動の高まりを受け、八八年一一月、PLO議長アラファトはパレスチナ国家の独立を宣言した。〕

しかし、この暴動に対して、日本のマスコミは驚くほど冷淡である。

欧米のマスコミは、ほとんど例外なく、毎日のようにこのニュースを大きく扱っている。テレビも主な局はみなクルーが現地に常駐して、ほとんど毎日、暴動の映像を送っている。

暴動といっても、パレスチナ人の側は、投石、パチンコが主な武器で、時にタイヤを燃やしたり、手製の火炎びんを飛ばすくらいである。それに対して、イスラエル側は、投石には小型マシンガンや催涙弾で応戦し、暴動参加者を片端から捕まえては棍棒や銃で殴る蹴るの暴行を加え、容疑者の住居を爆破するなど、暴虐の限りをつくしている。

なるべく殺さないようにしているとはいうものの、すでに、一四〇名近い死者を出している。一日一人以上殺されている勘定になる。負傷者は数知れない。逮捕者は数千名にのぼる。

この暴動を契機に、アメリカのイスラエル問題に対する態度が大きく変わってきた。これまでのイスラエルに大きく偏った立場から、イスラエルに対して批判的態度を明確に示すようになった。シュルツ国務長官は八八年三月二六日にPLOの代表二人と国務省で会見したが、こんなことは、これまでイスラエルとともに、「テロリストのPLOは相手にせず」との立場を堅持してきたアメリカとしては、考えられない行動である。カーター大統領の時代、国連大使だったヤングが、秘かにPLO代表と接触したため、イスラエルが強硬に抗議して、ヤングは国連大使を辞任しなければならなかったのはついこの間のことである。

今回もイスラエルは強く抗議したが、シュルツ長官は、アメリカの手はイスラエルに縛られていないとして、抗議をはねつけた。すでにアメリカは、PLOとの合意なくして平和なしの判断を固めたといわれる。

国務省だけでなく、アメリカの議会でも、アメリカの和平案を拒否しつづけるシャミール・イスラエル首相にそれを受け入れるよう勧告する手紙を上院議員三〇名が連名で出すなど、はっきり空気が変わってきた。

生の映像で次々に事実をつきつける

何がこの変化をもたらしたのかというと、まず一つは、この暴動を通じて、PLOの力がはっきり示されたことである。PLOの旗をかかげることはイスラエルで禁止されているにもかかわらず、占領地区では毎日沢山の旗がかかげられている。

そして、占領地区ではもうとっくにイスラエル側がPLOの組織をしらみつぶしにつぶしたはずなのに、PLOの指令がちゃんと出て、その指令通りに行動が起きるのである。たとえば、これこれの日に各地で一斉デモをしようと指令が出ると、イスラエルが事前に徹底的な弾圧体制をとっていても、各地でデモがまき起こる。パレスチナ人の警察官は一斉に辞任しようと呼びかけたら、本当に警察官の半分が辞めてしまったのである。

世論調査をやってみても、「PLOを自分たちの代表と認める」というパレスチナ人が圧倒的なのである。

もう一つの大きな要因は、アメリカにおける暴動報道であろう。特にテレビである。イスラエル側のパレスチナ人に対するすさまじい弾圧ぶりが毎日放送されるに及んで、イスラエルのきれいごとの主張が現実とどんなにちがうかが知れわたってしまったのである。

それによってそれまでイスラエルに同情的だった世論が、むしろイスラエルに反感を持ち、パレスチナ人に同情的なものに変わり、政策も変わらざるを得ないところまできてしまったのである。

テレビのベトナム報道がベトナム戦争を変えたのと同じことが、いま起こりつつあるわけである。

イスラエルのパレスチナ人に対する非人道的な弾圧は、これまでも活字ではいろいろ伝えられてきた。しかし、活字ではもう一つ実感がわかず、インパクトが弱かった。それがこの暴動を契機に、生の映像で次々に事実をつきつけられるに及んで、アメリカ人は大きなショックを受けたのである。

私も、衛星放送のワールド・ニュースで欧米のテレビ・ニュースを毎日のように見ているので、ショッキングなシーンをいくつも見ている。たとえば、パレスチナ人の暴動参加者を四～五人のイスラエル兵士が取り囲んで、銃や棍棒で滅多打ちにし、足で蹴とばし、踏みつけ、これでもかこれでもかと傷めつける場面が数分間つづく。

これなど、活字で書いたらどうということはない場面である。しかし、映像で見ると、本当にショックなのである。

思わず、画面のイスラエル兵士に向かって、「やめろ！」と叫びたくなる。こいつらは本当に人間なのかと疑いたくなる。ニュース・キャスターもショックを受けた表情を隠さない。

そういうニュースが毎日のように流れることで、アメリカの世論が変わったのである。

日本は世界の情報孤児に

しかし、これも現場のクルーの努力があったればこそである。

はじめは、月並みな街頭の衝突現場の映像ばかり流れていた。パレスチナ人が石を投げる。イスラエル兵が催涙弾を撃つ。パレスチナ人が逃げながら投石を繰り返す。ときどき捕まったパレスチナ人が兵士に傷めつけられる場面があったかと思うと、すぐに兵士にカメラをさえぎられる。あるいは、パレスチナ人が建物や車の中に連れこまれる。「そのあと悲鳴や、ぶったり叩いたりする音が何分間にもわたって聞かれました」というようなコメントがついて終わりといった調子だったのである。

イスラエル側も、外国のテレビを意識して、なんとか、ひどいことをやっている現場をカメラから隠そうとした。衝突情報を流さなかったり、当局の担当官をカメラに張りつかせ撮影対象と場所を制限したり、衝突現場を封鎖して立入禁止にしたりと、あの手この手で取材を妨害した。それに対してアメリカのテレビも、当局の無線を傍受したり、当局者をまいたり、隠し撮りをしたり、超望遠レンズを使ったりと、秘術をつくして、ショッキングな現場シーンを撮ってきたのである。

もしアメリカのテレビが表面的な街頭の投石シーンだけを放送していたら、とてもこのような変化は起きなかったはずである。ジャーナリズムの本領は、ニュースの外見を追うことではなくて、外見の内側に隠されているものを暴くことにおいて発揮されるということが、この例でよくわかる。

だが、それにひきかえ、日本のジャーナリズムは、どうしてこうもパレスチナ問題の報道に冷淡なのであろうか。テレビも新聞も、報道量が欧米にくらべ圧倒的に少ない。表面的ニュースすら充分に伝えていない。イスラエルに記者やカメラを常駐させているところは、新聞もテレビも一社もない。

日本のマスコミに接しているだけでは、アメリカの中東問題専門家の表現を借りれば、「いまパレスチナで、この四十年間で最大の状況変化が生まれつつある」ことなど全くわからないだろう。パレスチナ問題では、日本人は世界の情報孤児になりつつある。

（『週刊現代』一九八八年四月三〇日号）

第4章　自爆テロの研究（'01・9）

今日はもう九月二三日である。あの惨劇が起きてからまだ二週間しかたっていない。世界貿易センタービルはまだ瓦礫《がれき》の山で、確認された死亡者は二五二名にすぎない。ジュリアーニ・ニューヨーク市長は、昨日、行方不明者は六三三三人と発表した。その大半は、まだ瓦礫の山の中に眠っていることになる。

断固たる報復を宣言したアメリカは、空母四隻を現地（アフガニスタン）に向かわせた（二隻はもともと現地周辺にいた）。うち一隻は横須賀にいたキティホークで、日本の護衛艦「しらね」と「あまぎり」が警戒監視活動の名目でつき従った。アメリカがいつからどのような軍事行動に踏み切るかは、まだわからない。しかし、空軍にも陸軍にも出動命令が出ていてかなりの部隊が動きだしている。アメリカ、イギリスの特殊部隊はすでにアフガニスタンに潜入ずみで、オサマ・ビン・ラディンの所在を探しまわっているという情報が流れている。パキスタンのムシャラフ大統領はアメリカへの全面協力を誓っているが、首都のイスラマバードをはじめ、各地で反米デモが荒れ狂っている。アメリカでは、事件以来かかげられていた半旗をもとに戻し、正常業務に戻るよう大統領が呼びかけ、ほとんどの領域で正常に復した（数日前から大リーグの野球も再開した）。

こういったところが、本日ただいまの状況だが、これから数日のうちに状況はさらに激しくどんどん変っていくにちがいない。しかし、ここからは、次々にめまぐるしく変るホットな状況に追随するようなことは書かないつもりである。

そもそもそんなことは、月刊誌というメディアにはできない。特にこの『文藝春秋』という雑誌は、部数が多いために、印刷にも配本にも時間がかかり、この原稿はあと三日で書き上げなければならない。九月二六日がギリギリの〆切《しめきり》であるから、そこまでの情報しか押しこめない。雑誌が店頭に出るのは、一〇月一〇日だから、原稿は二週間寝てしまうことになる。最初に、このような本日ただいまの状況を走り書き風にスケッチしておくのは、この原稿がどういう段階で書かれたかをはっきりさせておきたかったからである。雑誌が出る頃には、どうせ状況が相当に進んでしまって、いま最新情報と思われるものも、昔話になってしまっているにちがいないが、とりあえず、「いま」をおさえておきたいと思ったからである。

状況に追随しないとして、私がこれから何を書こうとしているのかを、まず最初に述べておきたい。

この二週間、多くの人がそうであったように、私も相当の時間をテレビの脇ですごした。新聞、雑誌の記事もむさぼり読んだ。インターネットによる情報集めも相当やって、すでに分厚なファイルが八冊ばかりできている。

この二週間、そうやってメディア報道を追いながら、さまざまのことを考えた。そのさまざまな思いについてこれから書こうと思うのである。

あの事件そのものというよりは、あの事件が意味するものについて書きたい。何人かの人がすでに指摘しているように、あの事件の前と後では、たしかに世界が変ったのである。その変化について書いてみたい。これからさらにそれはどう変りうるのか。何がこの変化をもたらしたのか。アメリカについて。世界について。国家について。テロについて。政治について。経済について。宗教について。イスラム原理主義について。戦争について。メディアについて。

話はいくらでもふくらみそうで、書きたいことは山のようにあるが、目の前に〆切がぶらさがっているので、どうしても限られた主題について、「走りながら考える」程度の話しかできそうもない、ということをあらかじめお断りしておく。

一つ一つの主題について考えを詰めることより、インパクトの広がり、考え方の横の広がりのほうに重きを置きたい。また、個々の事実関係の精密さは期さず（事実関係の確認を徹底的にやっているヒマがない）、ある程度、記憶のままに書いていく（事件の発生当初から、テレビのチャンネルをしょっちゅう切り換え、メモも取らずにウォッチしつづけたので、実はそうするより他にないということもある）。

試されたメディアの力量

ただ、どのようなメディアをウォッチしていたかは重要なので最初にまとめて書いておく。

事件の第一報は、アメリカのメディアに勤める友人からきた。「大変なことが起きた。すぐテレビをつけろ。CNNが実況をしている。貿易センタービルに飛行機が突っ込んだ。ペンタゴンも襲撃されたらしい。テロだ。どこがやったかはわからない」

すぐCNNをつけると（以下もそうだが、すべてCATV〔ケーブルテレビ〕経由である）、貿易センタービルから煙が出ていたが、ビルはまだ二つとも建っていた。正確な時間はわからないが、当日起きたことの前後関係から、現地時間（以下、日付、時間はアメリカ東部時間）九時四三分（ペンタゴン突入）から、九時五〇分（南棟崩壊）の間であることはまちがいない。CNNからBBCに切り換えてみると、そちらでも実況中だった。次々にチャンネルを切り換えてみると、情報量において、CNNとBBCが他を圧していることが明らかだったので、それから数日間、主としてこの二つのチャンネルを見た（他の仕事をしているときもどちらかをつけっ放しにしておいて、しょっちゅう切り換えていた）。それに次いで見たのが、経済ニュース専門局のCNBCであり、ABC（NHKのBS1がほとんど流しっぱなしにしていた）である。日本の局ではNHKとNNN24（日本テレビ系列のニュース専門局）をときどき見たが、他の民放局はほとんど見ていない（見ればすぐにわかったが、ニュースのホットな第一報は各局ともほとんどCNNから仕込んでいた）。

新聞は報道一般をおさえるのに朝日と日経を見、あとは解説と論調中心に主要紙をチェックした。アメリカの新聞、雑誌も一日遅れでチェックしたが、内容的には、インターネットによるチェックのほうが早かった。――たとえば、〈Poynter.org〉は、全米一七九紙の当日（号外も含む）と翌日の新聞（二三七紙）のフロントページを、カラーでズラリとならべているが（当日分は八ページにわたって、翌日分は七ページにわたって）、これは実に壮観である。このページはいまも残っているから、いまからでも一見することをおすすめしておく。火を噴く貿易センタービルの写真とともに、"US ATTACKED" "TERROR" "OH, MY GOD!" "DAY of Terror" "AMERICA UNDER ATTACK" "DAY of Horror" などの大見出しがならぶ全米の新聞のフロントページを一見すると、アメリカ人に、この事件がどれほど大きなインパクトをもたらしたかが、すぐわかる。

こんなことは、インターネット時代になってはじめて可能になったことである。インターネット以前、どんな大図書館、情報センターに行ってもこれだけの新聞をならべて見るなどということは絶対にできなかった。

大事件が起きると、メディアの力量が試される。今回の事件によって示されたことは、いまやメディアの主役は、完全にテレビとインターネットに移ったということである。だいぶ前から、大事件が起きると、人は新聞の号外を待つのではなく、テレビやコンピュータのスイッチを入れるのである。アメリカの政府高官たちも、この事件の第一報が伝えられてすぐにしたことは、テレビのスイッチを入れることだったと述べている（MSNBCチェイニー副大統領インタビュー）。

事件初期の報道で、「エッ!?」と疑問に思ったこととして、CNBCのレポーターが、貿易センタービルの崩壊の前に、大きな爆発音が聞えたといっていたことがある。

ＣＮＢＣは経済情報（特に株式市場・金融市場情報）の専門局だから、ニューヨークの市場が開けばニューヨークの、東京市場が開けば東京の市場情報をリアルタイムで毎日伝えつづけている（もちろん、ヨーロッパ、アジアの市場情報も同時に）。市場の値動きだけでなく、経済ニュース、解説も随時やっているので、私はふだんから常時ウォッチしていた。この日も、ニューヨーク市場はどうなったのだろうと思って、ＣＮＮ、ＢＢＣに次いで切り換えて見ると、ニューヨーク証券取引所の内部をカメラは映していたが、取引は行われていなかった（九時半ごろ停止と決った）。しかし取引所の中にはいつものようにトレーダーが沢山右往左往していた。みなどうしていいのかわからないようだった。

トレーダーたちのど真ん中に、いつものＣＮＢＣの女性レポーターがいて、貿易センタービルの事件で本日の取引は停止になったと早口に繰り返し、ビルの被害の様子とか、今後の市場再開の見通しといったことをしゃべりつづけていた。貿易センタービルには、世界四八カ国の証券・金融関係の企業が多数（約一二〇〇社）入居していて、その営業拠点、情報拠点になっていた（メリルリンチの本社もここにあったし、ウォールストリート・ジャーナルの本社もここにあった）。

つまり、あのビルはアメリカ資本主義最大の拠点というより、もはや世界資本主義最大の拠点といってよいような存在だったのである。昼間人口約五万人。それは一つのビルというより、一つの国際都市といってよかった（だからあれほど多数かつ多国籍の被害者が出た。テロリズム根絶のために世界中の国が共同で立ち上がるべし、とのアメリカの呼びかけに多数の国がいち早く同調したのも、主要各国すべてが被害者を出していたからだ）。

あれだけ大きな被害が出ると、事件の全容が判明せず、今後の展開が予想できなかったこともあり、とりあえず市場を閉鎖せざるをえなかった。ビルの崩壊以前に、ビルの機能が停止し（緊急避難がすぐにはじまった）、ビル内企業の経済活動が停止して、金融・証券市場の相当部分の動きがとれなくなった。そして世界資本主義の最も大きな歯車の一つであるニューヨーク市場が動かなくなったのである。あのビルは、アメリカ資本主義のシンボルとしてテロリストに狙われたのだろうが、その効果はシンボルレベルにとどまらなかったわけだ（それに比べ、ペンタゴンへの攻撃はシンボルレベルにとどまった）。

第三の爆発があった

CNBCの女性レポーターが報告している最中に、貿易センタービルの崩壊という驚くべき事態が発生した。貿易センタービルとNY証券取引所は、わずか五〇〇〜六〇〇メートルしか離れておらず、それがもたらした大混乱は、取引所周辺の人々にもすぐ伝わったから、取引所のフロアのまん中にいた女性レポーターは、事件の報告者として絶妙の立場に置かれることになった。彼女はときとして、取引所の外にまで出て情報を集め、戻ってきてはすぐまた臨場感あふれる報告をするというなかなか優秀なレポーターだった。貿易センタービルの崩壊についても、彼女がすぐに報告したのだが、そのとき彼女は、それが、「第三の爆発の直後だった」といったのである。「エッ、第三の爆発だって？」というスタジオのキャスターからの反問に、「ええ、第三の爆発があったんです」と、彼女は確信をもってハッキリ答えた。北棟への飛行機の衝突を第一の爆発、南棟への衝突を第二の爆発として、その次にもう一つ爆発があり、そのあとにビルが崩壊したというのである。それを聞いて、私は、なるほどそういうことだったのか、とわかったつもりになった。

今回の事件で、私が何より驚いたのは、あのビルに飛行機をぶつけるという自爆攻撃のすさまじさもさることながら、それによって、あのビルが二つとも崩壊して消えてしまったという事実のほうである。

あの事件を、はじめのほうからリアルタイムで見ていた人は、ビルの上のほうに飛行機が衝突し、火災を起したビルから煙が出ているという光景をしばらく見ていたわけだが、そのときは、よもやそのビルが間もなく崩壊して消滅してしまうなどとは夢にも思わなかったにちがいない。私もそうである。あれを見ながら、「あーあ、すごいことをやったな。こりゃ相当の被害が出るな」と思ったものの、惨劇が起きたとまでは思わなかった。むしろ、つづいて映し出されたペンタゴンの突入現場を見て、「こりゃ、アメリカの面目丸つぶれだな」と、テロの政治的効果の大きさのほうに考えが走った。

「ええッ！」と思わず目を疑い、言葉を失ったのは、やはり、あのビルが目の前で崩壊していくのを見たときである。特に北棟である。南棟のときは、はじめから飛行機の衝突の打撃と火災の被害が甚大そうに見えただけに、崩壊までは予想できなかったものの、考えられないことが起きたとは思わなかった。しかし、北棟の崩壊は全く考えられないことが起きたと思った。北棟は、飛行機の衝突などはものともせず（と思えた）、衝突後もそこに立派に建ちつづけていたのである。

崩壊しはじめた瞬間、「エッ、ウソ」と思わず頭の中でつぶやいた。変な表現だが、それはあまりに見事な崩壊だった。ハリウッドがCGで上手に作ったスペクタクル映画の特撮場面を見せられた思いで、リアルなできごととはとても思えなかった。「エッ、なんで？　なんで？」と私はあの崩壊がなぜ起きたのかその理由がつかめず、頭の中で何度も自問しつづけた。

北棟は衝突してから一時間四五分後の一〇時三〇分ごろに、南棟はそれよりずっと前、衝突一時間後の一〇時ごろに崩壊した。専門家が説明するところによると、あのビルは全体がトリカゴ状の構造になっていて、日本のビルのように、中心部に巨大で頑丈な鉄骨構造があって全体を支えるという構造にはなっていない。ビルの全外周をトリカゴのように囲んでいる細目の鉄骨が全体としてビルを支え、床板はトリカゴにピンで留めただけという弱い結合になっていた。そのため飛行機が飛びこんだフロアの床がまず衝撃と火災で下に抜け落ち、その重さで次の床が落ち、その重さでまた次の床が落ちという具合に、上のほうから床板が順次抜け落ちていって、ついにそれがどこかで耐えきれなくなり、一挙に下までドスンときて崩壊にいたったのだという。

私はこの説明に、なるほどそういうこともありうるのかと思う一方、完全には納得できなかった。

そうすると、衝突後ビルがまだ建っているように見えた一時間（南棟）ないし二時間近く（北棟）の間、私たちが見ていたのは、トリカゴの形骸だけで、内部では、床板が次々に抜けていく崩壊過程が進行していたことになる。その緩慢な崩壊過程がどこで最後の一挙のクラッシュにいたったのか。そのような過程をふむことで、本当にあの絵に描いたような一瞬のクラッシュが現出するのか。またそうであれば崩壊後もトリカゴの外側の相当部分（内部の床が中抜きされても残る部分）は構造的に残ったはずだが、それは見つかったのかなどの疑問が残る。現在の現場の映像を見ると、トリカゴの下の部分が少し残っていることがわかるが、下のほうであれだけ残るなら、上の中抜きされた部分はもっと残ったはずではないか、それはどこに行ったのか。

専門家の説明を聞いて、そういうこともあるかと思うようになったのは、ずっと後のことで、私はしばらくの間、ＣＮＢＣレポーターの「第三の爆発」発言が強く印象に残っていたので、あのビル崩壊は、爆弾によるものとばかり思っていた。つまり、テロリストグループは上に飛行機をぶつけただけでなく、下にも爆弾を仕込んでおいて、それを爆発させたのではないかと考えたわけである。リアルタイムであのビル崩壊をウォッチしていた人には強く印象に残っていると思うが、あれはアメリカのビル解体専門業者が大量の爆薬をビルの基礎部分に仕込んでおいて、一挙にビルを崩壊させるときとそっくりの現象だった（あとで編集されたハイライトしか見ていない人にはわからないかもしれない)。とてもあれがトリカゴ内部の連続床抜けの集積で起きたこととは思えなかった。

イラクの関与が疑われる理由

あのテロリストグループ(ビン・ラディン周辺にいるアル・カイーダグループ)には、高度の爆弾技術があることがよく知られている。特に、ビン・ラディンの直接的関与が強く疑われている、九八年のケニア、タンザニアのアメリカ大使館爆破事件の現場写真を見た人にはそれは明らかだろう。しかし、それだけでなく、最近の爆弾テロの現場写真を見ると、いずれもそのすさまじい破壊力に驚く。たとえば、九五年のオクラホマ連邦ビル爆破事件(これはイスラム過激派ではなく、アメリカの右翼白人至上主義者によるものだが)を見れば、大きなビルを一つ吹き飛ばすくらい何でもなくなっていることがわかる。

そして、よく知られているように、貿易センタービルは、九三年にも、イスラム過激派による爆弾テロを受けている。この事件の背景にも、ビン・ラディンがいたことが疑われているが、実行犯グループは、エジプト人、パレスチナ人などからなるグループで、逮捕された六人はいずれも、各懲役二四〇年（全員合わせてではない。一人一人がである。アメリカの司法制度ではそういう判決がありうる）の刑に処された。首謀者のラムジ・ユーセフはイラクから送り込まれたエージェントであり、このテロはイラク政府の支援を受けた国家支援テロであるというのが、アメリカの治安当局者の見方である。

今回の事件についても、一部からイラク政府の関与が強く疑われているのは、フセイン大統領がいち早く、このテロはアメリカに下された鉄槌《てつつい》であり、これまでアメリカがしてきた非道無道な行為に対する当然の酬《むく》いだとする声明を発表したことにあるのではなく、九三年の貿易センタービル爆破をやったグループの関与が疑われているからなのである。あの事件後、グループ全員が逮捕されたわけではないし、背後関係がすべて明らかになったわけでもない。同じグループがあの事件のつづきとして貿易センタービル爆破をまたやった可能性があると疑われたのである。事件後、ＦＢＩの当局者、あるいはもっと上部の高官の記者会見で、この事件の背後にイラクの存在は考えられないのか、と問う記者団に対し、当局が一貫して、「その可能性は否定しない」と答えているのは、そういう含み*なのである（実はこれまで他にも、トンネル爆破、橋爆破など計画段階で摘発されたテロ計画が幾つかあり、それにもイラク関与説がささやかれていた)。つまり、可能性としては、貿易センタービルの崩壊は、ハイジャック機をぶつけて自爆した連中とは別のグループ(九三年爆破の流れをくむ連中)によって同時多発的に仕掛けられた爆弾によってもたらされた可能性があるということなのである(飛行機の衝突とビル崩壊の間にあった大きな時間差もそれなら説明がつく)。その場合、爆弾は前と同じように自動車に積んで地下駐車場に置かれたと考えられる。〔*イラクの関与説は、事件当初からずいぶん強くささやかれ、アメリカがアフガニスタン攻撃に走ったときも、いつイラク攻撃にエスカレートしても不思議ではないといわれていた。ブッシュ政権上層部のネオコンサーバティブ派の多くは、湾岸戦争時のブッシュ(父)政権時代のタカ派で、あの戦争の終結の仕方に不満を持っていた(バグダッドを叩き、フセイン政権が壊滅するところまでやるべしとする)連中だったから、口実さえあれば、いつでもイラク政権の息の根を止めたかったのである。〕

九三年の場合、爆弾は化学肥料を原料とする手製の爆弾だった。ある種の化学肥料を使うと高性能の爆弾を作ることができる。日本の三菱重工ビル爆破事件(七四年。東アジア反日武装戦線)に使われたのも、アメリカのオクラホマ連邦ビル爆破事件で使われたのもその種の手製爆弾だった。九三年の爆弾は重量約七〇〇キロという大型のもので、レンタカーのバンに積まれて地下二階の駐車場の一画に置かれた。犯人は約二〇センチの導火線に火を点けたあと別の車で逃走した。爆弾は床に直径五メートル近い穴を開け、その直接の被害は上下五フロアに及んだ(発生した瓦礫《がれき》は六八〇〇トン)。人的被害は、死者六人、負傷者一〇〇〇人にとどまり、ビル下の地下鉄の駅の天井の一部が落ちたが、ビル自体はゆるぎもしなかった。

爆弾が大型だったのに、ビルの被害が意外に小さかったのは、車を置いた場所が、ビルの中心部からちょっとずれた(ビルの外壁面から約二・五メートル離れていた)ため、ビルを支えている柱そのものにダメージを与えることができなかったからである。

この九三年の爆弾テロをやった連中にしてみれば、もうちょっとのところで、ビルを倒壊させられたのにと口惜《くや》しい思いをしただろうから、もう一度やって今度はぜひ成功させたいという動機もあるし、どこにどの程度の爆弾を仕掛ければそれが可能かというノウハウもあるわけで、私はこの話、可能性としては大いにあると思っていた。

問題は、本当のところどうだったかである。それは現場のブツに聞いてみなければならない。

実は、九三年の爆弾事件のときも、事件発生当初は、それが爆弾テロとは誰も思わず、消防、警察など行政当局は、それは地下の発電機の燃料タンクの爆発によるものと思われるなどと発表していたのである。

それが爆弾テロとはっきりするのは、FBIの専門家が詳細な現場検証を行い、さらに、六八〇〇トンの瓦礫を一つ一つ調べていって、爆弾の証拠を発見したからである。

つまり、いま貿易センタービルの崩壊現場では、六〇万トンに及ぶ瓦礫の山を取りのける作業が昼夜兼行でつづけられているが、それが終ってみないと（爆弾なら仕掛けられたにちがいない地下の駐車場の部分までいたらないと）、爆弾テロであったかどうか、正確なところはわからない（爆弾の破片あるいは爆破の痕跡物などのブツを発見するか、あるいはビルの基礎の破断部分を発見して、破面解析から破断原因を探る）ということである。そしてそこまでいくのに、あとどのくらいかかるか、今のところ全くわからないのである。

私は可能性としては五分五分だと思っている。* そして、爆弾であった場合、問題となってくるのは、首謀者が誰であったか、それにどの程度ビン・ラディンがかかわっていたかということだろう。九三年の爆弾テロの場合、ビン・ラディンが関与していたことが疑われはしたが、その関係が明確に出ていたわけではない。九八年のケニア、タンザニアの米大使館爆破の場合は、単なる疑惑でなく、明白なつながりが立証できたので、アメリカは正式にビン・ラディンを訴追するとともに、スーダンとアフガニスタンにあるアル・カイーダの基地（とおぼしき箇所。誤爆説もある）に巡航ミサイルを何発もぶちこんでいる。しかし、九三年の貿易センタービル爆破事件では、アメリカはビン・ラディンに対して目に見える報復は何もしていない。確たる証拠（ハード・プルーフ）をつかんだ場合と、そうでない場合ではアメリカの行動様式に明白なちがいがある。〔＊その後、約三カ月間かけて、瓦礫を底の底まで掘り出し、それを全部スタッテン島に特設したFBIの解析センターに運びこんで詳細解析したが、何も出なかったようなので、やはりあのビル崩壊は、定説通り、連続床抜けの集積として起きたことらしい。すぐ近くのNY証券取引所にいた女性レポーターが「第三の爆発」と思ったのは、おそらく上から落ちてきた床の集積物が地表までたどりついて地面を打ったときの衝撃を爆発ととりちがえた（数十万トンの集積物だから、大変な衝撃だったろう）のだろう。〕

今回アメリカは、事件はビン・ラディンがやったことは明白だとしているが、ビン・ラディンの関与をどこまでつかんでいるのかまだ必ずしも明らかでない。怒りのあまりか、これまでのような手つづき（ハード・プルーフの公表、訴追の提起）をふまずに、攻撃されたらやり返すのが当たり前だとばかり、いきなり軍事行動に走ろうとしている。幾つかの国から（日本は入っていない）、軍事行動への支援を求めるなら、まずビン・ラディン関与の明白な証拠を示してからにすべきだとやんわりさとされているが、それは当然といえば当然だろう。関与の証拠がない上での軍事報復は、昔アメリカの南部によくあったモブ的群衆によるリンチ首吊りと同じである。

ネクロポリスを再生できるか

さてここで、もう一つ貿易センタービルの崩壊に関していっておきたいことがある。それが爆弾テロによって崩壊したのではなく、専門家がいうようなプロセスで崩壊したのであるとすれば、私はむしろそのほうが問題だと思っている。

あのビルは、現代文明の技術の粋《すい》をこらして作られ、現代文明の進歩と富のシンボルとして、マンハッタン島の金融中枢、ウォール街を見下ろすように作られたビルだった。それは一見モダンで華奢《きゃしゃ》なように見えて、実は飛行機がぶつかってもこわれないだけの構造的な強さをもって作られたといわれていた。

それが異常な衝突事件によるとはいえ、あれほど簡単に消滅してしまうとは、そのこと自体がむしろ異常と私には感じられた。現代文明の技術の粋とは、それほどはかないものだったのか。能書き（飛行機がぶつかってもこわれない）と現実はそんなにズレているものなのか。

むしろこれは現代文明の技術の粋のもう一つの側面、可能な限りのコスト・カッティング手法の結果だったのではないか。コストダウンのためあらゆる面で安全係数ギリギリの線を追求していった結果、その相乗効果が悪いほうに働いたということではないのか。地震学者によると、飛行機衝突時ビルが受けた衝撃は、地震に換算して、M一・〇（北棟）とM〇・九（南棟）でしかなかったという。地震としては全くとるに足りないレベルである。それがどのようなプロセスをたどったにせよ、結果としてあのような惨事を招いてしまったこと自体が問題ではないのか。

もう一ついうなら、崩壊まで一時間弱ないし一時間半以上の時間があったのである。ことの進行（床の連続落ち）がある程度途中でわかり、警報を出すということがなぜできなかったのか。

なぜ？　なぜ？　の疑問ばかり湧いてくる。私はかつて、ニューヨークに長期滞在して長大なレポートを書いたことがある（下巻第5章191頁参照）。その最後のところで、マンハッタン島には、マンハッタンヴィル大断層という巨大な活断層があり、地震学者の中には西暦二〇〇〇年までに大地震が起きる可能性があるという人もいるのに、ニューヨークの高層ビルがその可能性をまるで考えないで作られているのは危いと書いた。さらに、地震がなくてもいずれニューヨークの死ぬ日がくるだろうとして、こう書いた。

「畢竟《ひっきょう》するに歴史上あらゆるメトロポリスの繁栄は、ネクロポリス（死者の都市）への道程でしかなかった。それも外部からの破壊によってではなく、精神的、道徳的、肉体的（都市機能的）病いによる病理現象としてすべてのメトロポリスは死んでいったという（中略）そしてこのニューヨークは、ネクロポリスへの過程の最終段階にすでに足を踏み入れているというべきだろう」

いまニューヨークは、局所的にネクロポリスそのものになってしまった。このネクロポリスをもう一度再生させることができるかどうか。その活力の有無によって、ニューヨークないし、アメリカという国のパワーが試される。

自爆テロの源流

さて、九三年の爆破事件に関して、もう一ついっておきたいことがある。実はこのとき、テロリストの当初計画では、一本のビルを傾けさせてもう一方のビルによりかからせるようにした上、ビルの上部に青酸ガスを大量発生させる装置をつけて（傾かせると自動的に起動するような化学反応装置を作ることは可能）、大量無差別殺戮《さつりく》をはかることになっていたと伝えられている。はじめてその情報を聞いたとき、これはほとんどマンガのような荒唐無稽な計画だと思って、思わず笑ってしまった。しかし、その後オウムの事件があり、今回の事件があってみると、現代という時代は、「ほとんどマンガ」の発想がぜんぜん笑いごとではない時代になってしまったのだなと思ってゾッとした。頭の中が「ほとんどマンガ」としかいえないようなお粗末な連中でも、現代技術のノウハウさえ獲得すれば、「ほとんどマンガ」を現実化することが可能な時代になってしまったということなのである。

もう一つ、この事件で、昔は荒唐無稽の発想と笑っていたことなのに、本当に現実になってしまったと思って愕然《がくぜん》としたことがある。それは、一九七二年のテルアビブ空港乱射事件（下巻29頁参照）の裁判で、日本赤軍の岡本公三被告が最終陳述でいったことである。

これは当時の新聞報道にもでなかったことなので、読者の記憶にもないはずだが、私はこの裁判を週刊誌記者として、法廷で取材していたため、岡本の次のようなセリフを鮮明に記憶している。

「世界のあらゆる所で、一国的限界にとらわれることなく、世界革命戦争を起していく。世界の人に警告しておく。これから同じような事件（無差別殺人テロ）は、ニューヨークで、ワシントンで次々に起る。ブルジョワ側に立つ人間は、すべて殺戮《さつりく》されることを覚悟しておかねばならない」

記者の間では、岡本のこの陳述は、「何を考えてるんだ。ホントにバカみたいなヤツだ」といった評価しか受けず、そのため誰もこのくだりを記事にしなかったのだが、私は、『週刊文春』七二年八月七日号の「独占スクープ・テルアビブ事件――狙いはダヤン暗殺だった」という記事の中に、このくだりをちゃんと記録しておいた（下巻128頁参照）。結局、いま考えてみると、今回の事件で、このときの岡本の予言がある意味で実現してしまったことになる（もっとも世界革命戦争の一環としてではなく、イスラム原理主義過激派の世界テロ戦争の一環としてということになるが）。

それでつくづく感じるのは、この三〇年間、恐るべき勢いで世界の一体化が進んだなということである。岡本の陳述がなぜそれほどバカにされたかというと、三〇年前、ニューヨークやワシントンで、アラブ人や日本人など異国のテロリストが無差別殺戮のテロをやりたいと考えても、そんなことが実現できるような物質的基盤も、人的基盤も何もなかったからである。しかしいまはそれが可能になっているのである。経済のグローバル化、文化のグローバル化、交通、通信のグローバル化がこの三〇年、恐ろしい勢いで進んだ。そのポジティブな面にはみんなすぐに気がつくが、それだけグローバル化が進めば、犯罪、テロなど、社会のダークサイドも同時にグローバル化がどんどん進むのだということにはあまり気がつかない。

テルアビブの事件でもう一つ思いだしたことがある。それは、イスラム原理主義過激派の自爆テロ攻撃の源流も、このテルアビブ空港乱射事件にあったということである。

パレスチナでは、昔から、激しいテロ活動が繰り広げられてきた。最初は、パレスチナを委任統治していたイギリスに対して、独立を求めるユダヤ人の闘争として激しいテロ活動が起きた。最も有名なダビデホテル爆破事件（一九四六年）では、死者九一名を出し、イギリスがイスラエルの独立を認める（自分たちの手に負えないと考えるようになる）最初のきっかけとなった。

イスラエルが独立したあとは、主権を取り戻そうとするパレスチナ人の反イスラエル闘争として激しいテロがはじまり、今日にいたるまでつづいていることはよく知られている。そのあまりにも複雑な歴史的経緯は省略して、いまにつながるテロについて述べると、はじめテロ活動は、パレスチナ・ゲリラ組織（民族主義者の組織と、左翼革命運動組織があった）の軍事行動の一環として、ヒット・エンド・ラン的にイスラエルの国家組織（軍、警察、官庁など）に対して仕掛けられた。それはあくまで敵に打撃を与えてすぐに逃げる、生還を期す戦闘行為だった。すべてが死の覚悟をもってしなければならない危険な行動ではあったが、はじめから必ず死ぬとわかっていて突っ込む自殺的作戦ではなかった。ゲリラ組織はいずれも人的資源が豊かでなかったから、兵士の損耗《そんもう》はできるだけ避けなければならなかったからである。

そこに、自殺的特攻作戦を持ち込んだのが、日本赤軍のロッド空港（テルアビブ空港）作戦だった。はじめから死ぬとわかっていて突っ込む特攻作戦は、アラブ人に衝撃を与えた。それは彼らには考えられない行動だったから、オカモトはたちまち、英雄にまつりあげられた。

殉教は生より望ましい

この衝撃的な特攻作戦が生まれた背景には、実は日本の連合赤軍の凄惨なリンチ事件（七二年）があったのだということを、重信房子《しげのぶふさこ》は『わが愛わが革命』（講談社）の中で明らかにしている。

「「一人じゃなかったわ。十数人殺されたのよ。ミエコも殺されたのよ」すべてを聞いたとき、奥平君の顔がゆがんだ。（中略）「おれたちが、何のために、ここで、ここにいると思ってるんだ」(中略)いったい、わたしたちの死に方とはどういうことなのだろうか。真の死に方、真に革命的な死に方とは何か。自分が死ぬことを避けて通っている限り、殺すことは間違いである。殺すということは、自分の死を代償とする以外にはあり得ないのである。そのことを、日本の仲間たちはわかっていない。(中略)今、このとき、わたしたちのとるべきなのはどんな行動か。真の闘いと、真の死を、すべての人たちにわからせる作戦とはいったい何か」

こうしてロッド空港作戦は構想されたのである。そこには、自分の命と引きかえなら相手を殺してもよいという日本的テロリストの美学が働いていたといっていいだろう。

この作戦に対してパレスチナ人の革命組織、PFLPは、「その闘争こそ、自分たちが党派を組織して以来、最もやりたかったことだったけれど、だれもできなかった闘争だ」と、すごく感動して協力したという。パレスチナ人の革命派組織は、オカモトをほめたたえたものの、自分たちが特攻作戦でそれにつづこうとはしなかった(危険性のきわめて高い作戦は展開したが、死ぬことが絶対の前提となる作戦はしなかった)。パレスチナ人が独自にやった特攻作戦のはじめは、七四年のキルヤト・シェモナの事件(別表参照)であるが、ちょうどこのころ私はベイルートに取材に行っており、町中いたるところに特攻攻撃者をたたえる写真入りのビラが貼りめぐらされているのを見て驚いたことを記憶している。彼はオカモト以上の民族的英雄になったが、その後彼に従う特攻攻撃者はほとんど出ていない。特攻作戦はあまりにも合理性に欠けているからである。別表は、ロッド空港事件以後に中東で起きた特攻（的）作戦、自爆攻撃の一覧表（新聞から拾ったもので、完全なものではない）であるが、これを見るとわかるように、自殺攻撃が急にふえるのは、九〇年代にイスラム過激派が自爆攻撃作戦を取り入れるようになってからである。左翼革命主義者たちは、基本的には合理主義者であるから、自殺そのものを前提とする作戦は取れなかったのである。しかし、イスラム過激派は宗教的信念にもとづいて、死という前提を平然と乗りこえてしまった。彼らにとって、神のために死ぬ殉教は、生《せい》より望ましいものだったからだ。

イスラム教では、神（アッラー）のために闘う「聖戦（ジハード）」という概念がある。もともとイスラム教は教祖のムハンマドが異教徒と闘うこと（聖戦）によって確立したものであるから、後世の信徒も、それにならって常に異教徒と闘いつづけ、イスラム教を世界中に広げることが求められている。つまりジハードへの参加はイスラム教徒の義務なのである（だからサラセン帝国は一挙に広がっていった）。そして、ジハードにおいて死ぬことは殉教者になることで、殉教者として死ぬことは、イスラム教

年	月日	場所（国名がないものはイスラエル）	状況	犯人（犯行声明を出した組織）	被害
1974	4・11	キルヤト・シェモナ	アパートに侵入、岡本公三らの釈放要求	パレスチナ解放人民戦線司令部派	18人死亡、16人負傷、犯人自殺
	5・15	マーロット	小学校に侵入、岡本公三らの釈放要求	パレスチナ解放民主人民戦線	24人死亡、70人負傷、犯人射殺
1975	3・5	テルアビブ近郊	ホテルに侵入	PLO	13人死亡、23人負傷、犯人射殺・逮捕
1983	4・18	ベイルート（レバノン）	米大使館爆破	イスラム聖戦	約30人死亡、約100人負傷
	11・4	ティール（レバノン）	イスラエル軍施設にトラックが突入	イスラム聖戦	50人死亡
1994	4・6	アフラ	バスの脇に停めてあった車が爆発	ハマスかイスラム聖戦	8人死亡、50人以上重軽傷
	11・11	ガザのユダヤ人入植地	自転車が軍監視所に突入	イスラム聖戦	4人死亡、10人重軽傷
	12・25	エルサレム	バスセンターで爆発	ハマス	犯人死亡、イスラエル兵ら12人負傷
1995	1・22	ネタニヤ	兵士用バス停で爆発	イスラム聖戦	21人死亡、62人負傷
	1・30	アルジェ（アルジェリア）	警察本部近くで車が爆発	イスラム過激派	40人死亡、250人負傷
	4・9	ガザのユダヤ人入植地近く	バスに車が接近、爆発	イスラム聖戦	6人死亡、30人以上負傷
	7・24	テルアビブ近郊	路線バス内で爆発	ハマス	6人死亡、33人負傷
	8・21	エルサレム北部	バス内で爆発	ハマス	5人死亡、100人以上負傷
	11・2	ガザ	バス内で爆発	イスラム聖戦か	11人負傷
1996	2・25	エルサレム	兵士用バス乗り場に車が突入など	ハマス	25人死亡、80人負傷
	6・26	ダーラン（サウジアラビア）	米軍居住区にトラックが突入	イスラム原理主義者	23人死亡、340人負傷
1997	3・21	テルアビブ	中心街のカフェで爆発	ハマス	3人以上死亡、47人負傷
	4・1	ガザ	スクールバスを狙って爆発	イスラム聖戦か	犯人2人死亡、5人負傷
	7・30	エルサレム	マハネ・エフダ市場で爆発	イスラム聖戦か	14人死亡、170人負傷
	9・4	エルサレム	ベン・エフダ通りで三回爆発	ハマス	6人死亡、165人負傷
1998	10・29	ガザのユダヤ人入植地	イスラエル軍用車に車が突入、爆発	ハマス	2人死亡、3人負傷
	11・6	エルサレム	車が爆発	イスラム聖戦	2人死亡、25人負傷
2000	10・12	アデン（イエメン）	米イージス艦にボートが突っ込む	アル・カイーダ	6人死亡、11人不明、35人負傷
	10・26	ガザのイスラエル軍駐屯地近く	自転車に乗った男が自爆	イスラム聖戦	犯人死亡、数人負傷
	11・22	ハデラ	爆弾を積んだ車がバスに近寄り爆発	不明	1人以上死亡、約20人負傷
2001	3・4	ネタニヤ	商業地区で大きな爆発	ハマス	4人死亡、44人負傷
	3・27	エルサレム	バスに乗っていた人物が下車直後に自爆	ハマス	犯人死亡、約20人負傷
	3・28	パレスチナ自治区近く	宗教学校の生徒たちに近づき自爆	ハマス	3人死亡、4人負傷
	4・22	テルアビブ近郊	バス停留所で爆発	イスラム過激派	2人死亡、約40人負傷
	5・18	ネタニヤ	建物に入ろうとした男が警備員に止められ自爆	ハマス	6人死亡、約110人負傷

徒にとって最高の功徳となる。

イスラム教の聖典である「ハディース」はジハードについて次のように教えている。「たとい一日でもアッラーの道の戦に身を投ずることはこの世とそこにあるすべてのものより良く、（中略）人がアッラーの戦で朝な夕な歩む一歩の方がこの世とそこにあるすべてのものより良いのだ」「我々のうちで殺される者は天国に入るであろう」「アッラーの御為めに殺された人たちを決して死んだものと思ってはならない。彼らは立派に神様のお傍《そば》で生きておる」「天国に入ることになる人は、たといこの地上に何を持っていようと、現世に帰ることを誰一人として望まないが、ただ殉教者だけは別で、彼は神から与えられる恩寵《おんちょう》のことを知っているため、現世に戻り、さらに十回も殺されることを切に願うのだ」（牧野信也訳）

日本人はこんなものを読んでも、「ただの紙の上の教えじゃないか」と思うだけかもしれないが、熱心なイスラム教徒は、これをそのまま本気で信じているのである。彼らの最大の関心事は現世のことではなく、死後天国に行けるかどうかである。殉教は天国へのパスポートだから、現世で生きつづけるより、殉教者になって天国で生きるほうが何倍もいいと信じているのである。タリバンがなぜ強いかというと、彼らはイスラム神学校出身者の集団で、熱心な信徒以上に、イスラムの教義を強く信じ、死をいとわないどころか、死（殉教）を望んで戦うからである。イスラエルにおけるイスラム過激派による自爆テロの成功率が高いのも、彼らが自らの死を本気で求めて突っ込んでいくからである。かつて、イスラエルの治安当局者に取材したとき、

「死を恐れる気持が少しでもある者の攻撃はいろいろ防ぎようがある。しかし、かけ値なしに本当に死ぬつもりで突っ込んでくるテロリストの攻撃は防ぎようがないというのが本当のところだ」

といわれたことがある。あらゆる人間が本能的に持つ死の恐怖は、個としての死がそのまま個より上の次元での生に一致すると思えたときには乗りこえることができる。それが殉ずるということである。命を捨てて自分より高次の存在である何ものかにつくすのである。殉ずる対象によって、殉職もあり、殉国もあり、殉教もあるが、殉職にも、殉国にも、やむを得ずという側面があるのに対して、殉教の場合は、喜んであるからそれだけ強い。

天国と暗殺の関係

日本は特攻隊という形で、多数（三〇〇〇人以上）の殉国者を出した伝統を持つ国

である。特攻隊員の手記を読むと、彼らの多くがほとんど宗教的といっていいほど強い情念をもって、国に殉じていったことがわかる。昭和戦前期の日本は、現人神《あらひとがみ》の支配する神国であったから、そこで育った若者たちは、国に対して宗教的情念（熱狂的愛国心）を持つようになり、それに身を捧げることに喜びを持つことができたのである。特攻隊員に選抜された、ある飛行予備学生はこう日記につづっている（『学徒出陣の記録』光人社）。

「一大記念すべき日なり。私の身を心を、祖国に捧げ得る日が予約された日だ。何たる喜びぞ。光栄無上絶対なり」

彼らが実際に、敵の戦艦に突っ込んでいくときは、どんな気持だったのだろうか。

九月一二日、テレビが繰り返し繰り返し映し出す、貿易センタービルに突っ込んでいく飛行機の姿を見ているうちに、私はふとあのビルが特攻隊機が突っ込んでいった戦艦のブリッジのように見えてきて、そんなことを思った。衝突の瞬間、あの飛行機の操縦席にのっていたイスラム過激派の連中には、自分たちが悪をなしているという意識は全くなかったにちがいない。むしろ自分はいま神の腕の中に飛びこみつつあると思って、一種の法悦境《ほうえつきょう》にひたっていたのではないか。

宗教の恐ろしさはここにある。その信仰の内と外では、正義と悪が全く逆転してしまうのである。

最近ブッシュ大統領が好んで使う、テロリストの呼称は、"evil-doers"（悪をなす者たち）だが、彼らにとっては、自分たちこそ神に忠実な信徒、正義の使徒であり、アメリカこそ、悪魔そのものといっていい、悪をなす者どもの国なのである。

私が彼らを見ていて思いだすのは、十一世紀から十三世紀にかけて、イラン北部の山岳地帯にいた暗殺者教団のことである。これはマルコ・ポーロの『東方見聞録』にも出てくる話だが、そこに「山の老人」と呼ばれる老人が支配する国があった。老人は山奥に、ムハンマドがコーランの中で説いた天国のありさまそのままの庭園（ブドウ酒・牛乳・蜂蜜・清い水がいつも流れ、そこで思いのままに美女を手に入れ心ゆくばかりの快楽に耽《ふけ》ることができる）を作り、そこに、十人ないし二十人の腕のすぐれた若者を選抜して入れていた。彼らには沢山の美女をはべらせ、珍味佳肴《ちんみかこう》と美酒でもてなし、好き放題の快楽生活を送らせてやったので、彼らは自分たちが本当に天国に来ているのだと思いこむ。老人が誰かを暗殺したいと思うと、数名の若者を呼んで、こういう。「もう一度お前たちをあの天国にやりたいと思うから、特にお前たちを選んでこの使命を託するのだ。さあ行け。ただ某々を殺しさえすればよいのだ。万一お前たちが失敗して死ぬようなことがあっても、そのまままっすぐ天国に行けることは疑いない」

（『東方見聞録』）

そうすると、若者たちはまたあの夢のような生活に戻りたくて、必ず暗殺の使命を果した。「山の老人」は周辺の国の為政者《いせいしゃ》を暗殺の恐怖でおびえさせ、貢物《みつぎもの》をよこさせるなどしたので国は栄えたという。ウソのような話だが、これは史実なのである。ただ、「山の老人」は、本当に天国のような庭園を作ったのではなく、若者にハッシッシ（麻薬）を飲ませて、天国にいるような幻覚を作りだしてやっただけなのだという（この史実から、暗殺者を「アサッシン」というようになった）。「山の老人」の一派は、当時のイスラム世界の支配者であるセルジュクトルコ朝に反逆した過激派で、暗殺を武器として、三世紀近くにわたって、辺境の地を支配した。暗殺された者の中には、セルジュク朝の宰相、ペルシア宰相、モスール王、マラガ王、エジプト回教王、ダマスクス王、アゼルバイジャン王、エルサレム王などもいる。

「死を恐れるな。できるかぎりアメリカ人を殺せ。殉教者になれば天国に行ける」と若者を煽《あお》る、ビン・ラディンなどイスラム過激派の指導者たちは、いってみれば、現代版の「山の老人」のようなものである。

イスラムから見た十字軍

それに対して、世界の文明国はみな連合してイスラム過激派のテロリストたちをやっつけろ、と怒号するブッシュ大統領は、まるで現代版十字軍のオルガナイザーのように見える。十字軍とは、よく知られるように、十一世紀から十三世紀にかけて、ヨーロッパのキリスト教徒が力を合わせてイスラム教徒に支配された聖地を取り戻そうと、七回にもわたって組織され、パレスチナに攻めこんだ連合軍のことである。

実際、ブッシュは、九月一六日の演説で、テロリストへの闘いを「十字軍」と表現したが、これが大変な反発をイスラム諸国から招くことになった。ブッシュの基本戦略は、イスラム圏の中でアフガニスタンのタリバン政権を孤立させた上で叩くことにある。そのためには、他のイスラム諸国から協力を得ることが不可欠なのだが、「十字軍」の一言がそれをぶちこわしにしてしまった。このあたり、欧米人にも、日本人にも、いちばん知識が欠けているところだが、十字軍の評価ほど、イスラム諸国と西欧諸国でちがっているものはない。西欧では、十字軍はキリスト教精神に高揚した人々の起こした勇敢な行動で、イギリスの獅子心王《ししんおう》リチャード一世、フランスのルイ聖王《せいおう》、神聖ローマ帝国のフリードリヒ二世など、歴史的有名君主も軒なみ参加した高貴な行為だが、攻めこまれたアラブ側にしたら、この連中は突然暴力的に襲ってきて、国土を奪い、民衆を大量殺戮していった侵略者であり、野蛮人であり（当時の文化水準はイスラム圏のほうが西欧よりはるかに上だった）、人食い人種だったのである。

これまでの世界史が、一方的に西欧の視点で書かれ、日本人もそういう本で歴史を学んできたため、西欧人と同様の十字軍認識を持つ人が多いが、それは誤りである。いまは幸い日本には『アラブが見た十字軍』（筑摩書房）というすぐれた歴史書（著者のアミン・マアルーフはレバノンの代表的ジャーナリスト。以下、いずれも同書からの引用）があるから、それをちょっとのぞいてみれば、西欧流の歴史書で教えられていた十字軍と、史実としての十字軍がどんなにちがうものであったかがすぐわかる。一言でいえば、それは略奪と殺戮の連続だった。

「二日後、城壁内にムスリム〔イスラム教徒〕の者は一人もいなかった。（中略）脱出した者もわずかながらいたが、他は何千という死体となって家の戸口や寺院の周辺にできた血の海の中に投げ出されていた。（中略）エルサレムのユダヤ人の運命も悲惨きわまるものであった。（中略）居住区の全員が、しきたりどおりシナゴーグ〔ユダヤ教の寺院〕に集まり、祈りを捧げる。するとフランク〔西洋人のこと〕は出口を全部ふさぎ、次いで、周りに薪を積み上げ、火を放つ。脱出を試みた者は近くの路地でとどめを刺され、他は焼き殺された」

「〈マアッラで、われらが同志たちはおとなの異教徒を鍋に入れて煮た上に、子どもたちを串焼きにしてむさぼりくらった〉――この告白はフランクの年代記作者であるカーン（北フランス）のラウールのもの」

「彼らはカルフールと呼ばれるフランクの狂信的な一団を見た。彼らは大声でサラセン〔イスラム教徒〕の肉を食ってやるぞとわめきながら、村々をねり歩き、夕方には火の周りに集まって獲物をむさぼり食べるのである。（中略）この点につき、フランクの年代記作者、エクスのアルベールの次の一文は、彼自身マアッラの戦いに参加しているから、残忍さを伝えて比類がない。〈わが軍は殺したトルコ人やサラセン人ばかりでなく、犬も食べることをはばからなかった〉」

こういう話が西側の史料をもとにウンザリするほど紹介されている。イスラム諸国が十字軍に対していまでも恨み骨髄で、決して許すことができないと思っている理由がわかるだろう。イスラム諸国においては、十字架はそのような悪行のもとになった悪のシンボルであるから、赤い十字架をシンボルとする国際赤十字もない。代りに赤い三日月をシンボルとする「国際赤三日月（Red Crescent）」がある。

ビン・ラディンの国際的なテロリストグループの連帯組織の名前が、「ユダヤ人と十字軍に対する聖戦（ジハード）のための国際イスラム戦線」となっているのも同じ理由からだ。彼らの視点からは、いま中東で起きていることは、西欧諸国が聖地奪回をはかろうと起した新しい十字軍戦争である。その尖兵《せんぺい》がイスラエルなのである。イスラム過激派とは、その十字軍に対決するイスラム側の尖兵なのである。

問題は「文明の衝突」ではない

ブッシュが呼びかけた、ビン・ラディンと彼のテロ組織を根絶するための国際連帯組織に、十字軍の名前を与えたとたん、せっかく取りつけていたイスラム諸国からの協力がご破算になりそうになった。過激派でないイスラム教徒にとっても、十字軍は千年来のイスラムの敵であり、現代の中東問題もその延長上にあるというのは共通認識なのである。ブッシュ大統領はあわてて不用意な発言を取り消して、協力を取りつけ直した。

しかし、アメリカ人の心の中には、これは十字軍なのだという意識が強くあるようで、九月二三日のABCテレビ"This Week"に出演したパウエル国務長官も「この十……（this crus.....）」といいかけて、キャスターから、「十字軍（crusader）という名前は二度と使わないようにしたんでしたよね？」といわれて、「そうそう、使いません」とあわてて答えるような一幕があったことからもそれがうかがえるだろう。アメリカだけでなく西ヨーロッパ首脳の中にも不用意に「これは十字軍」と公言してしまう人がいまだにいて、イスラム諸国の猛反発を招いている。

よく新聞論調などで、これを「文明の衝突にしてはならない……」という言い方がなされることがあるが、私はそれは誤りだと思う。「文明の衝突」はこれからするさせないの問題ではなくて、すでに千年も前から起きているのである。その衝突が千年間つづいてきた結果として今日の事態があるのである。その認識なくして十字軍といいかけて危うく口をつぐむという程度の対応をつづけていては、文明の衝突はまだまだ終らないというべきだろう。十字軍とジハードとは、どちらも自己の信ずる宗教的真理を他者の世界にまで押し広げようとする聖戦である。尖鋭に内容が相異る宗教同士が不寛容の精神をもって聖戦をつづけていては、戦争が終るはずがない。つまり、ジハードに対するに十字軍をもってするという対決の先には、平和は永遠にこないということである。

私はいま読まれるべきは、ハンチントンの『文明の衝突』（集英社）よりも、むしろ、トインビーの『現代が受けている挑戦』（新潮社）だろうと思う。トインビーは、現代社会が受けている最大の挑戦は、世界の諸文明が互いに対立し、分裂を深めようとしている状況の中にあるとする。いかにすればその対立を克服し、統合をはかっていくことができるか。その解決策は結局、世界国家を作る以外にないだろうが、本当に世界的な規模の世界国家を作ることは可能だろうかと自問する。

そして、最大限国家を作ることは無理だろうが、最小限国家なら作れるだろうという。

何をもって最大限国家、最小限国家というのか。共有部分である。価値観における共有部分、制度的縛りや文化的縛りにおける共有部分である。他者に行動上のコミットメントを求めるときのコミット部分の大きさである。それを最小限にしようというのである。上からの縛りはできるだけ小さくして、成員の各メンバーにできるだけ多くの自由を与えようというのである。強制的共同規範は最小限にしようということである。「みんないっしょに」、「みんな同じように」という画一化に向かう部分はできるだけ小さくしようということである。

こういえばわかるように、日本の社会は昔から最大限国家型なのである。こういう国はファシズム社会になりやすいし、実際半世紀前はそうなってしまっていたのである。アメリカは逆で、社会のタイプとしては、最小限国家型である。しかし、事件後のブッシュ外交の基本は、明らかに最大限国家型をめざしている。ブッシュ外交が事件後最大の努力を傾注してきた国際共同行動体制（coalition）作りの基本戦略は、一言でいえば、お前はオレの敵か味方かハッキリさせろの一語につきる。「お前はオレの味方か？　そうでなければテロリストの味方とみなす」という「味方でなければ敵」の論理である。この論理で、世界中の国から最大限の行動上のコミットメントを求めるというやり方をつらぬいてきた。いってみれば、それはガキ大将のやり方そのものである。しかし、世の中、それほど単純に何でも白黒二色で分類できるというものではない。本当の味方を多くしたければ（面従腹背型のしぶしぶの味方でなく）、最小限国家型の「敵でなければ味方」という論理を使うべきだろう。

ドストエフスキーは、『カラマーゾフの兄弟』の有名な「大審問官」のくだりで、地上に再臨したキリストと会話を交《かわ》す大審問官にこんなことをいわせている。

「われわれの仲間はお前でなくて、彼（悪魔）なのだ、これがわれわれの秘密だ！　われわれはずっと前からお前を捨てて、彼と一緒になっているのだ。われわれは彼の手から、お前が憤然と斥《しりぞ》けたものを取ったのだ。彼が地上の王国を示しながらお前にすすめた、かの最後の贈物を取ったのだ。われわれは彼の手からローマとケーザルの剣を取って、われわれのみが地上における唯一の王者だと宣言した。（中略）われわ

れはケーザルの剣を取った。そしてこれを取った以上、無論お前を捨てて、彼の跡について行った」（米川正夫訳による）

全世界からテロリスト組織の戦いへのコミットメントを得て、軍事行動に突っ走ろうとしているブッシュ政権は、私には、「彼」の最後の贈り物である「ケーザル（帝王）の剣」を取ろうとしているところのように思える。現在、最小限国家型の世界国家にいちばん近い現実の組織としてあるのは、いうまでもなく国連である。しかし、ブッシュ政権は国連など一顧《いっこ》だにせず、自ら「ケーザルの剣」を取って自らのヘゲモニーのもとに最大限国家型の世界国家を作ろうとしているように見える。すでに現代の「ローマ」となっているアメリカが「ケーザルの剣」も取れば、「われわれのみが地上における唯一の王者だと宣言」するに等しいことになるだろう。

しかし歴史が示すところは、「彼」と一体化して世界征服をはかろうとした者に、ろくな未来はなかったということである。

「ケーザルの剣」をいま取るべきなのかどうか、もう一考する余地はないのか。

（『文藝春秋』二〇〇一年一一月号）

II

ニューヨーク研究

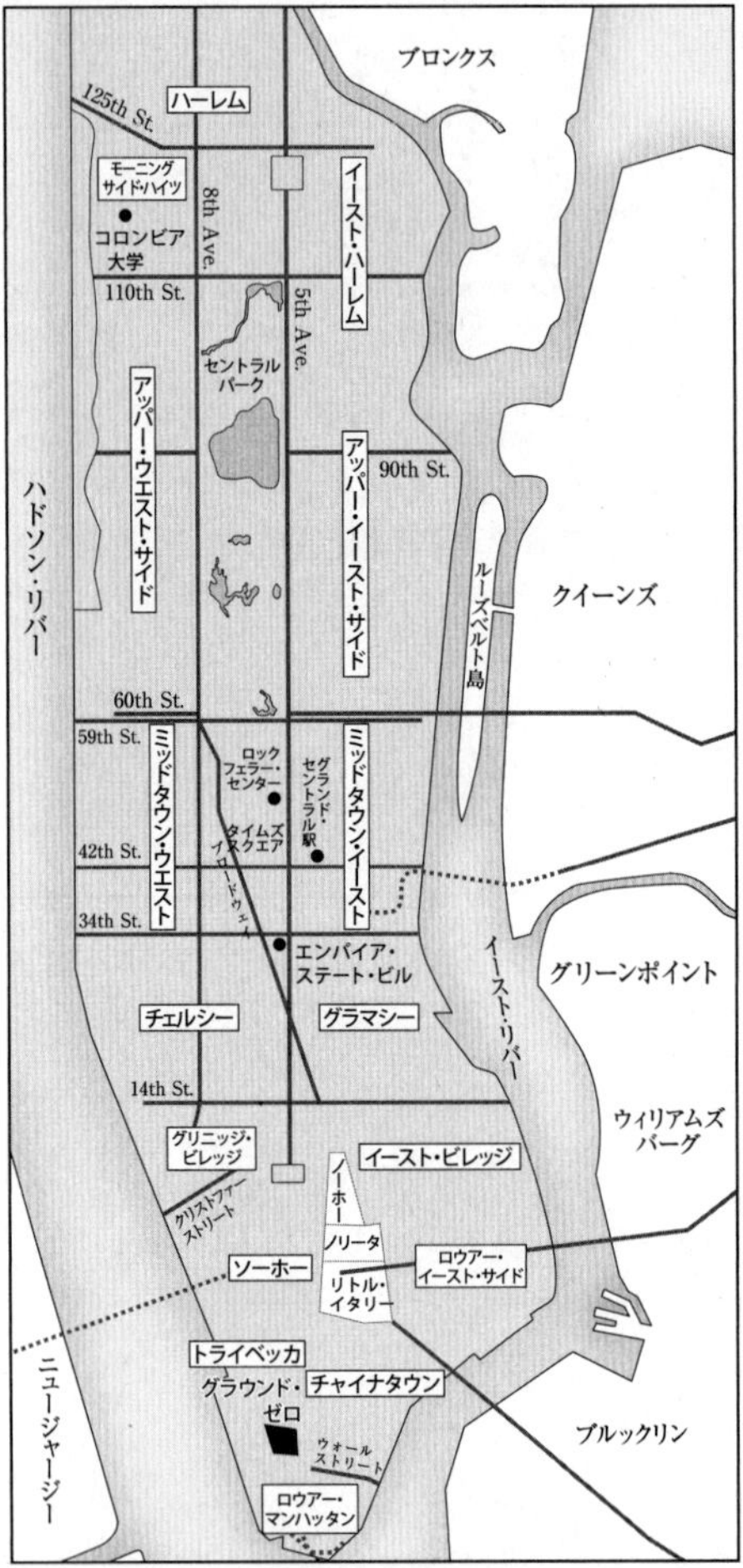
ブロンクス
125th St.
ハーレム
モーニング
サイド・ハイツ
コロンビア
大学
8th Ave.
イースト・ハーレム
110th St.
5th Ave.
セントラル
パーク
アッパー・ウエスト・サイド
アッパー・イースト・サイド
90th St.
ハドソン・リバー
ルーズベルト島
クイーンズ
60th St.
59th St.
ミッドタウン・ウエスト
ロック
フェラー・
センター
グランド・
セントラル駅
ミッドタウン・イースト
タイムズ
スクエア
ブロードウェイ
42th St.
34th St.
エンパイア・
ステート・ビル
イースト・リバー
グリーンポイント
チェルシー
グラマシー
14th St.
ウィリアムズ
バーグ
グリニッジ・
ビレッジ
イースト・ビレッジ
ノーホー
クリストファー
ストリート
ノリータ
ソーホー
ロウアー・
イースト・サイド
リトル・
イタリー
トライベッカ
グラウンド・
ゼロ
チャイナタウン
ニュージャージー
ブルックリン
ウォール
ストリート
ロウアー・
マンハッタン

第5章　ニューヨーク'81（'81・1）

　ニューヨークを何と定義したらよいのだろうか。ここは世界一のビジネス都市であり、世界一の金融都市であり、世界一の情報都市であり、現代文化とファッションの世界一の中心地であり、世界一の高層建築都市であり、世界一活気があふれる都市であり、世界一荒廃と退廃がすすんだ都市であり、世界一貧富の対照の際立つ都市であり、世界一の人種混淆《こんこう》都市であり、世界一精神分析医が多い都市であり、世界一弁護士が多い都市であり、世界一コンサルタントが多い都市であり、世界一成功のチャンスにあふれる都市であり、世界一敗残者の多い都市である。

　こんな定義はいくらでもつづけることができる。だが、どんなにそれを積み重ねてみても、現実のニューヨークには、そのすべての定義の網の目をくぐり抜けてしまうだけのふくらみがある。

一言でいうなら、ニューヨークは世界帝国の首都である。バビロンやローマがその時代の世界帝国の首都であったように、ニューヨークは現代の世界帝国の首都なのである。

はじめてニューヨークにいったとき、はじめてニューヨークに足を踏み入れたその日、ホテルに荷物を置くのもそこそこに、「ちょっとその辺をひとまわりしてみましょうか」と案内役の人にさそわれて、マディソン街、五番街を通ってロックフェラー・センターに連れていかれたときの衝撃をいまでもはっきりと思い出すことができる。それは古代ローマ帝国の辺境の民族の一青年が長い旅路の果てに、永遠の都ローマに到着し、いまもフォロ・ロマノの遺跡群にその面影を残している壮麗な巨大建造物の立ちならぶ大通りをはじめて歩いたときに感じたであろう衝撃と同質の衝撃であった。

戦後世界に君臨してきたアメリカ経済の巨大さは知りすぎるほど知っていた。石油帝国を支配するロックフェラー財閥の財力の大きさも充分承知していたはずだった。マンハッタンの摩天楼《まてんろう》群も映画や写真を通じて見慣れていたはずだった。それにもかかわらず、見上げると首が痛くなるほどの超高層ビルがそこら一面にこともなげに林立というか群立しているのを目の前にすると、その物量感の現実にどうしようもなく圧倒されてしまったのだ。それまでは抽象的にしか理解していなかったアメリカの巨大さが、目の前に物としてあるのだった。帝国ということばが、自然に頭の中に浮かんできた。ニューヨーク州は別名をエンパイヤ・ステイトという（エンパイヤ・ステイト・ビルの名前はそれに由来する）のだが、なるほどそれは誇称ではない。

私は放浪癖もあって、世界の巨大建造物をこの眼で見てきたことにかけては、いささか人にひけをとらない自信がある。しかし、世界のどの巨大建造物も、これほどの量感をもって迫ってくるということはなかった。この量感はどこからくるのか。むろん一つは、摩天楼が一つや二つではなく、数えきれないほどあるという即物的量感である。しかしそれ以上に、どの一つのビルをとっても、そこに万単位の人間が充満していて、想像も及ばぬほど、多岐にわたる活動を現に忙しくつづけているという、生きた量感があるのである。それもただ人間の頭数が多いというだけではない。その人間たちが代表しているパワーの途方もない大きさがある。高層ビルの多くは、一つの巨大企業によってまるまる占有されている。その一つ一つが国家なみの経済力を持っている。

たとえば、ロックフェラー・センターの一画に本社をかまえるエクソンをとってみよう。この世界一の巨大企業は年間売上高八〇〇億ドル、純益四三億ドルである。これを各国のGNPと比較してみると、売上高はスウェーデンとインドのGNPの間にあり、純益はビルマとガーナのGNPの間にある。いや、こんな比較は、むしろエクソンの持つ力の過小評価になるだろう。石油のメジャー・カンパニーとして世界のエネルギー情勢を左右できるエクソンの力は、そうした中小国家以上のものがある。むしろエクソンの総資産五〇〇億ドルはアメリカの金外貨準備二〇〇億ドル、日本の金外貨準備三三〇億ドルを合わせてようやく買い取れるだけの規模のものであるとでも表現したほうがいいだろう。

そそり立つ高層ビル群の中に身を置いてみると、それを真にそそり立たしめている、国家より大きな巨大企業群という現代資本主義が生んだ怪物たちに群をなしてのしかかられているような気がして、思わずそうした巨大組織にどう対抗すべくもない一個人の無力感、卑小さといったものを徹底的に味わわされてしまうのだ。

だいたい巨大建造物というのは、もともとそうした心理的作用を人に与えることを一つの目的として作られたものだ。古代における神殿、中世におけるカテドラルは、神の偉大さと、人間の卑小さの対比をできる限り大きなものに感じさせるためにできる限り巨大に、できる限り天に向かってそびえ立たしめんと意図されて作られた。いままでも、歴史の古い都市をまわってみれば、必ず神殿や教会が他の建造物を圧してそびえ立っている。聖権は俗権より巨大な権力であることを、それらの建造物は示していた。別のいい方をすれば、建造物の巨大さは常にその建造物の主の権力の大きさに比例してきたのである。そしてここニューヨークでは、そびえ立つ巨大企業群のビルが、現代社会における真の権力の所在を何よりもよく示している。

そそり立つマモンの神殿

古くはニューヨークでも、教会の尖塔《せんとう》が他の建造物を圧してそびえ立っていた。ニューヨーク市立博物館、あるいはニューヨーク歴史協会博物館に行くと、ニューヨークの古い絵地図を時代を追って見ることができる。それを見ると、二十世紀初頭までは、マンハッタンのスカイラインも、教会の尖塔だけが目立つ古いヨーロッパの都市のそれと同様だったことがわかる。ニューヨークにはこんなに沢山の教会があったのかと驚かされるが、それらの教会はいまもすべて健在である。ただ、どの教会も高層建築の間に埋没してしまっているだけなのだ。街を歩いていると、おやこんな所にこんな立派な時代物の教会がとビックリさせられることが度々ある。

資本主義を勃興《ぼっこう》させたのはプロテスタンティズムの精神かもしれないが、現代資本主義が仕える唯一の神は、マモン（富と黄金の神）である。巨大企業が依る高層ビルは、いわばマモンの神殿である。すべての教会がマモンの神殿群の中に埋没しているという風景は、いかにも現代アメリカ社会を象徴している。

さて、話を戻すと、高層ビルの谷間で受けた衝撃は、持続的なものではなかった。自分でも不思議なほど急速にそれはしぼんでいった。二日間ぐらいかけて、あらゆるお上りさんがたどるであろうコースに従って、マンハッタンをあらゆる角度から眺めまわしてしまうと、巨大建造物に自分が取り囲まれてあることにすっかり慣れきってしまうのである。そして、ニューヨーカーと同じように、空を見上げることなく街を歩くようになる。

おそらく、高層ビルが古代の神殿のごとく、非日常的空間、聖なる空間として作られたものであれば、こうは簡単に慣れることができなかったろう。だが、高層ビル群がつくりだす空間は、いかにそれが巨大とはいえ、日常性そのもので充満しており、そこにはいささかの聖性もない。聖性とはいわないまでも、スピリチュアルなものが完璧なまでに欠落しているのである。そして、自分がはじめに受けた衝撃もよくよく反芻《はんすう》してみると、そこには量的な圧倒感ばかりがあって、妙に質的圧倒感が欠けていたことに気づくのである。つまり、そこには驚きはあったが、感動はなかった。ここでしばらく時間が止まってほしいと願うような、上質の感動のみが与えることができる、一瞬間にしろ自分が永遠につらなったのではないかと思わせるあの感覚が全くない。逆にそこには、ひたすらに移ろいゆく現在としてのみの時間感覚しかない。

そういう眼でニューヨークを眺めはじめる瞬間がニューヨークをバカにしはじめる瞬間である。ニューヨークはただの現在にしかすぎない。ニューヨークはアメリカ資本主義とアメリカ実用主義が生みだした、途方もなく巨大な一つの装置にしかすぎない。あさましい物欲を物質化していく装置でしかない。所詮は一つの道具だてというにすぎないのではないか、と。

だが、それにしても、とすぐに思い直す。バカにしきれないものがここにはあるのだと感じている自分に気がつく。街を歩いているだけで、この巨大都市に爆発せんばかりに満ち満ちているエネルギーにふれてしまうので、勝手な観照《かんしょう》で自分を欺《だま》すことができなくなってしまう。

ではその実体は何なのだと問われると、はたと当惑してしまう。都市には、その住人にだけ見えて、旅人には決して見えない相貌がある。いや住人ですら、自分の生活圏を離れた都市の他の部分は旅人と同じようにほんとうには見えないのである。

早い話、ブロードウェイの劇場に座る観客たちに見えるのは舞台でしかなく、空間的にも時間的にも、舞台の向う側にあるものは見えない。だからこそ、ブロードウェイの舞台裏を舞台にあるいはスクリーンにのせるとしばしば大ヒットするという逆説的現象が成立する。最近の著名なものをあげてみただけでも、ミュージカルで『コーラス・ライン』、『42nd ストリート』、映画で『オール・ザット・ジャズ』、『フェーム』などがあげられる。過去にさかのぼればきりがない。

だが、舞台にのせられた「舞台裏」はやはりそれ自体舞台であり、その舞台としての「舞台裏」の舞台裏はやはり観客には見えない。

しかし、誰にでもできる、ブロードウェイの舞台裏をちょっとだけのぞいて見る方法がある。

ショー・ビジネス裏の裏

『コーラス・ライン』を見に行ったら、それを上演しているシューバート劇場と路地をはさんだタイムズ・スクエア側の大きなビルを見上げてみるとよい。これは、ミンスコフ劇場ビルといい、その中に、アルヴィン・エイリー・アメリカン・ダンス・センターという、ニューヨークで最も大きなダンス学校がある。生徒の数が実に五〇〇

○人。ニューヨークは世界で一番ダンス（社交ダンスではない）が盛んなところで、ダンス学校が八○もある。この他、大学やカレッジでダンス専攻科があるところが一五。そこで学ぶ人たちは、日本のように子供の情操教育に資するためなどというのは例外で、ほとんどみなプロのダンサーたらんとしているのである。ダンス学校の生徒だけで、その数二万七○○○～八○○○人。そのうち何人がプロになれるかというと、実に限られている。全米でプロのダンサーは八○○○人いるが、毎年の新陳代謝はわずかである。

『コーラス・ライン』は、オーディションに集まった三○人のダンサーが、第一次選考で一七人になり、さらに第二次選考で八人にしぼられるまでのプロセスを描いたミュージカルだが、現実には、あれは、オーディションの本選の過程であって、それ以前に応募者を、一人一人ごく短時間の審査でふるい落としていく予選の段階があるし、そしてさらに、オーディションを受けるレベル（ダンス学校の上級課程の優秀者）に達するまでに、すさまじい競争があるわけである。

さて、ミンスコフ劇場ビルを見上げると、劇場のすぐ上にアルヴィン・エイリー・ダンス学校のスタジオがガラス越しに見えるのである。窓側にダンサーがつかまるバーがあるため、生徒がズラリとならんで、足をあげたりおろしたりしている光景をかいま見ることができる。その真剣な表情。道一筋をへだてて、こちら側には華麗な『コーラス・ライン』の舞台があり、そちら側には『コーラス・ライン』が描こうとした現実そのものがあるわけである。

ニューヨークで一シーズンにどれだけのショー（芝居を含む）が新しく制作されるかというと、ブロードウェイで二〇〇、オフ・ブロードウェイで三五〇、オフ・オフでは二五〇、計八〇〇もある。——劇場の数はブロードウェイが三九、オフが二二、オフ・オフが一六〇である。劇場の数と舞台の数が合わないのは、短期間でポシャるものが沢山あるのと、オフ・オフからオフへ、オフからブロードウェイへと上昇移動するものがあるためだ。

ニューヨークでキャスティングがおこなわれるのは、これらブロードウェイの新作だけではない。ヒット・ミュージカルでは、同じ演目で国内巡業の一座や国際巡業の一座が作られるし、ロングランしているものでは、役者の入れ換えがよくおこなわれる。さらに、全米各地を巡業して歩く劇団、あるいは、各地のナイトクラブ、レストランなどを巡業して歩くショーの一座はほとんどすべてニューヨークでオーガナイズされるから、そのキャスティングもある。

それらのキャスティングは、競争社会のアメリカでは、オーディションが主流である。その情報がすべてのっているのが、『ショー・ビジネス』紙で、四〇ページほどのこの週刊紙には一件一〇行くらいで、どんな役者、ダンサー、ミュージシャンが、どんな目的、役柄で募集されているかがビッシリ掲載されている。

私もオーディションの現場を見たいと思って、ある日『ショー・ビジネス』を買って出かけてみた。オーディションは公開されるものではないから、普通では見学するわけにはいかないが、程度が低いものなら直接交渉すれば見せてもらえるかもしれないとの関係者の忠告で選んでみたのが、アリゾナ、コロラド、インディアナの三つの州のディナー・シアター・ショーを巡業して歩く一座で、ヒット・ミュージカルの名場面を一二集めたメドレー・ショーの出演者募集というものだった。その会場が、やはりミンスコフ劇場ビルにあるスタジオだった。

会場のスタジオの前へ行ってみると、椅子が四〇ほどならんでいて、大病院の待合室のようになっている。受付で自分の名前を登録してから、自分の順番がくるのを椅子に座って待つ。椅子はすでに満員なので、私といっしょのエレベーターで来た人々は、登録してから、自分の番がくるまでどれくらい時間がかかるかをきくと、外に時間つぶしに出かけていった。それくらい沢山の人がこのドサまわりの一座に加わろうと押し寄せているのである。演目が多岐にわたるので、老若男女あらゆる種類の人々がいるが、いずれも真剣そのものの面もちである。アメリカの待合室はどんな待合室でも騒がしくにぎやかなものだが、ここだけは何か異様な緊張感がはりつめている。廊下のはしのほうでは、何か口の中でブツブツ芝居のセリフだか歌の歌詞だかをつぶやきながら、グルグル動きまわっている男がいる。

オーディションを見る目的のほうは、ユニオンとの取り決めによって非公開ということになっているから悪しからず、とにべもなく断られてしまった。しかし、ショー・ビジネスの世界における巨大な労働予備軍の存在を目のあたりに見ることができて面白かった。このあたりを、ショー・ビジネス界の底辺とするなら、頂点に位するのがプロデューサーたちである。劇場が最も密集しているこの周辺は、同時に、有力プロデューサーのオフィスが密集している地域でもある。

ブロードウェイの成功者

プロデューサーという人種を知るのに面白い例が、〝ブロードウェイの帝王〟と呼ばれるデイヴィド・メリックである。彼がなぜ〝帝王〟と呼ばれるかというと、彼以前のプロデューサーはほとんどが一発屋で、当れば百万長者、外れれば破産という調子で、一年から三年くらいかけて一作つくるという人が大半だった。

ブロードウェイの大きなショーの制作には、いまや日本円で億単位の金がかかる。プロデューサーは企画をたてるとまず金主を探すことから仕事をはじめる。ニューヨークの金持の中にはブロードウェイに対する投資家が沢山いる。外れれば金は返ってこないが、当れば宝クジに当ったような配当がつく。だから冒険好きの金持はギャンブルのつもりで大金を賭けてくる。

こういうギャンブル的制作と前近代的経営がもっぱらであった世界に、メリックは最初に経営らしい経営を持ち込み、マーケティングや近代的広告宣伝の手法を本格的に展開し、かつ、大量生産（メリックは一シーズンに一一のショーを制作したことがある）によるリスクの分散で、ギャンブル性を排除することに成功したのである。そのため、ショー・ビジネス界にチェーン店商法を持ち込んだ男などと陰口を叩かれることもあるが、彼の経営術と大量制作とがブロードウェイに活気を与え、一時は衰退をきわめ、ブロードウェイは滅びる寸前とまでいわれていたのを、今日の史上未曾有の隆盛に導いたのである。

そのメリックが、最初にブロードウェイとかかわりをもったのは、一投資家としてだった。彼は一九一一年、セントルイス生まれ。地元の大学を出て弁護士をしていたが、三〇代半ばのとき女房の母親が一一万ドルの遺産をのこしてくれたので、ニューヨーク見物に出かけ、生まれてはじめてブロードウェイの芝居を見て、すっかり感激してしまった。そこで早速、あるプロデューサーのところに出かけていって、小金があるので芝居に投資してみたいと申し出た。プロデューサーはたまたま机の上にあった本を投げ出して、これはどうかね、といった。メリックは、一晩でその本を読むと、翌朝やってきて、これに五〇〇〇ドル投資するといった。プロデューサーはその巨額の投資に驚いた（当時それくらいで一つの芝居が制作できた。いまでもオフ・オフや地方なら、ユニオン外のスタッフとキャストを使って、それくらいの予算で制作されている芝居はいくらもある）。

これが当って、メリックの投資は一万八〇〇〇ドルになって返ってきた。メリックはこれを即座にまた別の芝居に投資し、また儲けた。それを何度かくり返すうちに、プロデューサーに見込まれて、その事務所に制作助手として雇われた。

メリックが本格的大成功をおさめるのは、一九五四年に、マルセル・パニョルの『ファニー』の制作を手がけたことによってである。『ファニー』に対する新聞の劇評は最悪のものだった。クソミソにけなされていた。ブロードウェイの初日の幕が閉じると、スタッフ、キャスト一同近くのレストランで徹夜のパーティーを開き、『ニューヨーク・タイムズ』の朝刊が出るのを待つのが恒例である。劇評があまりにひどく、客の不入りが予想されると、赤字を最小限にくいとめるため、初日だけで公演を打ち切ってしまうことも珍しくない。それに、劇場との契約はたいてい歩合制になっているため、売上が一定限度から落ちたら、公演は打ち切るという条項が入っていることが多いから、いずれにしても止めざるを得ないのである。

『ファニー』の場合も、初日打ち切りに相当するほどの悪評だった。しかし、メリックはここでくじけず、大量宣伝で反撃した。まず『ニューヨーク・タイムズ』など地元各紙に全ページ広告を出したばかりでなく、全米四十の主要地方紙にも広告を出した（昔も今も、ブロードウェイの観客の半分以上は地方からの客である）。ラジオ、テレビにもCMを流した。タクシーや駅などにポスターを貼りめぐらした。口コミ部隊を雇って、人がいるいたるところで「もう『ファニー』を見たかい」と大声で話をさせた。いまでは常識となっている、こうした大量宣伝がショー・ビジネスに取り入れられたのは、これがはじめてである。

それだけではない。珍しい話題を次々に作りあげて、マスコミに報道させるPRにかけても、彼は天才的だった。パリの新聞に『ファニー』の広告を大きくのせると、その直接の宣伝効果より、その事実が報道されたことによる宣伝効果のほうが大きかった。グレース・ケリーとモナコの大公が結婚式をあげる当日、世界中のジャーナリストが集まっているモナコの上空に、飛行機で『ファニー』の宣伝文を書かせた。『ファニー』と名札をぶら下げた駝鳥《だちょう》にニューヨークの街を歩きまわらせたこともあるし、スターの一人をトルコの大金持が二〇〇万ドルでモノにしようとしたというスキャンダルを流したこともある。

客足が落ちて、劇場との契約による売上ラインを割りそうになると、電話帳を広げて郊外住宅地の住人に片端から、「もしあなたがお友達一人でも連れてくれば、あなたの分は無料にします」と電話をした。実質的な半額ダンピングだが、それでも公演が中止になるより儲かったし、電話をかけられた人が、無料で口コミの宣伝をしてくれるという効果があった。

これらの販売戦略に大量の資金をつぎ込んでも、制作費を含め投資総額は二八万ドルですみ、それに対し純益は八五万ドルもあがったのである。こうして儲けた金を、彼は次々と別のショーの制作に注ぎ込み、先に述べたように、一シーズンで一一のショーを制作するまでになった。なかには一〜二週間で打ち切りになり数万ドルもの損失を蒙《こうむ》ったものもあったが、なかにはロングランをつづけて毎年数十万ドルもの利益をあげつづけるものもあり、楽に失敗作数本分の損失をカバーした。彼が手がけた有名なミュージカル作品には、『ファニー』の他に、『オリバー！』、『ハロー・ドーリー！』、『アイ・ドゥー、アイ・ドゥー！』、『カクタス・フラワー』などがあり、彼の最盛期である六〇年代後半には、毎年二五〇万ドルの営業総利益をあげつづけ、平均して総経費の二倍の利益（売上ではない）をあげた。彼以後、ショー・ビジネスは近代的な産業になったといわれるが、それはショー・ビジネスもまた商品経済化させられ、売れる商品がよい商品であるという市場原理を逆手にとって、大衆の選択を待つ前に大衆に選択させてしまおうという販売戦略が決め手のビジネスになったということである。それは、もともと大衆芸能として発達してきたアメリカの舞台をより一層大衆迎合的なものとする結果をもたらした。

アメリカでは、初期の移民に芝居好きのイギリス人が多かったことから、植民地時代から芝居が盛んだった。しかし、十九世紀にニューヨークに次々と二〇〇〇人から四〇〇〇人という規模の大劇場が作られ、料金が五〇セント前後に切り下げられると（それまでの三〇〇人規模の劇場では一ドルから二ドルの料金）、大衆がドッと劇場に押しかけるようになり、芝居の中身が一変した。もともと芝居はヨーロッパでも平土間《ひらどま》（一階席）の大衆とバルコニー席の上流階級の両者にアッピールするように作られたものだが、数百人規模の劇場では成立する大衆とエリートの間のバランスが、数千人規模の大劇場では成立しなくなる。

十九世紀前半、アメリカの劇場で最も演じられたのは、依然としてシェイクスピアの作品だったが、その内容は一変していた。大衆の要求に合わせて、シェイクスピアの作品を、大衆にとってはつまらないシーンをカットし、セリフを書きかえ、ときによっては、二人の登場人物を合わせて一人にしたり、勝手な人物を登場させたりするだけでなく、『ハムレット』と『リア王』と『マクベス』の三本の面白いところだけをつなぎ合わせて一本とした芝居が作られたりした。観客は、名場面の名セリフには大歓声でアンコールを要求し、同じことを役者に何度でもくり返させた。筋の進行が気にくわないとブーブー大声をあげたり卵や野菜を投げつけて、筋の変更を要求したし、シンフォニックな伴奏音楽が気にくわないといって流行音楽に変えさせたりした。

こんなわけで、シェイクスピアの悲劇が喜劇に変えられてしまうことも稀《まれ》ではなかった。悲劇になると、舞台と現実を区別しない大衆は悪役、敵役《かたき》に本気で怒り、憎悪を卵や野菜や叫び声で表現してぶつけるから、事実上芝居の進行が不可能になってしまうのである。だからアメリカの舞台は観客の怒りをかわない安直なコメディ中心になり、その伝統はいまも舞台だけでなく、映画やTVドラマに及んでいる。

こういう状況の中で、アメリカ一の人気役者がイギリスに巡業に出かけ、イギリス一の悲劇役者の舞台をバカにし、逆に彼にバカにしかえされるという事件が起きた。これが新聞で報道され、アメリカの大衆が自分たちの英雄がバカにされたと憤激しているところに、今度はそのイギリス人役者がアメリカ巡業にやってきた。その初日を、アメリカの大衆は例によって卵と野菜と大声と、今度は椅子までふり上げてぶちこわしてしまった。そこで怒ったのが、久しく大衆に劇場を乗っ取られた形になっていたアメリカのエリート層である。当代一流のインテリであったワシントン・アーヴィングやハーマン・メルビルなどが中心になってイギリスの一座の擁護にまわって闘うことを宣言した。二回目の公演に、大量の観客動員をしたエリート層は、くだんの役者が姿を現わすや、起立して一五分間もつづく大喝采をおくった。

しかし、エリート層も一八〇〇席もあるアスター・プレイス・オペラ・ハウスの客席を買占めることはできず、やはりこの日も大衆派が多数を占めていた。エリート派の拍手が終わるや、大衆派の大騒ぎがまたもはじまり、そのうち場内で大乱闘がはじまった。それに合わせて、劇場を取り囲んでいた数千人の大群衆が、石やレンガを劇場に投げつけ、暴動状態になった。騒ぎが起こることを予想して警戒にあたっていた警官隊と軍隊がこれに発砲し、三一人の死者と一五〇人の負傷者を出すという騒擾《そうじょう》事件になったのである。

これはアメリカの演劇史上、「ハイ・ブラウ（高尚派《こうしょう》）とロー・ブラウ（低俗派）の戦い」と呼ばれ、アメリカの舞台芸術の大衆化を決定づけた事件として有名である。ブロードウェイはいまもこのとき敷かれた路線の延長上にある。ブロードウェイというともてはやす人が多いが、はしごをして見て歩くと、あまりにも下らないものが多いのにあきれる。はじめの一、二回は歌と踊りが達者なのに幻惑されて感心してしまうが、そのうち中身の空っぽなものの連続にウンザリしてくる。

ミンクのコートの魔術

ブロードウェイに限らず、舞台裏に一歩でも踏み込んでみると、思いもかけぬ奥行きが見えてくるものである。

五番街と八番街の間、四〇丁目から二八丁目にかけて、ちょうどエンパイヤ・ステイト・ビルとペンシルヴァニア・ステイションを結ぶ線を中心として上下に広がっているのが、ガーメント・ディストリクトと呼ばれる地域である。このあたりには、衣料関係の製造業者、卸売業者が密集している。衣料品は、ニューヨークが伝統的に強い産業で、この一画だけで全米生産量の三分の一が生産されている（婦人服、子供服では七五%のシェア)。ガーメント・ディストリクトも、さらに細分すると、毛皮地区、婦人服地区、子供服地区、下着・シャツ地区、婦人帽地区、手袋地区などにわかれ、毛皮コートにいたっては、全米の九〇%がここで生産されている。

この地域の街角にちょっと立っていると、生の毛皮を肩に何枚もひっかけた人や、ドレスがズラリとぶら下がったキャスター付きの巨大なラックを押して歩いている人や、手押車に山のように布地を積んで歩いている人などがひっきりなしに行きかうのを見ることができる。そういう下層労働に従事している人たちは、扱っている商品とは対照的にボロを着た黒人や、貧しい白人労働者が多く、その間をりゅうとした身なりで歩いているのは、卸商や全国、全世界からやってきたバイヤーたちである。

全体として薄汚れたビルばかり立ちならんでいるので、どこに工場があるのかと思うが、そのビルが工場なのだ。マンハッタンでは、ガーメント・ディストリクトに限らず、工場もビル化されてしまっている。それも、軽工業の雑居ビルが多い。ニューヨーク全体で全就労者の二〇%、マンハッタンでも一五%は各種の製造業に従事している。工場がビルの中にあり、工場ビルが商業ビルと入り混っていたりするために工場の存在が目立たないが、マンハッタンの工業出荷高はバカにならないくらい大きい。

さて、ガーメント・ディストリクトの工場を見学したいと思って、毛皮コート製造業の業者団体を通じて頼んでみると、案内されたのが薄汚れたビルの一つ。エレベーターを降りて、何の変哲もない会社の受付を通って、一歩中に入って驚いた。そこは深々とした豪華なじゅうたんが敷きつめられ、特大の姿見と贅沢な応接セットがならんでいる。ラックには見事なミンクのコートがズラリとならんでいる。チラリと見える右奥の二部屋と左奥の部屋が倉庫になっていて、そこは部屋いっぱい見渡す限り毛皮コートだらけである。金額にして数十億円にもなるだろう。どんな専門店でもこれだけの量のミンクのコートを見たことはない。

製品もさることながら、工場を見たいのだというと、快く引き受けて案内してくれたが、工場というのがなんと、いまのショー・ルームの真下にあるのである。受付の後に、人一人がやっと通れるくらいの錆びた小さな鉄製のラセン階段があり、頭をぶつけないように気をつけてそれを降りると、そこがもう工場なのだった。十畳敷きくらいの部屋が二部屋あって、片方が毛皮の裁断と縫製《ほうせい》で男の職人ばかり働いており、片方が裏をつけたりの仕上げ工程で女の縫子《ぬいこ》ばかり、いずれも六、七名ばかりだったろうか。聞くと、ミンクのコートを作る工程はなかなか複雑である。なにしろ皮が高いから、切りくずを最小限におさえるために、まず半身に切ってから、それを指の幅ほどのリボン状の細片に切ってしまい、次にそれを型紙に合わせて縫い合わせていくのである。外から見ると、上から下まで一つらなりの毛皮のように見えるが、あれは数十という細片を縫い合わせたものなのだ。だから、型紙のパターンを帯状に分解し、その一つ一つの細い帯のサイズに無駄なく合わせた細片の取り合わせという作業が必要になる。この工程で何段階にもわたって、毛皮に水を打って釘づけにしたまま一昼夜寝かしておくということが必要で、すべてが丹念な手作業の連続である。

それにしても、床一枚をへだてただけのこの工場と上のショー・ルームとでは天国と地獄のちがいがある。下にいるのは、一見してその貧しさがわかる階層の人々で、自分たちが作っているミンクのコートを着る目的で手にとることは一生ない人々である。作業場は身体を何かにぶつけることなしには動きまわれぬほど狭苦しく、建物や備品の古さと職人や縫子が身辺にただよわせている貧しさとで、そこにいることが息苦しくなってくる。

中小企業が多い衣料品産業では、賃金水準が低く、職種によって多少の差があるが、ならすと時間給三ドル二八セント（労働省統計局調査。一九七八年の数字。以下同じ）で、重工業労働者の半額以下である。

ニューヨークの衣料品産業は、歴史的に低賃金労働に依存して発達してきた。

ニューヨークはその歴史の当初から貧富の格差が激しい街だった。ほとんど無一物で新天地に憧れてやってくる移民は、他に行先のあてがあれば別だが、これというあてがない人の大部分はニューヨークに身を落ちつけた。だいたい移民の三分の二が全国各地に散り、三分の一がニューヨークに入った。そしてその大半がロウアー・イースト・サイドのスラムに入った。ロウアー・イースト・サイドは長年にわたって、世界最大のスラムでありつづけた。ここの住民はあらゆる種類の低賃金労働からスタートし、成功をおさめると外に出ていったが、毎年出ていく以上の新規流入者（移民）があったから、スラムはふくらみつづけた。

スラムの労働者に最大の職場を提供したのが、衣料品製造業だった。昔から今にいたるまで、衣料品製造業はニューヨークでは単一の産業としては最大の雇用主なのである。そしてまた、昔から低賃金労働で栄えた産業なのである。移民はみな何の職業訓練もない未熟練労働者だったから、コート一つ作るにも、それを一つ一つは単純きわまる三九の工程にわけ、分業でやらせるようにした。それは、そのころ発達した、大量生産工場の手法を取り入れたものだったが、腕のある職人が一つ一つ仕上げていくやり方より、質は多少落ちても量的生産性は大幅に向上した。その名残りもあって、いまもガーメント・ディストリクトでは、さまざまの衣料品製造の一部の工程だけをこなす小工場の分業があって、その間を半製品が行ったりきたりしている。往時の衣料品工場は、狭苦しいところに人がたてこみ、労働環境と労働条件の悪さから“sweat shops”と呼ばれたというが、階下のミンクのコートの工場を見ていると、そのイメージがつかめてくるような気がするのだった。

あまりの労働条件の悪さから、ここはアメリカの労働運動発祥の地ともなった。一九〇〇年にここで結成されたInternational Ladies' Garment Workers' Union はアメリカ最強のユニオンの一つとなった。それでも児童労働の禁止、女子の夜間労働の禁止、一日九時間労働などの成果をかちとるにはそれから十年以上もかかっている。当時はユダヤ人移民がスラムの中心だったから、労働運動の指導者も当然ユダヤ人で、以来今日にいたるまで、労働運動界はユダヤ人の力が強い。一方で、そのころ衣料品産業の最下層労働者として出発しながら、この業界で成功をおさめ経営者となったユダヤ人も数知れず、現在、ガーメント・ディストリクトはほとんどユダヤ人に支配されている。私が訪ねた会社もそうなら、私を案内してくれた業界団体の人もそうだった。この業界に入って長いのかとたずねると、いやわたしなんかまだほんの駆け出しですよと答える。何年になるのかと、もう一度きくと、まだ五〇年ぐらいだと答えてニヤッと笑った。年齢は六〇代だから、おそらく、十代に移民でやってきて、〝スウエット・ショップ〟で汗を流すことからはじめたくちなのだろう。その彼が、駆け出しですというほどこの業界は古い。特に毛皮はそうなのである。毛皮の取引はニューヨークの誕生とともにはじまっている。

暗く重いスラム

ニューヨークの歴史というと、たいていオランダ西インド会社の総督であったピーター・ミニュットが、一六二六年に二四ドル相当の布地とビーズ玉などの装身具と引きかえにマンハッタン島を丸ごと買い取ったという話からはじめられる。これを記念してこの歴史的取引がおこなわれたとされるマンハッタンの南端にあるバッテリー公園には、記念碑が立てられている。

ところが、実際には、オランダ人とこの取引をしたインディアンは、マンハッタン島の住人ではなく、イースト・リバーをはさんで対岸のブルックリンに住むインディアンであったから、マンハッタンを売る権利などもともとなかったのである。マンハッタンにほんとうに住んでいた二万五〇〇〇人のアルゴンカン族はもっと北よりのほうに住んでいて、そんな取引のことなど何も知らなかった。そして、それから百年以上にわたって、マンハッタンの大部分を支配しつづけたオランダ人は南端に小さな居留地を開き、これをニューアムステルダムと名づけたが、インディアンに襲われるのを防ぐため、居留地の北端に城壁（Wall）を築いた。この城壁があった場所が現在のウォール・ストリートである。

オランダ人が、ここに進出した主たる理由は毛皮の交易のためだった。この辺は毛皮の宝庫だったのである。一六二六年からオランダ向けに貿易船が定期的に就航するようになったが、その最初の船の積荷のリストには、ビーバーの毛皮七二四六、かわうその毛皮八五三、ミンクの毛皮四八、山猫の毛皮三六、マスクラットの毛皮三四の他は、家具製造用の樫などの材木であったと記録されている。

毛皮はインディアンから物々交換で集められた。当時、最も豊富で最も珍重されていたのは、ビーバーの毛皮だったから、それが同時に通貨の役割を果たした。十八世紀はじめのプライス・リストによると、ビーバーの毛皮一枚は、木綿二ヤード、毛織布三分の一ヤード、シャツ一枚、火薬二パイント（一パイントは〇・四七リットル）、弾丸一パイント、ビスケット四〇個、豚肉二ポンド（一ポンドは約四五〇グラム）、ナイフ六丁、櫛《くし》六個、小型の斧《おの》二丁などのいずれかに相当した。また他の毛皮もビーバーに換算され、ビーバー一匹分は、キツネ二匹分、洗い熊四匹分、ミンク八匹分に相当した。

さて、話をスラムに戻すと、いまもロウアー・イースト・サイドはスラムである。しかし、現在のニューヨークのスラムは、ハーレムや、スパニッシュ・ハーレムなどマンハッタンの北側や、イースト・リバー、ハーレム・リバーをはさんだブルックリン、ブロンクスなどに拡散しているため、ロウアー・イースト・サイドのスラムは、往時ほどの規模はない。

歴史を読むと、往時のスラムは、貧困の中にもアメリカン・ドリームにかきたてられた成功への情熱とエネルギーに満ちた活気がほとばしっていたというのに、いまはどのスラムもひたすらに荒廃している。いたるところに、爆撃にでもあったかのように無残に放火されて焼け落ちたり、ただ無目的に破壊されたビルがある。中をのぞいてみると、とにかく実に丹念に無茶苦茶に壊してある。普通の殺人事件の死体には致命傷が一つ二つしかないが、怨恨《えんこん》による殺人、特に痴情《ちじょう》沙汰の場合には、被害者が死んだあとも、死体をとことん傷めつけ切りきざむケースが多いという。そういう死体を見る思いがするような破壊のされ方である。破壊されたビルの周囲の、人が住んでいるビルも、とても人が住む環境ではないと思われるほど荒れ果て、その辺を昼間から仕事もなく、目的もなしでボケッとしていたり、酔っ払っていたり、ケンカや悪ふざけをしていたり、あるいはただウロウロと与太《よた》っていたりと、何一つ生産的な活動をしていない人々が群れている。同じような風景を、ロウアー・イースト・サイドでも、ハーレムでも、サウス・ブロンクスでも、いくらでも見ることができる。

私は世界のあちこちでスラムを見た経験があるが、スラムには陽気なスラムと陰気なスラム、生気があるスラムとないスラムがあるものである。貧困と不潔はどのスラムにもある。病気と犯罪の臭いも共通してある。しかし、そこを訪ねることで楽しくなるようなスラムと、そこに足を踏み入れると思わず絶望に心ひしがれるとともに足がすくむようなおびえを感じさせるスラムとがあるものだ。ニューヨークのいまのスラムは後者の典型である。が、古い写真で見たり、歴史書で読んだりするニューヨークの昔のロウアー・イースト・サイドのスラムには、生活水準は低くても活気が満ちていた。その活気の中からアメリカン・ドリームを地でいくような沢山のサクセス・ストーリーが生まれたのである。大きなサクセスをつかむ人は少数でも、小さなサクセスなら大多数の人がつかんだ。なぜなら、大多数の人がスラムを出ていけたからである。

スラムをつくりだす群れ

アメリカの移民は時期によって出身地の波がある。十九世紀前半の移民の大半はアイルランド人だったし、十九世紀中頃は圧倒的にドイツ人が多かった。十九世紀の終りから二十世紀のはじめにかけては、イタリア人を中心とする南欧系の移民がドッと増え、またそのころから、東欧から迫害を逃れたユダヤ人の移民が何波にもわけてやってくる。

その波ごとに、スラムの表情が変わった。あるときはアイルランド人社会となり、あるときはイタリア人社会となり、あるときはユダヤ人社会となった。いまでもその名残りを残すものとして、リトル・イタリーがあるし、またユダヤ人地域もある。しかし、それぞれの時代にスラムの大半を埋めつくしていた人々は、それぞれ小さな成功をおさめてはスラムを離れ、その場所を新しくやってくる移民に引き渡していった。スラムでの生活は資産も技術も持たずにやってきた（そのどちらかがある移民はスラムに入る必要はなかった）移民にとって、通過儀礼のようなものだった。

しかし、いまのスラムの住民の大部分にとっては、スラムでの生活は通過儀礼ではない。もちろん、新しい移民も多少いるにはいるが、いまのスラムの住民の大半は黒人とプエルト・リコ人であり、彼らには、将来にわたって成功のチャンスはほとんどない。残りの住民は、長期間にわたって大都市の底部にオリのように沈澱《ちんでん》してきた人生の敗残者、挫折者の群れである（典型的にはバワリー通りに昼間から引っくり返っているアル中者たちである）。

アメリカの黒人問題の深刻さは、アメリカにいったことがない人には想像を絶するものがある。むろん黒人にも成功者は沢山いる。黒人の閣僚もいれば、銀行のエグゼクティブもいるし、エンターテイナーで成功した人は数知れない。ハーレムにも"strivers' row"といって、医者、弁護士、経営者など、社会的成功をおさめた黒人ばかりが住んでいる小ぎれいな一画もある。

しかし、黒人全体からみると、成功者はほんの一にぎりで、大半は貧困である。平均すると黒人の所得は白人の五七％しかなく、ニューヨークの生活保護受給世帯八七万戸のうち、三七％は黒人である（プエルト・リコ人がほぼ同数で、両者で八割を占める）。生活保護で支給されるのは四人家族で月に四七六ドル。アメリカの物価水準ではドッグ・フードでも食べなければやっていけない水準である。実際ハーレムでは、ペットもいないのにドッグ・フードを買う人が沢山いるのだ。

黒人が貧しいのは、職があっても低賃金労働が多く、失業率は歴史的に常に白人の二倍にのぼり、特に若年層では現在実に六〇%も失業しているという状況にある。ニューヨークの街のいたるところで、若い黒人がこれといった目的もなくウロウロしているのは、仕事もなく金もなくただウロつく以外にすることがない若者が多いからだ。彼らが手っ取り早く職にありつこうと思ったら、犯罪ないし犯罪まがいのことしかない。麻薬やマリファナの取引、売春、女衒《ぜげん》、万引、窃盗、車上盗、ゆすり、たかり、強盗、盗品故買、イカサマ賭博などなどで、彼らの犯罪率は恐るべく高いものになっている。

黒人の生活状態を悪くしているもう一つの原因は、欠損《けっそん》家庭が多すぎることである。未婚の母がやたらに多く(私生児出生率は白人の六倍)、その結果、黒人家庭の三割が母子家庭である。母子家庭の母親の失業率は高く、職にありつけても低賃金だから(彼女たちに多い家政婦とかホテルのルーム係とかは、時間給二ドル台である)、母子家庭の半分は生活保護を受けている。

アメリカでは年功で賃金があがらず、同じ職種なら同じ給与だから、いい所得を得ようと思ったら、よい教育を受けて、よりよい職種につかねばならない。しかし、黒人にとっては、よい教育がまた難問である。黒人が来ると白人が逃げだしてスラムができる。スラムの学校はスラムになる。教育の水準は低下し、校内に非行、暴力、犯罪が蔓延《まんえん》する。スラム化しないまでも、黒人人口が増えてきた地域では、教育水準が低下することを恐れた中流以上の家庭の父兄は子供を公立から私立に移す。そこで、教育水準は加速度的に低下する。そのため、スラムの広がり以上に、公立学校のスラム化が進行する。

現在、ニューヨークでは、一〇人に三人が私立学校に通っているが、私立学校の黒人は二割以下である。それに対して公立学校では六割が黒人、プエルト・リコ人を入れると七割五分が差別された下層階級出の生徒ということになる。ということは、どの学校でも黒人とプエルト・リコ人が多数を占めるなかに四人に一人くらいずつ白人がいるのかというとそうではない。公立学校でも、白人居住区の公立学校には私立に劣らぬ教育水準が高い学校が沢山あって、そこは、白人がほとんどなのである。つまり、公立学校は、黒人とプエルト・リコ人がもっぱらのひどい学校と、白人がもっぱらのいい学校とに二大別されてしまっているのだ。むろん、その中間に、両者混合のいい公立学校も多少はある。しかし、それはきわめて珍しい。あまりに珍しいから、「うまくいっている一二の公立学校」などという雑誌の特集記事が出るくらいである。

だから、スラムの貧しい黒人には、意欲があってもいい教育を受けるチャンスが事実上なきに等しいのである（私立にいくには、年に三〇〇〇ドルもかかる）。

同じスラムの住民でも、かつての白人の移民たちには、こういう差別がなかった(むろん、それぞれの人種に対して、それなりの人種差別はいつでもあった。しかし、黒人に対する人種差別とは質的にまるでちがった)。だから、白人の移民には、たしかにアメリカはチャンスと能力さえあれば成功が望める新天地だったし、高等教育を受けることによって社会的階梯《かいてい》を上昇していくことが可能だった。移民のスラムは社会的成功へ向けてのスタート地点だった。しかし、黒人やプエルト・リコ人の大半にとっては、スラムはどうにも抜け出せない檻《おり》のごときものである。その檻に対する怨恨《えんこん》が彼らの破壊行為に表現されている。

ふえつづけるプエルト・リコ人

アメリカの人口は現在は二億人だが、十九世紀のはじめには五〇〇万人しかなかった。いまの東京の人口の半分以下である。一〇〇〇万人を超したのが一八三〇年、五〇〇〇万人になったのが一八八〇年、一億人に達したのが一九二〇年である。この間、ニューヨークの人口はどうであったかというと、一八〇〇年が六万人。一八七一年に一〇〇万人に達し、一八八〇年には二〇〇万人に迫った。そして、一九二〇年には五六〇万人をかぞえている。

この急激な人口の増加は、むろん自然増もあるが、移民の流入が大きい。世界の大都市がみな、産業革命を経て、農村から都市への人口流入を契機として形成されていったのに、同時代のアメリカは農村部がまだフロンティアであり人口を吸収しつづけていたから、ニューヨークは、移民の流入で人口が増えるという世界史的に特異な形成過程をふんできた都市なのである（もっとも移民の大半はヨーロッパの農民だったから、それは国境を越えての農村から都市への流入であったといえるかもしれない）。

ともかく形成期の産業社会が必要とした都市プロレタリアートは移民が供給した。しかし、一九二〇年代はじめに移民制限法が成立すると、その移民のパイプが急激に細くなってしまった。先住者が、新規移民がつづく限り労働条件は改善されない、と考えて制限を要求したのである。しかし、勃興期のアメリカ資本主義は、ますます大量の低賃金労働者を必要としていたから、新しい低賃金労働者の供給源を南部の農村地帯に求めた。そこには、奴隷解放以後も、奴隷時代とさして変わらないような低賃金労働で困窮にあえぐ黒人の大群がいたからである。北部の工業地帯と南部の農村地帯では、五倍ぐらいの賃金格差があったから、すでに二十世紀はじめから黒人の北部への移動がはじまっており、移民制限はその流れに拍車をかけた。それは一種の民族大移動だった。一九三〇年代の大恐慌時代をはさんで、その前と後と、合わせて一〇〇〇万人近い黒人が南部から北部へ移動したのである。

プエルト・リコ人の移住が増えたのは、一九五〇年代以後のことである。もともとプエルト・リコはアメリカが米西《べいせい》戦争（一八九八年の対スペイン戦争）によって獲得した属領で、プエルト・リコ人はアメリカの市民権を持っているから、移民の枠にとらわれずに自由に移住できる。五〇年代に航空の便がよくなると、毎週二〇〇〇人ぐらいずつアメリカ本土に移住しはじめ、そのほとんど全部がニューヨークに集中した。

いまやプエルト・リコ人人口は一〇〇万人の大台に達し、プエルト・リコ人の三分の一はニューヨークに住んでいる。もともとプエルト・リコでもスラムの住人だった人々が大部分で、ニューヨークに来ても、黒人とならんで社会の最底辺を構成するようになった。プエルト・リコ人の他、メキシコ、キューバ、ドミニカ、コロンビアなど、中南米諸国から大量のスペイン語系民族（彼らはヒスパニックと総称されている）が流れ込んできているため、ニューヨークではスペイン語が英語についで幅をきかせ、公的標識でもスペイン語が並記されているものが多い。ヒスパニックには不法居住者が多く、正確な居住者総数は誰もつかんでいない。

アメリカもニューヨークも、その歴史的発展の陰には、部厚いチープ・レイバーの層がいつでもあったのであって、その基本的状況はいまも変わらない。

しかし、スラムの住民にとって悲劇的なのは、時代がポスト・インダストリアル・ソサイアティの時代に入りつつあることだ。いかにチープ・レイバーでも、スキルなしの単純労働力に対する雇用はもはや量的に望みがない。特にニューヨークでは、就業構造が昔と一変している。ニューヨークの被雇用者三三〇万人をカテゴリー別に人数の多い順にならべると、次のようになる。

・サービス業　八八万人
・商業（卸小売）　六〇万人（飲食店業一一万人を含む）
・公務員（連邦、州、市）　五一万人（うち市が三七万人＝うち教職員が一四万人）
・製造業　五一万人
・金融・保険・不動産業　四三万人（うち銀行一五万人）
・運輸・通信業　二六万人
・建設業　七万人

かつては、ニューヨークではあらゆる種類の軽工業が栄えており、五〇年代の末期まで製造業労働者が軽く一〇〇万人を突破していたというのに、いまではそれが半分に減ってしまい、衣料品製造業の一四万人（いまでもこれが単一産業としては最大の雇用主）と、印刷・出版業の九万人をのぞくと、見るべき製造業はなきに等しい。

サービス業は花ざかり

それに対して、一貫してふえつづけているのがサービス業である。日本では一般にサービス業に分類される飲食店業を入れれば、いまや一〇〇万人の大台に迫っている。その他、公務員や金融・保険業、運輸・通信業も広義のサービス業であり、ニューヨークは事実上、サービス業によって成り立っている都市である。

一口にサービス業といっても、クリーニング業から医者、弁護士まで含み、概念としては広すぎるが、これをさらに細分類してみると、クリーニング、美容、理容などの古典的個人向けサービス業は全部ひっくるめてわずか四万人、五％にも満たない。二〇万人を占め圧倒的に多いのは、ビジネス・サービス業である。広告、宣伝、マーケティング・リサーチ、会計士（在ニューヨーク会計士総数五万三〇〇〇人）、あらゆる企業向け情報産業（データ・プロセス会社だけで五六〇社）、あらゆるコンサルタントなどがこれに含まれる。

分類上はビジネス・サービス業に含まれていないサービス業でも、事実上のビジネス・サービス業というのは沢山ある。たとえば弁護士である。ニューヨークには一万二〇〇〇の法律事務所があって、三万二〇〇〇人の弁護士がおり（日本の弁護士総数一万二〇〇〇人）、世界一弁護士が多い都市だが、その大部分は、企業の法律事務を扱っている。サービス業に含まれていなくても、事実上のビジネス・サービス業というのもある。たとえば、商業に分類される購買代理業という商売もある。いかなる商品、原材料でも、価格、品質、数量の希望に応じて買付けてくるという商売である。また、販売したあとでの集金を引き受けるという集金代理業も沢山ある。

あるいは、運輸・通信業に分類される商売で、私的郵便事業を営む会社も沢山ある。イエロー・ページズ（職業別電話帳）で見ると、合わせて（重複あり）四五〇社もある。日本と同じように、政府事業の郵便もあるが、自由競争のアメリカでは、民間郵便事業も許されていて、そちらのほうがサービスがよく安全確実（二四時間配達。事故がない。早くつく）なのである。

郵便関連のサービス業となると、実に種類が多い。手紙そのものを書いてくれる代理業（文面の他に、肉筆のサインまで頼めば入れてくれる）から、宛名書き、封筒入れはもちろん、郵便物の代理受取り業とか、大量郵便物の分類請負い（ファイルまでするのもある）とか、郵便局までの往復請負いとか、郵便にかかわる仕事のどの一部でも、またすべてのプロセスでも頼もうと思えば頼める。またダイレクト・メイルのリストを売る商売が発達していて、大手の業者は、リストと名がつくリストはすべて手持ちしていると豪語し、事実、どんな注文を出しても（特定産業の特定ランク以上の社員とか、特定地方の特定の地方公務員だけとか、消防団にボランティアとして参加している人とか、全国の自家用飛行機オーナーとか、女性投資家すべてとか）、それに応じて、ダイレクト・メイルの制作から発送まではもとより、特定リストだけの販売にも応じている。こうした郵便関連事業は、合わせて四三〇社にものぼる。

アメリカでは、日本の企業なら社内のスタッフでこなしてしまう機能を、費用対効果をはかってそのほうが有利となると、どんどん外部のビジネス・サービス業に委託してしまうから、企業が必要とするあらゆる機能を補完するサービス業が発達したのである。

そうしたサービス業を利用すれば、資金さえあれば、誰でも明日からでもニューヨークでオフィスをかまえて事業を営むことができる。たとえば、マディソン街にあるオフィス・アンド・ビジネス・サービシズ・レンタルという会社に行けば、オフィスそのものから、事務機器、事務用品はもとより、受付、タイピスト、秘書、事務職員から幹部職員まで、企業経営に必要な一切の物と人をセットで好きな期間（数時間でも、数カ月でも、それ以上でも）借りることができるのだ。

誰に金をマネージさせるか

経営に問題が生じれば、ビジネス・コンサルタント、マネージメント・コンサルタント（イエロー・ページズで九八〇社）がいる。個人で開業しているのから企業まで、経営の特殊な一面についても、経営全般にわたってでも相談に応じる。企業を丸ごと買ってしまいたければ、あるいは売ってしまいたければ、ちゃんとビジネス・ブローカー（同前九〇社）という企業売買業がある。

もっともこのあたりになってくると、イエロー・ページズはあまりあてにならない。というのは、ニューヨークでは電話帳にのせない電話がきわめて多いからだ（首都圏四三三万台の電話のうち、電話帳にのらないものは一一五万台。四台に一台以上電話帳にのっていない）。個人に限らず、企業でものせないものが相当ある。ステイタスが高い人の電話はまずのっていないし、企業でも一般大衆に別に知ってもらう必要がないところはのせない。一流のコンサルタントは、すでにしっかりした顧客を持っていて、客を広げる余裕がない、あるいは余裕があっても紹介なしの一見の客はお断りというのであれば、電話帳にのせる必要はないわけだ。

たとえば、アメリカの大金持だけを読者対象とする雑誌に「タウン&カントリー」がある。この雑誌が昨年「誰にあなたのお金をマネージさせるべきか」というタイトルで、マネー・マネージャー*の特集を組んだことがある。〔*現在では日本にも、「ファイナンシャル・プランナー」と呼ばれる資産運用アドバイザーが数多く存在する。これに限らず、このあと登場する「電子株式市場」や「ヘッド・ハンター」など、当レポートで描いた多くの現象が、その後日本でも一般的なものとなった。つまり、このレポートは一九八一年時点での「近未来報告書」だったということになる。〕

マネー・マネージャーというのは、お金の運用の専門家のことで、証券会社などにもいるし、各種の財団、基金などにもいる。しかし、アメリカでは、どんな業界でも腕が立つ野心家は雇われていることに満足せず、独立して自営するのが普通で（そのほうがずっとお金になる）、マネー・マネージャーもその例にもれず、優秀な人は自分で会社を持ち、個人、法人の資金を〇・五％ないし一・五％の手数料で運用してやるという商売をしている。

「タウン&カントリー」の特集は、年間一億ドル以上の資金預り運用をしている大手の個人的マネー・マネージング会社の中から、運用益ベストテンを選出したものである（ちなみに、第一位は七九年度に年間四九・三%、最下位でも二七・三%の運用益を出している）。年間一億ドル以上を運用しているというと、その世界ではかなり名が通り、結構手広くやっている会社なのだが、それでも、ベストテン中六社が在ニューヨークなのに、イエロー・ページズにマネー・マネージャーとしてのっているのは半分の三社だけである。

いわんや、特定少数顧客相手のマネー・マネージャーはそんなところに名前を出さない。しかも、そういった人たちの中には、一二年間に（その間、四度の株式大暴落があったのに）、投資家の資産を三〇〇〇%に増やしたなどという伝説的なマネー・マネージャーもいるのである。

同じようなことがレストランにもある。ウォール街のある有名投資銀行の幹部社員と昼食をともにしたとき、彼の行きつけのレストランというところに連れていかれた。そこの入口は、何の変哲もない、その辺によくある古ぼけたビルの一階で、無愛想な古い木造のドアがあるだけで、看板はもちろん、ドアの上にも何の表示もない。そこがレストランであることをすでに知っている人以外は、そこがレストランであるとは絶対にわからないのである。

そのドアを開けて、その先にあるもう一つのドアを開けるとそこは一目で高級とわかる立派なレストランで、蝶ネクタイのウェイターと、ちょっと色っぽい服装をした美人のウェイトレスがにこやかに待ちかまえている。席について、持ってきたメニューを見ると、なんと値段が書いてないのである。日本ではしばしばちょっと高級な日本料理の店では、値段がないメニューにお目にかかるが、アメリカではこれは全く異例のことに属する。どんな高級レストランでも店頭にメニューが掲げてあって、お客はそれをしばらくにらんでから店に入るかどうかを決める。食べてから値段を問うなどという恐ろしいことをアメリカ人は絶対にやらない。実際、値段が入っていないメニューを見たのは、後にも先にもこのときだけである。で、よほど高い店なのだろうと恐れをなしたが、勘定の段になってチラリと横目で（先方がサインで支払いをすませたから）見ると、意外に安かった。三人でビールを軽く飲み、スープとオードブルに生ガキをとり、それに部厚いステーキを平らげて、九〇ドル以下だったのである。店の格と料理の内容からいって、異例に安かったといってよい。同行したのはウォール街で新聞記者を何年もやってきた男なのだが、ここにこんな店があるとは、今日の今日まで知らなかったといって（彼は毎日のようにこの店の前を通っている）、しきりに感心している。お客はほぼ全員が、銀行、証券会社などのエグゼクティブと見受けられた。アメリカの上級ビジネスマンにとっては、食事は常にビジネス活動の一環なのだが、ここはそういう目的の場として利用されているレストランの一つであることが見てとれた。

特定の顧客だけを相手にして、一般大衆にはその存在すら知らしめることを避けるという点で、このレストランは、高級コンサルタントと似ているのである。この種の閉鎖性をアメリカではいたるところで観察することができる。よく日本社会の特質はホモジニアスなところにあるといわれるが、私は、見方によってはアメリカ社会のほうが、はるかにホモジニアスであると思う。なるほど、アメリカには日本のように、社会全体を覆う同質性はない。しかし、よく観察してみると、日本社会の同質性などとは比較にならないほど強固な同質性をもった小社会がいたるところにあって、異質なものの侵入を絶対に許さないのである。

グランド・セントラル駅の誕生

昨年、マスコミの話題をにぎわせたものに、グロリア・ヴァンダビルト夫人がリバー・ハウスという高級アパートへの入居を拒絶されたという事件がある。ヴァンダビルト家というのは、ニューヨークでは名門中の名門である。ヴァンダビルト家を興したコーネリウス・ヴァンダビルトは一六歳のときに一〇〇ドルで買った二本マストの小帆船で海運事業にのりだすところからはじめて、一代のうちに、鉄道会社を四つ買占めて、ニューヨーク・セントラル鉄道（後にペン・セントラル鉄道）という巨大な鉄道王国を築きあげた。彼の息子の代になると、ヴァンダビルト家は世界一の大金持になっていた。当時の最高級住宅街であった五番街にはヴァンダビルト一族の邸宅が四つも軒をならべていた。いずれも、一軒で一ブロックないし半ブロックを占めるような大邸宅だった。

何よりもヴァンダビルト一族の富の大きさをよく示すものは、その鉄道王国の拠点であったグランド・セントラル・ステイションである。この駅の建物自体、世界最大の駅であり（中央コンコースの空間は十階建てのビルに相当する）、その壮麗な様式とあいまって、ニューヨークのランドマークとなっているが、この駅のほんとうの巨大さは実は地下に隠れていて見えない。外から見た駅の大きさはせいぜい二ブロック四方だが、地下は一六万平方メートルの広がりがある（地下二階建てになっているから延べでは二七万平方メートル）。つまり、この周辺の高層ビルはグランド・セントラル地下駅の上に建てられているのだ。グランド・セントラルから、五ブロックも離れたウォルドーフ・アストリア・ホテルは、地下に特別列車の到着ホームがあることで有名だが、それはもともとこのホテルが線路の上に建てられたビルだったから可能だったのだ。

グランド・セントラルは、行き止まりの終着駅だから、操車場も列車基地も含んでいて、それがこのあたり一帯の地下に広がっている。

パーク・アベニューの下を往復四線で走ってきた線路は、ウォルドーフ・アストリアよりずっと北よりの、五七丁目のところから、扇状に広がり、かつ上下二層にわかれていく。上層は、やがて六六線に分岐していき、下層は五七線に分岐していく。そして、駅の外側をグルリとまわるループ状の線が上下層それぞれにある。この線を利用して、列車は向きを変えるのである。駅構内に入ってからの線路の長さを合わせると、四三キロに及び、千輌以上の車輌が待機できる列車基地となっている。最盛期には、全米各地と結ぶ列車が一日六〇〇本（いまは短距離の通勤電車を中心に一日三四〇本）も出入りしていたから、それくらいの基地が必要だったのである。この駅を作るために掘り出された岩と土は二七〇万立方メートルに及び、使用した鋼材は一〇万トン。一〇年の歳月と七〇〇〇万ドルの費用がかかった。

一八七一年に、最初にここに駅が作られた当時、駅はすべて地表にあり（規模は現在の二分の一程度）、パーク・アベニュー（当時は四番街と呼ばれていた）を走る線路部分は、オープン・カットになっていた。当時使用されていたのは蒸気機関車だったから、パーク・アベニューと駅の周辺は煙だらけで、住宅環境としては最悪でスラム同然の地域だった。それがすべてを電化して地下にもぐらせたおかげで、パーク・アベニューは高級住宅街となり、駅の周辺はオフィス街として発展することになった。というより、鉄道自身が中心となってそういう地域開発をおこなったのである。駅と同時に、ニューヨーク・セントラルは、二つのホテル（コモドアとビルトモア）を建て、また巨大なオフィス・ビルを建てて本社ビルとするとともに、空きスペースを貸した。パーク・アベニューの真正面に見える現在はヘルムズリー・ビルと名前を変えているのがこのビルである（その後にそびえるパンナム・ビルは後に建てられたもので、やはり駅の上に建っている）。自分でビルを建てるとともに、周辺の地上権を売りあるいは貸して、ニューヨーク・セントラルはこの地下駅建設に要した巨額の費用を回収するとともに、それまでダウンタウンが中心であったニューヨークのビジネス街に、ミッドタウンというもう一つの中心を付け加えることになった。

ここでついでに述べておけば、ニューヨーク・セントラルの旧本社ビルを現在所有しているヘルムズリー・スピア社は、現在ニューヨーク最大の不動産業者である。この社長をしているハリー・ヘルムズリーは一六歳のときに、スラム街にビルを持つ不動産会社に、家賃集金の仕事で週給一二ドルで入社して以来、五五年後の今日、所有不動産だけで五〇億ドルを超える不動産王になったというアメリカン・ドリームの具現者の一人である。彼の持っている不動産でまず筆頭にあげられるのは、あのエンパイヤ・ステイト・ビル。その他いずれも高層建築のオフィス・ビルを六〇。オフィス・スペースは合わせて四六五万平方メートル、アパート・ビルは軽く二〇〇を超え、五万世帯に貸しており、ホテルはサン・モリッツ・ホテルをはじめ七つ所有して計一万室。これに近いうち、二つの超高層ホテルが加わるという。

ちなみに、ニューヨークの高層ビルはいくらぐらいするのかというと、昨年、パンナム・ビル（五九階建て）が売りに出され、四億ドルで買い手がつき、不動産史上最高の取引となった。これは例外的な高値で（もっともいまのインフレのペースだとじきに当り前になりそうだが）、同じ年に取引されたシーグラム・ビル（三八階建て）は八五〇〇万ドル、ロックフェラー・センターの一画のセラニーズ・ビル（四五階建て）は一億三六〇〇万ドルだった。あるいは、現在五番街の五六丁目の角に建築中のトランプ・タワーという五八階建ての超高級アパートは、一億五〇〇〇万ドルかけて作られている。このアパートを一フロア丸ごと買い取りたいと注文を出しているのが、サウディ・アラビアのハリド国王で、その価格は一一〇〇万ドルだという。この同じアパートの一部屋をソフィア・ローレンが一八〇万ドルで買う予定という。

こんなに高いのは大金持向けの特別のアパートだからで、マンハッタンの中心部でも一〇万から一五万ドルも出せば、日本の二DKよりはるかに大きな二DK高級アパートが買える。ただし、高級アパートは管理費が高く、月に四〇〇ドルから八〇〇ドルとられる。借りる場合はマンハッタン中心部で安くて月に一〇〇〇ドルくらいからあるが、二〇〇〇ドル前後が中心価格。以上のような価格は『ニューヨーク・タイムズ』の広告から拾ったものだが、黒人向けの新聞を買ってきて不動産広告を見てみると、これが同じマンハッタンかと驚くほど安い。二DKの部屋が月二〇〇ドル以下でいくらもある。売り物では、一一室で一万ドルを切るものとか、一〇室で浴室が五つある三家族用が三万ドルとか、完全に一ケタちがう。ニューヨークでは、貧乏人とミドルと金持は、衣食住すべてにわたって、ケタが一つずつちがう生活をしているのである。

ヘルムズリーの成功物語

ところで、ヘルムズリーがなぜ一代で不動産王になれたかというと、彼が新しい経営法をこの業界に持ち込んだからである。ブロードウェイのプロデューサーが投資家の金をかき集めて勝負するように、彼も背後に膨大な投資家を組織している。最低一人一〇〇万ドルは出すような個人投資家が二万人、投資企業が六〇社という。特定の物件について、何人かの投資家とヘルムズリーがシンジケートを組んで所有者となる。シンジケートは、銀行、生保、各種基金などからその物件を担保に金を借りる。だいたい物件の価格の一〇分の一をシンジケートがキャッシュでそろえれば、残りを借金で物件購入ができるという。

昔の不動産王は、個人で膨大な不動産を持ち、その地代、家賃のあがりでゆうゆうと暮らしたのだが、現代の不動産王は投資家の組織の上に乗って、膨大な債務の金利支払いに日々追われている。しかし、インフレ時代の現代においては、後者の経営のほうが成功をおさめることはいうまでもない。

昔の不動産王の典型が、ウォルドーフ・アストリア・ホテルの所有者のアスター一族である。

アスター一族の先祖、J・J・アスターもまたアメリカン・ドリームの典型である。彼はドイツのウォルドーフから、一七八四年に移民してきて、パン屋のパン焼き職人になるところからはじめた。やがて、毛皮の取引が最も儲かることに目をつけ（当時、毛皮商人はインディアンからの買取り価格と、ロンドンでの販売価格との差で一〇〇〇％の儲けを出すことができた）、この商売で成功をおさめるには、供給源をおさえるに限ると、インディアンのことばを習いはじめた。何種族ものことばを覚えて、奥地に入り、要所要所に出張所を置いては、毛皮の恒常的交易ルートを作りあげた。そのおかげで、彼のアメリカン・ファー・カンパニーはアメリカの毛皮取引をほぼ独占するところまでいった。

次に彼がのりだしたのは、中国貿易だった。アメリカの中国貿易は彼がはじめたのである。中国貿易では、品物によっては、一万％もの利益をあげ、毛皮と中国貿易で、彼は一代で巨万の富を蓄積した。しかし、その晩年、どちらからも手を引き、その富を次々に不動産投資にふり向けた。彼が買ったのは、まだ野原や農場でしかなかったダウンタウンの北側の土地だったから、商人仲間からは、アスターは気が狂ったのではないかとウワサされた。しかし、見通しが正しかったのは彼のほうである。彼が死んだとき残された遺産は不動産を中心に二〇〇〇万ドルだったが、彼の息子は、不動産経営に集中するだけで、それを二倍以上に増やし、アメリカ一の大金持になった。このときすでに、ニューヨークに七〇〇を超す貸ビルを持っていたし、地所のほうは、いまのグリニッジ・ヴィレジ、ガーメント・ディストリクト、ブロードウェイの劇場地域、国連ビルの北のほうに広がるウェスト・サイドの桟橋《さんばし》地帯などに途方もなく広がっていた。

アスター家は子孫が多く、遺産相続で巨大な資産は分割されていったが、それでも資産価値のふくらむ速度のほうが速く、三代目の子孫の一人は一億ドルの資産を持っていたし、五代目の子孫の一人は、家賃収入だけで年に三〇〇〇万ドルあった。

アスター家の土地の中で、最も歴史的な土地は五番街の三三丁目と三四丁目の間の土地である。ここがまだ農場であったときに、一代目が二万ドルで買い、二代目がそこに五階建ての大邸宅を建てた。裸一貫の移民の子がアメリカ一の大金持になり、それが建てたアメリカ一の大邸宅というので、これはアメリカン・ドリームのシンボルとなり、アメリカにやってきた移民たちはみなこの邸宅を見物しては、夢をふくらませた。大金持の子孫というのは、遺産分割などをめぐって、よく仲が悪くなるものだが、アスター家もそうだった。四代目になると、この土地には、ウイリアム・ウォルドーフ・アスターとJ・J・アスター四世という二人の従兄弟《いとこ》同士が三三丁目側と三四丁目側を分けあって住んでいたが、両家は互いに口もきかない仲で、しかも競争意識が激しかった。

一八九三年に、ウォルドーフが、この土地を利用して一三階建てのホテルを作り、これをウォルドーフ・ホテルと名づけた。すると、従兄弟のアスター四世も、これに負けじと、ただちに一七階建てのホテルを作り、アストリア・ホテルと名づけた。二人は相変わらず仲が悪かったが、事業上はそのほうが有利であるというので、一八九七年に、隣り同士二つのホテルを結合して、ウォルドーフ・アストリア・ホテルとした。ただし、いつでもケンカ別れできるように、両ホテルの結合部分は、いつでも分離可能な構造にした。結合されたこのホテルは、当時世界一大きく（客室千室）、世界で最も豪華な（建築費百万ドル）ホテルとなった（このホテルが現在の住所に引越したとき、その跡地をそっくり使って建てられたのが、エンパイヤ・ステイト・ビルである）。

このホテルはニューヨークの上流階級の社交の場となった。ウォール街の業者たちは、株式取引所が閉まると、ここにきて一杯やることにしていたので、彼らのバーでの飲み代だけで、ホテル全体の諸経費が全部出てしまうというくらい儲かったのである。

この時代は、ちょうどヴァンダビルト家の絶頂期でもある。当時、ニューヨークの上流階級とは、アスター家やヴァンダビルト家の舞踏会に招かれるかどうかで決まるといわれたものだった。アスター夫人の招待客名簿は四〇〇家族からなっていて、〝四〇〇家族〟ということばがそのままアメリカのブルジョワ階級の代名詞になった。

成金の後遺症

しかし、アスター家にしてもヴァンダビルト家にしても、つい数十年前までは、決して上流階級に受け入れられない家柄だった。いずれも成金だったからである。初代のＪ・Ｊ・アスターなどは、ある家に客に呼ばれたときにナイフでアイスクリームを食べたという話が、あっという間に社交界のすみずみまで伝わって、「やっぱりあの方はどうも……」ということになるのだった。

コーネリウス・ヴァンダビルトにしても、あまりに粗野であるというので、社交界に入ることは許されなかった。すべてのアメリカの夢の具現者の一代目がそうだった。彼らはビジネスで成功するのに忙しくて、上品な趣味、会話の仕方、身のふるまい方などを学ぶひまがなかったからである。富はあっても、洗練されたライフ・スタイルがなかった。

しかし、考えてみれば、彼らを入れなかった上流階級というのも、ほんの二、三代ぐらいさかのぼれば、同じような身分だったのである。だから、アスター家にしても、ヴァンダビルト家にしても、三代目になると、社交界の中心になることができたのだ。そして、今度は彼らが新しい成金階級にマユをひそめるのだった。つまり、アメリカの上流階級というのは、新しい成金を差別する旧成金の蓄積によって形成されてきたのである。だから、上流階級とはいっても、全体的には成金趣味そのもので、この時代の社交界の様子は古い写真に残されているが、後に〃金メッキ時代〃と表現されるように、みな豪華な衣裳と高価な宝石でこれでもかこれでもかというほど飾りたてて はいるが、その趣味の悪さはどう隠しようもない。だから、彼らが憧れのヨーロッパに行くと、「また、アメリカの成金が」とマユをひそめられ、その行動はしばしば嘲《ちょう》笑《しょう》の対象になるのだった。

結局アメリカでは、成功のチャンスが誰にでもあり、誰でも上流階級に入る可能性があったから、上流階級の側としては、自分たちのアイデンティティを証明するために他を差別することが必要だったのだ。はじめから上流階級が区別されてあるわけではなかったから、他を差別することによって自らを区別したわけである。こういう差別意識は、上流階級のみにあったわけではなく、アメリカ社会のすべての層にあった。経済力による階級的差別に、多民族国家のアメリカでは民族的差別が加わった。アメリカ英語には、あらゆる民族に対する差別用語が用意されている。ニューヨークは世界の民族のメルティング・ポットであるとよくいわれるが、現実には、ポットの中は融合状態ではなく、各エスニック・グループの混合状態というほうが正しい。はじめから、各民族が同じような割合で移民してきたのであれば、もう少しよくまじり合ったであろうが、先に述べたように、移民には民族的波があったから、特定民族によってそのときどきの最下層が構成され、それが同時に階級的差別と民族的差別を受けるということがよく起こったのである。そうなると差別を受ける側では、民族的連帯感で固まり合って差別に対抗しようとするから、エスニック・グループが保存されてきたのである。アイリッシュ・マフィアが生まれたのも、イタリアン・マフィアが生まれたのも、こういう背景があったればこそといえるだろう。

ユダヤ人の場合は、同じ民族とはいえ、ディアスポラ（民族離散）の間に、宗教文化的側面をのぞくと異化がすすんでいたから、同じ民族の間でも差別があった。ユダヤ人の中で一番先にニューヨークに定着したのは、スペイン系のユダヤ人だったが、彼らは、十九世紀のはじめごろまでには大金持になっていた。そしてそのころから、ドイツ系ユダヤ人たちがやってくるようになったが、彼らはスペイン系ユダヤ人からは厳しく差別された。ドイツ系ユダヤ人たちは、行商人から身を起こし、やがて、金融界で成功するものが続出した（いまでも投資銀行にはユダヤ系が多い）。

彼らが成功をおさめたころ、東欧系のユダヤ人の波がやってきたが、今度はドイツ系ユダヤ人が東欧系ユダヤ人を差別した。ロウアー・イースト・サイドのスラムに東欧系ユダヤ人がひしめいているころ、ドイツ系ユダヤ人たちは五番街に住み、夢のように豊かな生活を送っていた。しかしその豊かなユダヤ人たちも、今度は民族的差別故に、ニューヨークの上流階級には仲間入りさせてもらえないのだった。

誰もが誰かを差別して自分のステイタスを確認したがるこの社会に、最下層労働力として南部の黒人が押し寄せてきたとき、黒人以外のすべての人がそこに安心して差別できる対象を発見した。黒人差別問題の解決の難しさはここにある。黒人に対する特殊な差別感情以前に、まず強固な普遍的差別意識があるのだ。

誰からも差別される黒人は黒人で、差別の対象をユダヤ人に見つけた。彼らがユダヤ人を差別する理由は二つある。一つは、彼らの生活を劣悪な状態のままにしておくのは、エスタブリッシメントの政策のせいであり、エスタブリッシメントの中核を支配しているのはユダヤ人であるという認識。第二には、ブラック・ムスリズム運動によって「イスラム教に改宗した黒人」のユダヤ教徒に対する宗教的差別感情である。六〇年代の過激な黒人解放運動の中で、そういうユダヤ人に対する差別感情が意識的に宣伝され、しばしばユダヤ人と黒人の間で暴力的衝突が起きた。

金で買えないもの

アメリカ社会は、人種に関係なく誰でも、職場では上下の区別なくファースト・ネームで呼びあい、対等な口のきき方をし、電話一本で誰とでも話ができるし、条件さえ合えば誰とでも取引が成立し、一見人種差別も階級差別もないような社会であるかのごとく見える。しかし、ビジネスと社交、職場と私生活の場とでは全くちがう状況がある。どこに住み誰を隣人とし、ビジネスを離れて誰と付き合うかという点にかけては、厳しく他を差別する。公的な場ではニューヨークは人種も階級もごった煮という印象を受けるが、いったん私的な場になると、厳密に同じような人々だけがつるみ合っている。バーでもレストランでも、客をよく見まわしてみると、日本のようにあらゆる階層の人が入りまじっているということがない。どこでも、その店の格に合った似たような連中ばかりいる。それはしばしば気味が悪いほどである。

飲み食いの場ですらそうだから、住む場所に関してはもっと厳しい。異分子の侵入を自分たちの近隣に許さない。最近ニューヨークで多いのは、co-op と呼ばれる、入居者全員の組合法人による共同所有、共同管理の高級アパートである。新しい入居者を入れるか入れないかは、理事会の投票で決定する。

グロリア・ヴァンダビルト夫人が入ろうとしたリバー・ハウスも、co-op だった。このアパートは一九三一年に建てられた二六階建ての高級アパートで、五二丁目の東端、イースト・リバーを見降ろすところにある。テニスコート、プールはもとより、舞踏会場まであり、昔は専用のヨット・ハーバーまであった。上流階級だけが住むアパートである。住人の大半は、実業界のお歴々だが、有名人としてはキッシンジャー前国務長官がいる。また、ヴァンダビルト一族もすでに二家族入っている。

グロリアはヴァンダビルト家の六代目で、母親はモルガン家の出である。アメリカ人でこれ以上の血筋の人間はまずめったにいない。グロリアは四度結婚し、四度離婚したが、その中には、音楽家のレオポルド・ストコフスキー、映画監督のシドニー・ルメットなどがいる。現在は五六歳で独身だが、ファッション業界で成功をおさめ、大金持である。

その彼女の入居希望が、リバー・ハウスの理事会でけられた。理由は正式には公表されなかったが二つあった。一つは、グロリアが、ある著名な黒人エンターテイナーを恋人にしていることが世に知れ渡っていたことだった。リバー・ハウスにはいまだかつて黒人が入ったことがないのだ。第二の理由は、彼女が付き合っている人々、つまり、ファッション界、芸能界、広告界の人々が、彼女がパーティーを開けばここに足を踏み入れることになるが、それがこのアパートにはふさわしくないということだった。彼女の前にも、実はダイアン・キートンがやはり同じような理由で入居を断られている。ニクソン前大統領もまた、別の理由でやはりふさわしくない人物として入居を断られている。

それぐらい厳しく、こういう高級アパートでは入居者の等質性が保たれているのだ。かつてはアスター夫人の招待客名簿にのっているとか、(旧)メトロポリタン・オペラ・ハウスにボックス席を持っているとか、ユニオン・クラブとかニッカーボッカー・クラブなどのクラブのメンバーであるとか、さまざまの上流階級かどうかを見分けるメルクマールが存在したが、いまのニューヨークでは、一番のメルクマールは、その人がどこに住んでいるかである。

ニューヨークで新しく人に会うと、必ず、どこに住んでいるか(居住者でなければどのホテルに滞在しているか)、どういうneighborhood(近隣の環境、特に住人の層)かを問われる。それを問うことで、相手の真のステイタスを見分けるわけである。co-op の入居者選定の仕方は、一流のクラブの新規メンバーの加入の可否の決め方と同じである。入れなかった人には、ただ理事会の投票でそうなったというだけで、言外にあなたはここにふさわしくないのだと告げるだけである。高級 co-op は、金があれば誰でも住めるというものでなく、一種のクラブのようなものになっているのである。

富の偏在化

かつてハーレムはニューヨークでも一流の高級住宅地だった。しかし、不動産ブームで家が建ちすぎ、空き部屋を大量にかかえて資金的に困った一人の家主が、金がある黒人に部屋を貸したことが、黒人スラム化のはじまりだった。はじめは、他の家主たちや、すでに居住していた人たちはそれに憤激し、協定を結んで、有色人種にはアパートを貸さない、売らないという誓約書を取りかわしたりして、地域ぐるみで黒人の侵入を防ごうとした。しかし、資金ぐりに困って協定破りする家主が続出し、やがて、黒人の侵入がおさえきれないことがわかったとき、金がある白人から先に脱出がはじまり、間もなく雪崩《なだれ》を打つがごとく白人はいなくなった。co-opであれば、ハーレムの場合のように家主の恣意でネイバフッドが変えられるということがないわけである。

ニューヨークの貧乏人についてはすでに述べたが、金持のほうは、どの程度の金持がどのくらいいるのだろうか。貧乏人は社会福祉統計を調べればすぐわかるのだが、こちらのほうはなかなかいい統計がない。

一家族当りの所得（福祉受給を含む）でいうと、ニューヨークの二八〇万世帯の年収による所得分布は次のようになる（カッコ内は全米平均。その下は一ドル二〇〇円換算による日本の所得分布。日本の統計では、五〇〇〇ドル以下層がない。アメリカは七八年。日本は七九年）。

五〇〇〇ドル未満	九・三％（八・二％）	一八・〇％（前二行合計）
前者を超え（以下同じ）一万ドル未満	一七・四％（一五・八％）	
一・五万ドル未満	一四・九％（一六・七％）	二五・九％
二万ドル未満	一五・一％（一六・七％）	二〇・八％

二・五万ドル未満　一三・〇％（一四・五％）　一四・五％
二・五万ドル以上　三〇・三％（二七・九％）　二〇・六％

全世帯の平均所得はニューヨークも全米平均も一万七六〇〇ドル（日本は七八年が三九三万円。七九年が四三一万円）。

一見して明らかなように、日本よりアメリカのほうが貧乏人も金持も多い。そして、ニューヨークは、より大きな比率で貧乏人と金持が多い。

富の偏在を示す数字をもう少しあげると、全米平均では上位二〇％の人が、全所得の四二％を懐にしてしまう。さらにいえば、上位五％の人が一六％を懐にする（ニューヨークだけに限れば、この比率はもっと大きくなる）。

所得ではなく、資産のほうで見るとどうなるか。これは最新の数字が一九七二年のものしかないが（調査が十年に一回）、現金、貯蓄、有価証券、不動産などあらゆる資産を含めて、六万ドル以上の資産保有者というのは、アメリカの人口約二億人のうち一二八〇万人、比率にして六・一％しかいない（十年近く前とはいえ、日本の資産分布からすると信じられないくらい低い資産保有率である。日本では、所得五分位階級別で最低の二割に属する層でも、金銭性動産だけで二五六万円持っている）。この六・一％の層が、アメリカの個人資産総額約四兆三五〇〇億ドルのちょうど半分を所有しているのだ。しかも、この六・一%の中では、さらに極端に富が偏在している。この六・一%、一二八〇万人を一〇〇%とすると、次のような分布になる。

六万ドル〜一〇万ドル未満	三八・五%
一〇万ドル〜二〇万ドル	四〇・四%
二〇万ドル〜五〇万ドル	一六・一%
五〇万ドル〜一〇〇万ドル	三・三%
一〇〇万ドル〜一〇〇〇万ドル	一・六五%
一〇〇〇万ドル以上	〇・〇五%

全人口に対する比率は、このパーセンテージに〇・〇六一をかければ出てくるが、とてつもない少数者の手に（最上位の階層は、全人口の〇・〇〇三%の六〇〇〇人）、とてつもない富が集中していることがわかるだろう。

別の表現を使うとこんなことがいえる。上位〇・五%の人（資産一〇〇万ドルに近い人、約一〇〇万人）が全米の個人保有分の（以下同じ）不動産の一割（アメリカは不動産価格が日本より安いから、資産に占める不動産の比率は低く、約三分の一しかない上に、不動産所有は広く分布している)、株式の四九%(これだけで四三〇〇億ドル分=時価評価ではない)、債券の五二%、あらゆる債権の三九%、金銭性信託の八一%、現金(預貯金を含む)の九%など、約八二〇〇億ドル、全米個人保有資産総額の一九%を所有しているのである。

ここで、株式、債券における大金持のシェアが高いことに注目していただきたい。アメリカでは日本とちがって個人投資家の有価証券所有率が高い。株式でいえば日本では法人所有が半分以上だが、アメリカでは三分の一なのである。しかも、全体の量が大きいから、その利子配当所得だけでも巨額になる。七八年度の個人所得のうち、利子配当所得は約二一〇〇億ドル。日本円で四兆二〇〇〇億円になり、これは日本の防衛予算の二倍に匹敵する。所有比率からみてこの半分が〇・五%の人々の懐に入るわけである。平均すれば一人二一万ドル。これだけでこの人々は寝転んでいても高額所得者になる。

これだけの富の偏在があるアメリカで、それが最も偏在しているのがニューヨークである。所有者がニューヨークに偏在しているだけでなく、その富の運用は、ほぼ独占的にニューヨークでおこなわれている。株式取引ひとつとっても、その八三%はニューヨークでおこなわれている。債券取引でも同じことだ。とにかくアメリカ中の金がニューヨークに流れ込み、ニューヨークから流れ出ていくといっても過言ではない。

ニューヨークの銀行間の決済高は、年間一五兆五〇〇〇億円になる。これは、第二位のロス・アンジェルスの四八倍だ。銀行間決済のこの異常なまでのニューヨークへの集中ぶりは、アメリカの取引という取引がほとんどニューヨークの銀行を媒介としておこなわれていることを示している。国内取引の決済だけではなく、国際取引の決済も、ほとんどニューヨークの銀行を媒介としておこなわれている。世界中の政府、公的機関、企業がニューヨークの銀行に口座を持っている（ニューヨークには二五〇近い外国銀行が支店などの出先機関を開設している）。外国人または外国法人が持つ取引決済用の当座預金勘定だけで（短期、長期の運用はその何倍もある）、一七〇億ドル近い（七六年）。

N・Y連邦準備銀行の地下貯蔵庫

アメリカには、日本の日銀に当る中央銀行がない。その代わり、全国に一二ある連邦準備銀行（所在地によってニューヨーク連銀、ボストン連銀などと呼ばれる）が協同して、連邦準備システムを構成し、それによって中央銀行の機能を果たしている。が、その中心はなんといっても、ニューヨーク連銀である。システム全体の資産勘定一五〇〇億ドルのうち、ニューヨーク連銀は三七〇億ドル、四分の一を占めている。流通紙幣約一〇〇〇億ドルのうち二六〇億ドルはニューヨーク連銀が出したものだ。

ニューヨーク連銀はフィナンシャル・ディストリクトの表通りからちょっと入ったところにあるクラシックな建物である。ここを訪ねてなんといっても壮観だったのは、地下五階にある（ニューヨークの地下は岩盤だから、普通のビルはせいぜい地下二階までしかない）金塊貯蔵庫である。岩盤をくり抜いて作られた貯蔵庫だから、核戦争が起きてニューヨークが吹っ飛んでも、ここにある金塊だけは助かるのだそうだ。ここには、総計一万三〇〇〇トン、約一〇〇万個の金塊がある。アメリカ政府公定価格（一オンス四二・二二ドル）で一六〇億ドル、七九年の市場価格でなら一九二〇億ドル（約四〇兆円）に相当する。これは世界最大の金の貯蔵庫である。なにしろ、共産圏をのぞく世界中の国の金準備の三分の一がここにある計算になるのだ。この金のほとんどは、アメリカ政府のものでもなければ、ニューヨーク連銀のものでもない。外国政府ないし、外国中央銀行が保有する金が、ここで保護預りされているのだ（預り料は無料）。

重さ九〇トンという特製のドアを開けて中に入ると、中には小部屋の金庫がズラリとならんでいる（全部で一二二ある）。一つ一つの部屋には、三つのカギがかけられた上に封印がなされている。といっても、トビラは鉄格子だから、その中はのぞける。部屋によって金塊の量がさまざまなのは、一つ一つの部屋がいわば外国政府・中央銀行に対する貸金庫のようなものになっているからだ。つまり、A国とB国の間で、金による決済が必要になると、両国の間で金を直接やりとりするのではなく、ニューヨーク連銀に暗号電報を打って（ちゃんと暗号解読係がいる）、決済を依頼する。すると、この地下金庫室の中のA国の部屋からB国の部屋へ金塊が移動するのである。それで決済は全部終る。外貨による決済でも同じである。各国ともニューヨーク連銀にドルの口座を持っているから、決済を頼めば、A国の口座からB国の口座へドルが動いて終わりである。それはコンピュータの端末機を押せばすんでしまうが、金の場合は現物を動かす作業が必要になる。

作業員はみなマグネシウムでできた靴カバーをはいている。レンガぐらいの大きさの金塊でも、一二キロぐらいの重さがあるから、万一足の上に落としたときに怪我をしないようにとの配慮である。金塊を移動するときには、二人の作業員を三人の監督官が見守り、封印をはがして、三つのカギを開け、終わるとまた封印をする。もう金による国際間の決済というのは、それほどないのだろうと思っていたのだが、見ていると、結構大量の金塊を作業員たちがあっちに運んだりこっちに運んだりしている。それを見ていると、なるほど世界経済は休みなく動いているものなんだという実感がわいてくる。平均すると暗号電報の受取りは一日一五通になるという（全部が金決済の依頼ではないが）。

こうしてニューヨーク連銀は、各国の中央銀行の中央銀行、いわば世界中央銀行の機能に近い機能を果たしている（決済面でも、世界通貨であるドルの供給の面でも）わけだ。

国内の銀行間の決済で重要な役割を果たしているのは、連邦準備システムの持つ〝カルペパー・スイッチ〟と呼ばれる、コミュニケーション・システムである。アメリカの銀行はみな地方銀行だから、全国に支店を持つ都市銀行が沢山ある日本とはちがって、全国的な資産の移動や決済は簡単ではない（地域内決済は地域の手形交換所でおこなわれる）。銀行組織の中で唯一の全国組織である連邦準備システムが歴史的にこの機能を果たしてきた（手形交換所の連合組織もあるが、これは連邦準備システムのこの機能を補完する程度のものでしかない）。

ヴァージニア州のカルペパーという小さな町のポニー山という岩山の中に、一秒間に千文字の送受信が可能という大型コンピュータを四台そなえたコミュニケーション・センターがある。ここから全国一二の連邦準備銀行と、二五の支店、それに手形交換所や全国二〇〇の主要銀行が、総延長七万キロ近い回線で結ばれている。このネットワークの中を、一日三万通のメッセージが往復し（すべてのメッセージは自動的に記録され、三〇日間保存される）、それによって一日一二〇〇億ドル（一分間に一億四〇〇〇万ドル、一年間に三〇兆ドル）の現金勘定ないし、財務省証券（日本の国債に当る。アメリカのマネー・マーケットではこれが巨大な役割を果たしており、現金と同様にこれが一種の為替取引の対象になって、資金の移動、決済をおこなうことができる。財務省証券の九三％は連邦準備システムのコンピュータ記録の中で所有者が移動するだけで現物の動きは無きに等しい）勘定が動く。このネットワーク・システムがアメリカ経済の金の流れの大動脈で、これが途絶えたら、経済の大混乱が起こる。だから、電源だけでも三重の供給体制がとられ、安全には最大限の注意が払われている。

そもそも、このカルペパーの岩山がセンターの場所に選ばれたのも、万一核戦争が起きたときに、ソ連の核ミサイルが大都市や軍事施設の標的に次々に落とされても、その影響を受ける恐れが最も少ない場所ということで選ばれ、センターそれ自身も岩山をくり抜いて作られたのである。核戦争が起きても、ニューヨーク連銀の地下金庫とこのカルペパー・スイッチだけは助かるわけだ。

ニューヨーク連銀には、カルペパー・スイッチと直結した、〝シグマ・ファイブ〟という大型コンピュータがあり、これに大手三〇銀行が直結してニューヨーク地域内のネットワークができている。このネットワーク内を動く金が年間一一兆ドル、大半は地域内の取引だが、うち四分の一以上は、カルペパー・スイッチを通じての、全国各地の金融機関との取引である。

驚くべき電子株式市場

これと同じように、コンピュータ・コミュニケーションがいたるところで進んでいる。証券取引所にはマーケット・データ・システムがある。取引所の各ポストには、オプティカル・カード・リーダーがあり、取引が成立すると、その内容がすぐカードに記入され、カード・リーダーに放り込まれる。すると、あとは機械が自動的にその内容を読み取り、コンピュータに送り込む。コンピュータから全米各地のみならず、カナダ、ヨーロッパにまで一万二〇〇〇台あるティッカー（受信印字機）がその情報を受け取り、一分間九〇〇字のスピードで、それを一件一件、テープに打ち出していく。同時にその内容がコンピュータにストックされ、テレ・クオートと呼ばれる株式情報検索機（あらゆる証券会社の営業所の店頭にあって、お客が自由にボタンを押して、自分の知りたい最新の株式・債券価格をブラウン管上に呼び出すことができる）に配信される。またアメリカにはニューヨークのみならず、各地に八つの証券取引所があるが、ここでの取引はすべてITSというシステムを通じて、各ポストの上にある大きなテレビ・スクリーンに時々刻々映し出されていて、場立ちはそれを見ながら取引するから、結局、場所はわかれていても、全国単一の市場が成立していることになる。

ニューヨーク市場に上場されているのは、約一五〇〇銘柄だが、アメリカでは非上場株の店頭取引がきわめて多い。こちらは約三万銘柄あり、年間一二〇億株の取引がある。この店頭取引も、物理的な取引市場はないが、ナスダック・システムという情報システムを通じた〝電子市場〟ができている。全国どこの証券会社でもお客から店頭株の取引の申し出を受けると、係は、ナスダック・システムのキー・ボードを叩いて、お客の注文を入れてやると、たちどころに、その株の全国各地からのその日の引き合いが全部出てくる。それを見て、お客の注文に合う引き合いを出している相手を呼び出して取引を成立させるのである。

こういう取引情報は、同時に外部の情報システムに流れていく。主たるマーケット・データ・サービスには、GTE、クオトロン、バンカー・ラモの三社あるが、ダウ・ジョーンズ社が経営しているバンカー・ラモの場合を取り上げてみよう。平均株価指数で有名なダウ・ジョーンズ社は、まだニューヨークに証券取引所がなく、あらゆる取引がウォール街の路上でおこなわれていたときに、その路上を歩きまわっては、耳よりな情報を集めて、それをカーボン紙でコピーしてはメッセンジャーに配らせて売るという商売をしていたダウとジョーンズという二人の男によって設立された。このカーボン紙コピーが、現在の『ウォール・ストリート・ジャーナル』の前身である。『ウォール・ストリート・ジャーナル』は、ついこの間まで部数一〇万部程度だったが、いまや、衛星通信を利用して、全国一二の印刷所で同時に印刷発行する体制をとのえ、発行部数一八〇万部の、アメリカ最大でアメリカ唯一の全国紙（他の新聞は全部地方紙）になった。一方で、APと提携してAPダウ・ジョーンズという市況・経済情報通信社を作り、証券、商品、石油、ゴールド、マネーなどあらゆる種類の市況・経済情報を全世界に配信している。

ともかく、ダウ・ジョーンズ社の手元には、世界のあらゆる経済情報が集まってくる。これを新聞やワイヤ・サービス情報として売るだけでなく、顧客に電子的メディアを通じて売ろうと考えたのが、バンカー・ラモのシステムである。バンカー・ラモのデータ・サービス受信者は、取引所のコンピュータ情報も、APダウ・ジョーンズの通信も、あるいは『ウォール・ストリート・ジャーナル』のニュースも、すべてキーを押すだけで受け取ることができる。キーを押して、自分が知りたい情報のカテゴリーと内容を指定してやればよい。『ウォール・ストリート・ジャーナル』のニュースは最近三カ月分がすべて分類されて、コンピュータ・ライブラリーに記憶されている。そのため、毎日六人の女の子が、その日のニュースをコンピュータにインプットしている。『ウォール・ストリート・ジャーナル』の一日分のニュースというのは、何十ページもあるから大変な量になるが、これが意外に簡単にできる。というのは、新聞の制作そのものが完全にコンピュータ化されていて、記者が原稿を書く段階から、タイプで記事を打つのではなく、コンピュータの端末機に向かって、記事を打ち、テレビ・スクリーンで打ち上がった文章を見て、直しを入れると、それをボタン一つで、デスクのスクリーン上に送り、デスクのチェックが終ると、これがコミュニケーション部へまわり、そこから同じ情報が一つは全国の印刷部門へ（通信衛星を経て）、一つはAPダウ・ジョーンズのニュース配信へ、一つはラジオ・ニュース・サービスに、一つはコンピュータ・ライブラリーへまわる。係の女の子はスクリーンを見て、長い記事をカットし（これもコンピュータでやる）、内容に応じてキーワード・インデックスをつければそれで終りである。すべての過程がコンピュータで処理され、活字を読むとか、タイプを打ち直すといった作業は一切ない。

情報売買システム

取引所とか、通信社とか、新聞社とかにある膨大な原始情報をコンピュータからコンピュータに移して（もちろん金を払って）、それをできるだけお客に利用しやすい形に料理し直して情報を売るという商売が、激しい競争の下で展開されている。月せいぜい数百ドルの受信料で、驚くほど種類と量の多い（経済情報に限らない。芸能関係では、役者・タレント情報のデータ・バンクなどというものもある）情報が買えるので、いまや雨後のタケノコのように乱立した情報サービス会社が、それなりにお客を見つけてやっている。なにしろ、情報サービス会社に関する情報サービス業というのも成り立つくらいなのだ。

情報の買い手の側では、力があるところはただできあいの情報を買うだけではなく、これにさらに手を加えている。いい例が、投資銀行の大手の一つである、ソロモン・ブラザーズ社である。投資銀行というのは、企業の資金調達のあらゆる世話をする会社で、株式、債券発行の引き受け販売からはじまって、ファイナンス全般のコンサルティング、企業の合併、買取りの作戦ならびに実施など、ウォール街で起こるあらゆることの仕掛人であり主役であるという、最も力のある機関である。しかも、政治力があり、今回財務長官になったリーガン・メリル・リンチ会長のように、政府の要職に入ったり、逆に政府の要人が投資銀行の重役に入ったりと、政治とのパイプが太くアメリカのエスタブリッシメントの中核機関の一つである。銀行とちがって、手持ちの資金は少ないが、毎日十億ドル単位の金を右から左に移す力を持つ。

ソロモン・ブラザーズは大手五社の中では新進の部類に属するが、それでも、企業の各種資金調達を年間二八〇億ドルおこない、有価証券売買高は五〇〇〇億ドル（一〇〇兆円）に及んだ。特にこの会社は債券売買に強く、この会社を通じておこなわれる市場外取引は、ニューヨーク市場における取引高よりはるかに多いのである。

そのトレイディング・ルームを見せてもらうと、ほんとにちょっとした証券取引所を見学しているのではないかという気がするくらい大きい。その大きさに感心していたら、これは半分で、二フロアにわかれているのだという。一人一人のトレイダーが机の上に、押しボタンがならんだ大きなコンソール（操作板）を持っている。何かと思ったら、この押しボタン一つで、六〇人から一〇〇人くらいの、ブローカー、ディーラー、機関投資家、大口顧客に直接電話がかけられる仕掛けになっている。この会社には二五〇〇人しか従業員がいないのに、二万本の電話が入っているのは、各トレイダーが数十本もの電話を独占するからなのだ。番号をまわすほんの数秒の時間すら惜しまれるから、押しボタン一つで特定の相手に電話がかけられるシステムが必要なのだ。

そしてまた各人の机の上に、コンピュータの端末機がのっていて、これには基本的にはクオトロン社の情報サービスが入ってくるが、この会社には二五〇人のコンピュータ入力要員がいて、それにはるかに多量の独自の情報をプラスして入れている。七万銘柄の有価証券(株式や債券にも日本にはない多くの種類がある上、アメリカの金融市場には、説明不可能なほど多くの債務手段がある)について、一六億字に及ぶ情報がインプットされていて、それを毎日アップ・ツー・デイトなものにしておくため、毎日二〇〇万行が書きかえられている。その上に多くの計算式が組み込まれていて、いまこの値段で買うとある債券の満期時の最終利回りがどうなるかとか、過去の値動き、未来の金利動向、国際通貨の動向(ここのシステムはロンドン支店、香港支店ともダイレクトにつながっていて、外国通貨での売買が常にある)など、時間と空間を越えた情報を入れて予測し、分析し、その結果をさまざまのグラフに描かせて、さらには二つの債券のグラフを重ね合わせてみたりして、何が最も有利か、どの価格が最も妥当かをキー一つで判断できる仕掛けになっているのだ。

もう一つの大手投資銀行であるスミス・バーニーを訪ねたときも、やはりいたるところにコンピュータ端末器があったが、ここでは、データ・サービス会社の供給する経済情報を呼び出すと、それに加えて「今朝の『ウォール・ストリート・ジャーナル』はたしかにこう伝えていたが、当社の調査部の見解によると、この情報は誤りである……」などと、やはり、おしきせの情報プラスの情報が出てくる仕掛けになっている。

活躍する人材引き抜き業

ニューヨークの高層ビルを外から眺めていただけでは、何もわからないが、一歩内側に踏み込んでみると、こういうビジネス社会の情報革命化が恐るべき勢いで進んでいる。こういう変化はすべて七〇年代に入ってはじまったことで、特にこの数年間の変化が急激である。そして、担当者に話を聞いていると、この部門でのテクノロジーの変化はあまりにも速く、あと五年たったらどうなるのかの予測が、彼ら自身にもまるでつかないという。

こういうところを見て歩いていると、なるほどアルビン・トフラーが『第三の波』で語ろうとしていたのは、こういう現実であったのかということが、実感をもってわかってくる。ニューヨークが産業革命に匹敵する社会変化をもたらすというコミュニケーション革命の最先端を切って走っている未来都市のように見えてくる。そして、こういう職場で働いている連中には若いバリバリの切れ者が多い。ちょっと会話を交わしてもアメリカのエリート層の実力のほどを思い知らされ、やっぱりアメリカはすごい国だという気がしてくる。

しかし、一歩外に出ると、そうした金がうなり、エリートが群れをなす世界とは全く別のニューヨークがいやでも目に入ってくる。

アメリカのエリートは、管理職と専門職に集中していて、この二つの層には、日本の社会では考えられないような極端な高給取りがいる。日本の社長族は大企業でも給与年額は二〇〇〇万円以下が普通なのに、億単位の高給取りがいるのだ。しかも、この層になると、給料以外に株式配分、収益配分などの形で受け取るものが巨額になる。この二つの層は、人材が常に不足している。雇用関係でも、マーケットの原理が貫徹している（流動性と価格形成の両面で）アメリカでは、不足している人材の報酬は需給関係でいくらでもあがっていく。

そこでヘッド・ハンターという面白い商売が成り立つことになる。これは人材の引き抜き業である。ヘッド・ハンターに会って話をきいてみると、ニューヨークには二〇〇社から三〇〇社のヘッド・ハンティング会社があるという。各社とも二〇〜三〇人のハンターをかかえていて、企業からこういう人間（職種、ランク、年収、年齢、人柄、教育程度など）がほしいと注文があると、そういう人間をさがし出してきて、転職を説得する。料金は通常、転職させた人間が最初の年に受け取る年収の三〇％という。求められる人物は、職種としてはファイナンス関係とコンピュータ関係が多く、年収二万ドルから三万ドルクラスのミドル・マネージメントないし専門職者と、年収一〇万ドルから二〇万ドルクラスのエグゼクティブが多いという。それ以上の大企業の社長クラスの移動になると、ヘッド・ハンターの仕事ではなくて、投資銀行の幹部クラスが動くことになるという。

引き抜き対象の人間を見つけるのは、意外に簡単で、企業役職員録をひっくり返して、職種とランクから判断して、電話をかけてみる。アメリカの場合には、職種を越えた社内異動がないから、職種とランクが決まれば、対象となる人間は限られてくるのだ。電話をすると、ハナから断るというのはまずなく、九九・九％の人は、話に興味を示してくる。転職といっても上昇移動だから、むしろ自分から積極的に売り込む人が多い。ヘッド・ハンターにとっては、買い手市場の商売なのだ。買い手市場とはいっても、なかなかこれはという人間はいず、五〇人から一〇〇人に電話をしてみて、よさそうなのを一〇人から一五人選び、今度は面接してやっと一人決まる程度という。これはミドルの場合で、エグゼクティブ・クラスだと、三〇〇人に電話して、面接までいくのが五人程度という。つまり並の人間にとっては買い手市場だが、有能な人間にとっては常に売り手市場なのだ。

失業時代とはいうものの、ヘッド・ハンターの対象となるレベルでは常に人手不足で、見ていると各企業が手持ちのカードをシャッフルし合っているだけのように見えるという。実際、一人のヘッド・ハンターが、同じ人間を次々と三社、四社にまわしていくこともあるという。こうなるとそのヘッド・ハンターは、ヘッド・ハンターというよりはその人間のエージェントみたいなことになるわけだ。つまり、非常に有能な、その人間の能力は常に売り手市場にあるという人間のエージェント業というのも成立するわけで、それは日本でも芸能界にはあるが、アメリカでは芸能界に限らず、一流のスポーツ選手、芸術家、広告のクリエイターなどは、みなすでにエージェントを持っているし、最近はＴＶジャーナリストにそれが増えてきた。

ニュース番組が高視聴率を稼ぐアメリカではニュース・キャスターの給与がどんどんあがり、最近有名な例では、CBSのウォルター・クロンカイトの後を継いだドン・ラザーが五年間八〇〇万ドルで契約したとか、一昨年ABCがバーバラ・ウォルターズと年間一〇〇万ドルで契約したという話があるが、これはいずれも、放送局側がはじめからそれだけポンと出したのではなく、エージェントが長い交渉を重ねて獲得した金額なのである（エージェントはそのフィーとして、契約高の一〇％以下が取り分となる）。こうした放送界のスターだけでなく、いまや、天気予報の解説者、スポーツ・ニュースの解説者などもエージェントを持つのが常識になりつつある。天気予報の解説者といってもバカにしてはいけない。人気がある解説者は、年俸三〇万ドルも稼ぐようになっているのだ。

このように、ニューヨークではどの世界でも、一にぎりの超エリートが、数十万ドルから数百万ドルを稼ぎ、少数のエリート層が五万ドル前後を稼ぎ、圧倒的多数の大衆は一万ドルから二万ドルの間の所得を得（アメリカでは年功給がないから、たいていの職種では、少し安い初任給でスタートして、三年ぐらいの経験ですぐに最高給になってしまう。最高給と初任給の差は、大衆的職業ならせいぜい二割ないし三割である）、そしてその下に相当部分の人が、生活保護に頼りながら、スラムでやっと生きのびているという状況にある。

そして、産業構造の変化（第三次産業化、サービス産業化）の中で、スラムの住民たちの未来は一層閉ざされつつある。未熟練単純労働者が大量に必要とされる産業社会の時代は、ニューヨークではもうとっくに過去のものになっている。彼らにとって新しい職場はサービス産業の下層労働以外にはなく、それは産業社会の下層労働とくらべて量的に少なく、かつ一層の低賃金である。

スラムの住民に出口があるとすれば、教育と職業訓練（ニューヨークの地下鉄のポスターでやたらに目につくのは、職業訓練のための各種学校のポスターである）を受けて単純労働力以上のものを自分の売り物にすることだが、スラムの住民にそのチャンスは少なく、チャンスはあっても受ける資力に欠け、あるいは意欲に欠けている。行政当局はさまざまの努力はしている。たとえば、失業中の若者に技術を与えるため、さまざまの職業の現場で働かせ、その間の給料は行政当局の側でもつという職業訓練プログラムもある。そのプログラムにのっている黒人青年に会ったのは、ニューヨークのゴミ捨て場だった。

果てしない夢の島

ニューヨークには世界一大きなゴミ捨て場がある。ニューヨークにはチリ紙交換もクズ屋もいないから、ゴミはただ捨てるだけである。焼却はほとんどしないし、分別収集もしないから、何もかも一緒くたにただ捨てるだけである。それも埋め立てるのではなく、積み上げる。積み上げて山にしていく。放っておくと発熱して燃え出すので、ときどき水をかけ、土をかぶせては積み上げていく。ダンプカーが登れないぐらいの高さ（五〇メートルぐらい）になったら、上に三メートルぐらい土をかぶせて、放置する。そして次のゴミ捨て場に移るのだ。狭い日本とちがって、ちょっと郊外に行けばいくらでも荒地があるからこんなことができるのだ。

いまのニューヨークのゴミ捨て場は二つある。一つはブルックリンの外れ、ケネディ空港に近い海岸べり。もう一つは、ニューヨーク港の沖合いのスタッテン島にある。前者は一二〇ヘクタールの大きさだが、もう相当な高さになっていて、あと四、五年しかもたないだろうという。後者は約一二〇〇ヘクタールという途方もない大きさで、世界一大きなゴミ捨て場である。

ニューヨークからは一日二万一〇〇〇トンのゴミが出る。それがほぼ半々にこの二つのゴミ捨て場にやってくる。スタッテン島にはゴミはバージ（平底船《ひらぞこ》）で運ばれてくるが、ブルックリンにはトラックでくる。一〇トン積みの車で一日一〇〇〇台である。ほとんど一分おきにダンプがきては（ゴミ捨て場は二四時間作業）捨てていくゴミを三〇〇馬力から五〇〇馬力という巨大なブルドーザーがならしていく。ブルドーザーが動くたびに、ゴミの山全体がブルブルゆれる。容積的には、紙類、繊維類、生ゴミといった軟質のゴミが大部分だから、山全体が軟弱なのである。そして、見渡す限り広がっているゴミ捨て場全体（一〇〇ヘクタールの広さといったら、向こうのはしは見えない）に数千羽という海鳥が生ゴミをあさるために群がっていて、それが、ダンプやブルが近くに来ると一斉に舞い上がり、場所を変えるのである。そこにはなんともいえず非現実的で異様な美しさがあった。

見渡すと一方にはジャマイカ湾の中に緑の島が点在して見え、その反対側には、ブルックリン越しにマンハッタンのスカイラインが遠く霧の中に幻想の中の城のように光をたたえて浮び上がっているのだった。

ニューヨーク市の清掃局の労働者は約八五〇〇人である。その大半はゴミ収集員で、給与は年収で最高一万七〇〇〇ドル余である。ブルドーザーの運転手は少し高くて三万ドルだ。はじめ彼らは、私をうさんくさそうな目で見、ジャーナリストだと知ると、どんなことを書くのかと執拗に聞きただした。というのは、このところずっとジャーナリズムから清掃局労働者への厳しい批判がつづいていたからである。賃上げの要求ばかりして、ろくに働かない。口実をつけてはサボってばかりいて、ニューヨークの路上はいつも積み残しのゴミの山だ（事実、一日一〇〇〇トンは収集残がある）。こういう連中に高給を払っているから、市の財政は破綻したのだ、というような批判を、新聞記者がそのサボりぶりを実際にルポしつつ書きまくったので、清掃労働者の側はジャーナリズムを敵視しているのだ。

六年前、ニューヨークの財政は破産状況に追い込まれた。七八年に市長に当選した現コッチ市長は、財政再建を政策目標の第一にかかげ、それまでの放漫財政に次々と大ナタをふるった。生活保護受給者の資格チェックを厳しくおこない、それまで大量にいた不正受給者を六万人もリストから外して、一〇〇〇万ドルを倹約した。道路を汚す人に厳しい罰金刑を科すことにし（犬の糞を始末しない飼い主は一〇〇ドルの罰金など）、それまで二七〇〇人いた道路清掃夫を四五〇人に減らした。同様に警官、教師、交通局労働者などを大幅に人員整理していった。清掃局でも三割の人員整理がおこなわれた（それでもサービスの質が低下しなかったことが、それまでの労働者のサボりの証明といわれた）。いま清掃局労働者は、行政当局からも世論からも厳しい目で見られているところなのである。

しかし、私が外国のジャーナリストで、別に攻撃意図を持たないことを知ると、今度は人なつこそうに入れ替り立ち替り寄ってきては、あれこれと話をする。彼らは、生活水準からいうと、ミドルの中から下にかけての一番人数的には多い階層である。この階層の憤懣《ふんまん》は（これは清掃局労働者に限らず、同じ階層の人からはいたるところで聞く憤懣でもあるのだが）、二つの方向に向けられている。一つはエスタブリッシメントである。あいつらは自分たちの地位を保つために、大衆をバカの水準に置いておき、決定権をすべて握り、金をすべて握り、なんでも自分たちのいいように動かして、アメリカがダメになった、ニューヨークがダメになったといっても、自分たちだけは、六ケタの給料を取りつづけている。アメリカもニューヨークも、あいつらが食いものにしてるんだ。

次に返す刀で、下層階級を攻撃する。それとあの働かないで、社会福祉政策で食っている連中だ。オレたちは毎日汗を流して働いて、やっともらう給料の半分を税金にとられてしまう（半分というのはちょっとオーバーだが事実に近い。アメリカは税金が高い）。その税金があの働かないで食っている連中のところにいってしまう。あいつらがもっと減らない限り、いつまでたっても、ニューヨークの破産状態は終らない。だいたいあいつらにあんな金をやるのがまちがっている。あいつらはどうせ働かなくても金がもらえると思って、やる気がないんだ。それがいい証拠にあいつを見ろ、といって指さす方向を見ると、一人の若い黒人がいる。あいつは政府の若い失業者のための職業技術訓練プログラムでここで働いている。あいつの給料は我々の税金で払ってやっているんだ。それなのに見ろよ、あいつはほとんど働いちゃいない。

なるほど見ていると、適当に体は動かしてはいるが、実質的にはサボっている。あいつはこんな臭い所で働くのはたまらんなどとぬかしやがる。それであんなものをくっつけてやがる。見ると、どこで手に入れたのか、その若い黒人だけは、防毒マスクのようなものをつけているのである。ほんとうに何をいってやがるんだ。おれたちはこの臭いの中で一〇年も一五年も働いて税金を払ってきたんだぜ。それにどうだ、そんなにここが臭いか。それほどひどい臭いではない。ふん、何が技術を身につけるだ。こんな所であんな働き方をしていても、何の技術も身につかないよ。あいつだって、技術を身につけるのにここにいるんじゃなくて、プログラムにのってる間は政府から金がもらえるからここにいるだけなんだ。見ていろ、プログラムが終わったら、あいつはストリートに舞い戻って麻薬を売るのが関の山だから。

その黒人の青年は、こうしてみなから徹底的に白眼視されている。だから一層彼も働きようがなくてますますサボるのである。それでまた一層みなの怨嗟《えんさ》の的となる。

そしてある日、彼はみなのいうようにストリートに舞い戻らざるを得ないだろう。やる気をより一層なくして。そして、ミドルの白人への恨みを胸に抱いて。その結果、ミドルが怒る〝税金で食っている連中〟の数はまた増えることになる。虚しい悪循環である。ミドルの白人と黒人の失業青年が、ゴミの山の上で無益な怒りと敵意をぶつけあっているとき、エスタブリッシメントの連中ははるかに見えるマンハッタンの高層ビルの中で相変わらず精力的に働きつづけている。この光景は、図式的すぎるほどニューヨークを象徴するものだった。

簡単にとぶ経営者のクビ

高層ビルの中には、繁栄する未来都市があるが、高層ビルの外には、いたるところに荒廃がある。荒廃が市の財政を破綻させ、財政破綻がさらに荒廃を推しすすめる悪循環がある。破綻を救うためにとられた財政カットの措置は、都市を一つの巨大な装置と見た場合、そのメインテナンスを危いものとしている。ニューヨークのインフラストラクチャーは、世界に先がけて発達したものが多いから、その基本的骨格は十九世紀のものである。道路、地下鉄、水道、電気、ガス、電話など、ほとんどの面でかつては世界で最高水準のものを持っていた。しかし、世界に先がけて発達しただけに、いち早く補修ないし更新を必要とする時期がきた。それに充分対応しきれないでいるうちに、あらゆる水準が低下しはじめたのである。

ニューヨークの街を歩いていると、あまりに多くの工事が路上でおこなわれていることに気づく。ニューヨークでは電気も電話も地下に配線されているし、あるいは地下のパイプを通じて蒸気を売る会社があって（コン・エジソンというエジソンが作った電力会社の後身の会社が、電気、ガス、蒸気の三つを一手販売している。蒸気はダウンタウンとミッドタウンの大きなビルを中心に売られ、暖房にも冷房にも用いられる他、病院、クリーニング業、レストラン、衣料品産業などの工場でも利用されている）、その分だけ地下の工事が多いこともあるが、なんといっても老朽化から起こる事故が多すぎるのである。

道路でいうと、ニューヨークの道路には、現在一五〇万カ所に穴ボコが開いている。道路局は毎日休みなく穴を埋めているが、それでも年に二五万の穴しか埋められない。いまある穴を全部埋めるには、六年かかる計算だが、その六年内に、いま以上の穴が新しく開くことは必定なのだ。穴が開いているだけでなく、全体的にガタがきているから、舗装の更新をしなければならないのに、現在の更新速度でいくと、更新し終るまでに一五〇年かかってしまうという。

水道でも、現在の更新速度でいくと、二七〇年かかるし、下水道は三〇〇年かかる。水道は、一八七〇年に作られた配水管が一一％あり、これが近年故障ばかりで、早急にとり替える必要があるのに、その分だけで三〇年かかる。下水ではもっと古いものがある。ダウンタウンの下水の本管は、カナール・ストリートの地下にある。この通りが、カナール・ストリートといわれるのは、ここにもともとは運河《カナール》があって、それにフタをして下水道として、その上を道路にしたからである。この運河が作られたのが、一八〇五年、日本なら江戸時代のことだ。下水道は最新の技術で作ったものでも百年に一度は更新が必要だというのに、これは一八〇年近く使われており、我々が見学を申し入れたときも、ここだけはどうしても危険だからと見せてもらえなかった。

地下鉄にしても、二十世紀はじめから作りはじめ、総延長世界一を誇る路線網を作りあげたが、そのメインテナンスはひどい。あの有名な落書きも、消すための予算も人手もないから残っているだけの話なのだ。地下鉄の落書きは、七〇年代のはじめに流行して、いまではとっくに流行が終っている。だいたい書くスペースがもうないし、取締り法規ができたこともあって、新しい落書きはほとんど無きに等しいのだが、それでも消すに消せないでいる。それに、落書き以前に押しても引いても開かないドアがある車輛とか、車内灯が全く点かないで真暗のまま走る車輛とか、最低のメインテナンスがほどこされていない車輛があまりに多すぎるのだ。これも予算がないためである。

地下鉄は全路線赤字である。なにしろ料金が安い。全線均一、六〇セントの料金で、行こうと思えば六〇キロぐらい離れたところまで（東京駅から東海道線の平塚駅ぐらいまで）行けるのだ。一九七〇年まではそれが二〇セントだった。何度も値上げして、ここまできたが、まだ赤字だから、近いうちに再値上げする。しかし、値上げのたびに安い料金に慣れきった市民の猛反対があり、政治問題化する（かつては地下鉄は民営だったが、赤字でやっていけなくなって市が買い上げた）。

地下鉄料金が安いのは、何十年も前に作ってしまったから設備の償却はとっくにすんでおり、コストの基本はランニング・コストだからだ。しかしいまでは、ランニング・コストにすら充分見合わないので、メインテナンスが不備になるわけだ。せめて距離別料金にしてはどうかと思うのだが、そうしようと思うと、膨大な初期投資（切符の販売機から、改札、集札の設備と人件費）の捻出のしようがなくて、とても無理だという。それに遠距離に住む低所得層には生活問題になり、政治的にもできない。何によらず、社会的に利用されるシステムは、いったん完成され、それが社会に定着してしまうと、なかなか大きな変更を加えられないものである。

ニューヨークの電話もそうである。ニューヨークのホテルから市外電話をかけると、ダイヤル直通地域でも、交換手が出てきて、部屋番号を問う。それに答えてはじめて相手とつながる。はじめはそれがホテルの交換手かと思っていたら、そうではなくて、電話局の交換手なのである。これは昔、〝ホテル・ビリング・システム〟という、ホテルからの市外通話の集中管理システムを電話局が作り、それにホテルがみな加入してしまったために、いまさら止められないサービスなのだ。開発された当時は最新のシステムだったのだろうが、いまは客にも局にも余計な手間がかかるだけである。日本のように、自動化しようと思えば技術的困難はない。しかし、そのためには設備投資がかかる。しかも、ホテル側にもそれが必要になる。それならこのままでいいじゃないかということになる。公衆電話からの市外通話にしても、全自動ではないから交換手が必要で、それやこれやで、ニューヨークでは一日に一五〇万本も交換手が必要な通話があり、マンハッタンの電話局だけで五〇〇人の交換手が働いている。

通信革命の進展ぶりを見てもわかるように、アメリカの企業は、全く新しい技術に対する設備投資は大胆におこなう。しかし、現に使用し、現に役に立っている設備を更新することに対しては、きわめて慎重である。一つには、アメリカの精神的伝統であるプラグマティズムがある。古くたってちゃんと役に立つのだから、それでいいじゃないかというわけだ。もう一つは、経営上の短期的利益最優先主義である。利益追求が経営の原則であることは当り前だが、しばしば短期の利益と長期の利益のどちらを目的とするかで、背反した行動をとらねばならないときがある。設備更新問題はその一つである。償却ずみの古い設備であれば、ランニングとメインテナンスのコストだけを考えればよいが、更新となると、そのために莫大な投資をし、それを償却していかなければならない。短期的な利益を考えれば、前者のほうが絶対的に有利なのである（全く新しいテクノロジーであれば、新規投資をしても、莫大な創業者利潤を得ることができるから、別である）。

そして、アメリカの経営者は、少数の資本家経営者であれば別だが、大半の雇われ経営者は、毎期毎期どれだけの利益を出すかによってシビアな評価を受け、下手をすると、すぐにクビになる。アメリカでは労働者も簡単にクビを切られるが、経営者のクビも簡単にとぶ。そこで経営者はどうしても、短期の利益を優先させた経営をせざるを得ないことになる。アメリカの企業の国際競争力が弱ってきた原因の一つはここにある。かつては世界最新の設備をかかえていたのに、それを後生大事にしているうちに、時代遅れになってしまったのである。最近ようやくそれに気がついて、国際競争力の保持が企業の存否にかかわるようなところでは、再び活発な設備投資がはじまっているが、そうでないような部門では相変わらずである。その結果、アメリカでは、あらゆる面で最新のものと、博物館入りして不思議でないようなものとが共存している。

極端な一例をあげよう。高層ビルを可能にしたものは、鉄骨構造とエレベーターの発明である。はじめて人間用のエレベーターが実用に供されたのは（荷物用は前からあった）、一八五三年ニューヨークでのことである（これを発明したオーティスは世界一のエレベーター会社を作りあげた）。しかしこの初期のエレベーターは蒸気機関で動いていた。

ニューヨークのビルのエレベーターの中には、なんといまでも蒸気機関で動いているものが何台かあるのだ。一八七九年、エジソンの発電所より三年前にニューヨークには蒸気を売る会社ができて（後にコン・エジソンと合併）、蒸気の供給を今日までつづけているから、蒸気機関も立派に役に立つのである。コンピュータと蒸気機関が共存しているのが、ニューヨークなのだ。人間のみならず、あらゆるものに格差がありすぎる。しかし、機械設備には心がないからそれでひねくれるということはないが、人間はそうはいかない。心がゆがみ、精神障害を起こしたり、非行、犯罪に走ったりする。

ジョン・レノン射殺事件の裏に

ニューヨークはアメリカで一番精神障害者が多いところである。大金持のニューヨークへの集中度より、精神障害者の集中度のほうが高い。街を歩いているだけで必ず頭が明白に狂っている人に出会うことができる。私自身、四〇日間に二度も話しかけられた。ニューヨーク州全体でいうと、なんと約四〇万人の精神障害者（入院、通院あわせて）がいる。その大部分はニューヨーク市にいる。これは驚くべき率の高さである。日本では精神障害の有病率は一〇〇〇人に一人である。その割合なら、ニューヨーク州全体で一万七〇〇〇人、ニューヨーク市で七〇〇〇人がいいところである。しかし七〇〇〇人といったら、マンハッタンのアッパー・ウェスト・サイドに住んでいる精神障害者だけで、それぐらいの数になってしまう。このあたりは全米一精神障害者の人口密度が高い地域で、付近の安ホテルに一人住まいしている患者が沢山いる。コンチネンタル・ホテルなどでは、一九二室のうち、九二室がホテル暮しの精神障害者である。なぜこんなことになったのかというと、精神障害者には、生活保護、医療保護がある。だから部屋代を取りそこねるということがない上に、死ぬまでつづく長期滞在客だというので、ホテルのオーナーが積極的に勧誘したのである。

ニューヨーク市には、入院したほうがいいのに入院していない精神病患者が約四万人もいる。なぜそんなにもいるのかというと、精神病患者は入院させるよりも通常人の間にいたほうが早く治るという学説が近年幅をきかせていることと、精神病者を当局が強制的に入院させることは人権問題だという市民運動が六〇年代の一連の市民権運動の中で生まれたことによる。その結果、五〇年代の入院患者のうち三人に二人は病院の外に出てしまったのである。

すでにこれだけの患者がいるところにもってきて、ニューヨークでは毎年二万五〇〇〇から二万六〇〇〇人の人が、新規に精神科医の門をくぐるという。ニューヨークで心を病む人の数は増えこそすれ減りそうもない。ニューヨークの精神障害者というと、小ぎれいな精神分析医のオフィスにいる挫折したエリートの姿を思い浮かべるかもしれないが（むろんそれも多いが）、現実には社会の底辺部分にいる悲惨な患者のほうがはるかに多いのである。

社会の底辺で、心を病むほどナイーブではない人間の相当部分は、大なり小なり犯罪に走る。犯罪以外にオレたちに食う道があるのかという堂々たる開き直りの弁は、スラムに行けばいくらでも聞くことができる。実際、失業者統計にあらわれた黒人青年の失業率の通り、彼らが何の職にもついていないとすれば、スラムの生活はいまよりはるかにひどいものになるだろう。現実には、多数の人々が〝犯罪関連産業〟に職を得ているのだ。フリードランダー・ニューヨーク市立大助教授の推定によると、麻薬関係で一万人、ギャンブル関係で一〇万人。それにその他もろもろの〝犯罪関連産業〟を合わせると二五万人の雇用があるだろうという。

ジョン・レノンの射殺事件で、あらためてニューヨークの治安の悪さが話題になり、年間平均一日に五人の人が殺されるという数字が伝えられて、日本人を驚かせたが、殺人事件の数字だけでは、ニューヨークのほんとの治安の悪さはわからない。昨年八月の一カ月間の犯罪統計を見ると、次のようになる（これ以外の犯罪も沢山ある）。

殺人	一七七件
強姦	三七七件
強盗	九八〇四件
暴行傷害	四六二三件
窃盗	五万二二九五件

毎日六人が殺され、一二人が強姦され、三一六人が強盗に遭い、約一七〇〇人が泥棒に遭うわけだ。日本とくらべて、格段に多いのが強盗である。日本全国で一年間に起きる強盗は約二〇〇〇件だから、ニューヨークでは、一カ月間に日本全体の五年分の強盗事件が起こるということなのだ。以上の統計のうち、窃盗の数字はまるであてにならない。ニューヨークでは泥棒に遭っても届けない人があまりに多いからだ。届けても、泥棒が捕まるわけでなし、盗品が出てくるわけでなし、届けるだけ時間のムダというわけだ。パトカーに同乗して街をまわっていたとき、泥棒の報せがあったから、事情聴取をするようにとの指令があって、ある高級アパートに向かった。警官は事情をきき、書類を作り、型通りの挨拶をして外に出てから、「これで解決ずみの事件がもう一件増えたというわけさ(one more solved case)」と、ニヤッと笑っていった。事件はお蔵入りという〝解決〟がその場でつけられ、あとは犯罪統計の窃盗の数字が、一つ増えるだけなのだ。

これだけ犯罪があるというのに、警察官の数は、犯罪がはるかに少ない東京よりずっと少ない。東京の約四万人に対し、ニューヨークは二万三〇〇〇人。それなのに、警察官の数も財政危機を理由に減らされている。最近はパトカーも警察官一人しか乗らないパトカーが増えた。運転も通信も一人でやらねばならない。パトカーの同行取材をしたら、車から離れるときには、ドアを全部ロックして、「持物は残しておかないように」といわれた。パトカーから盗む奴だっているのだ。

一日かけて、四台のパトカーを乗りついで、ニューヨークのあちこちを走ってみた。ニューヨークの治安状況がよくなる見込みがないという点では、話を聞いた警察官全員の意見が一致していた。理由は簡単である。犯罪がなぜこれほど多いかというと、一に貧困、二に教育の欠如だ。どちらも改善される見込みは全くない。そして取締る側の警察力はというと、いまの三倍ぐらいに増強してくれたら、何とかなるかもしれないという。それなのに給料は安く（年収一万五〇〇〇ドルから一万九〇〇〇ドル）、危険は多く（八〇年の一月から二月にかけて、射殺された警官四人、重傷が六人）、世論の批判は浴びるで、とってもやってられないよという。

死者の都市《ネクロポリス》への道程

ニューヨークの犯罪のもう一つの特徴は、殺人事件のうち、非人間的殺人が際立って多いことだ。普通の殺人事件は、事件に至る前段階の被害者と加害者の人間関係があって、話を聞けば、なぜ殺人に至ったかが容認はできなくても理解できる事情があるのが普通である。しかし、ニューヨークの殺人事件では、見知らぬ者が見知らぬ者を殺す殺人事件の割合が高いのだ。その割合は全米平均で一九%なのに、ニューヨークは三五%。見知らぬ者が見知らぬ者を殺す殺人事件では、事件に人間間の情が全くからんでこない。強盗か強姦が主目的で、その手段として（あるいはつい行きすぎて）殺してしまうという、手段としての犯罪、利益追求のための犯罪であるか、あるいは、精神異常者（麻薬などで一時的におかしくなっている場合も含めて）による犯罪である。どうもニューヨークでは人間社会としてあるべき基本的な構造の一部が大きくくずれ出しているという気がしてならない。

アメリカでは犯罪の嫌疑で逮捕された人間は、二四時間以内に、地裁の判事の前に連れていかれて、勾留《こうりゅう》尋問を受ける。ニューヨークでは逮捕者が多いので、それを処理するために、〝ナイト・コート〟といって夜中の二時、三時まで法廷が開かれている。それを見学にいって驚いた。日本の裁判のように一件一件切り離してやるのではなく、法廷の中にズラリと逮捕された人がならんで自分の順番を待っている。検事が二、三人と弁護士が二、三人いて、これが全部を片端から処理していく。それに逮捕した警官たちが証人として待機している。

検事がまず、この男は泥棒しようとしているところを現行犯逮捕され、ここに証人もいるというと、証人の警察官がたしかに盗もうとしているところを見たという。すると弁護士が、いやそれは借りるつもりだったのかもしれないから、それだけでは犯罪の嫌疑が充分ではないなどという。そういうほんのちょっとしたやりとりを判事が聞いて、勾留か釈放か、保釈かを即決していく。そして、「次」というと、長椅子席で順番を待っていた次の逮捕者が立って前にくる。残りの人は席をつめて、次にまたくるであろう逮捕者のために席を作る。

私がナイト・コートをのぞいた日には、一二人の逮捕者がならんでいたが、一人残らず黒人だった。老若男女取りまぜている。しかし、誰一人として、恥の感情を示していない。罪の意識を顔に出している人など一人もいないのである。そこだけを見たら、これは駅の待合室だといわれても、誰も疑わないだろうような感じである。

ここで勾留が決まると、マンハッタンのすぐ近くのイースト・リバーの中にあるライカーズ島という島全体が刑務所と拘置所になっているところに送り込まれる。ここの拘置所を見学してまたまた驚いた。判決前は無罪と見なすという法律の原則そのままに、未決勾留者には大幅な自由が与えられている。拘置所にはいつでも四〇〇〇人ぐらい（年間五、六万人）の未決勾留者がいるが、これが一〇ぐらいのブロックにわけて入れられる。一つ一つのブロックには、独房が二階建てでズラリとならんでいる。しかし、勾留者は独房の中に入っていなければならないわけではなく、ブロック内であれば、自由に歩きまわれるし、勾留者同士のおしゃべりはもとより、トランプをして遊んでいる連中もいれば、テレビに見入っている者もいる。外に電話をしているのもいる（回数を限って許されている）。そして私物の持込みが大幅に許されているから、あちこちでラジオのジャズやロックがガンガン鳴って頭が痛くなるほどうるさい。独房の中はたいてい、プレイボーイなどのエロチックな雑誌の性器まる出しヌード写真がベタベタ貼ってある。鉄格子さえなければ、ここは工場労働者の独身寮だと聞かされても驚かなかったろう。食堂に行って、食事を見せてもらうと、これがなかなか立派で、多分勾留者の多くにとっては、スラムの自宅で食べていた食事より上等なのではないだろうかと思われる。

ここでもまた、勾留者たちの表情には、暗いものがない。罪人になったという意識で落ちこんでいる者など見当らず、陽気に大声で騒ぎ合っている。彼らにとって、犯罪をおかして捕まるということは、そう恐ろしいことではないのだ。日常の一部なのである。係官に、累犯率の統計はあるかときいたら、そんなことは調べたことがないが、たいてい何回もきているはずだ。多いのになったら、数十回というのもあるんじゃないかという。

ニューヨークでは、犯罪を日常としている人間が、明らかに警察官の数倍はいるのだ。貧困と犯罪という病気からニューヨークが癒《い》えるための処方箋はまだ誰も書いていない。高層ビルの中の繁栄の陰で、この病気と、先に述べたインフラストラクチャーの老朽化による機能不全という病気とが、ニューヨークの体内を芯の部分から蝕《むしば》みつつある。

畢竟《ひっきょう》するに歴史上あらゆるメトロポリスの繁栄は、ネクロポリス（死者の都市）への道程でしかなかった。それも外部からの破壊によってではなく、精神的、道徳的、肉体的（都市機能的）病いによる病理現象としてすべてのメトロポリスは死んでいったという、都市学者にして文明批評家であるルイス・マンフォードの洞察（これはトインビーの歴史観にも通じるものだが）は正しい、と私は思う。そしてこのニューヨークは、ネクロポリスへの過程の最終段階にすでに足を踏み入れているというべきだろう。ニューヨークのいまを盛りと花咲いている華麗な文化が、その内実においてはますます退廃の度を加えつつあることは、あらゆる爛熟期の文化がそうであったことを思い起させる。

おそらく、ニューヨークはまだ病理現象の進行とともに、十年単位の繁栄を楽しむことはできるだろう。しかし百年単位の繁栄は、ないといいきっていいだろう。ニューヨークには、病気で死ぬ以前に、物理的破壊によって死ぬ可能性もある。一つはアメリカ人がみな恐れている核戦争の可能性。もう一つは、アメリカ人が誰も予想していない地震の可能性である。マンハッタンにこれだけ多くの高層ビルが建ったのは、この島が堅固な岩盤でできていて、かつ歴史上地震のあった記録がなく、地震の心配をしないでよかったことにある。実際マンハッタンのすべてのビルは構造設計上、強風による横揺れにそなえているだけで、地震には全く無防備である（ビルだけでなく、橋もトンネルも高速道路も）。建築家のことばを借りれば、「東京の高層ビルは大地に突き刺してあるが、ここのビルは、岩の上に置いてあるだけ」なのだ。大地震が起きたら、ビル全体が横倒しになる可能性もあるのだ。

で、地震の可能性はほんとにないのかというと、地震学者にいわせればあるのである。歴史上地震の記録がないといっても、ニューヨークの歴史はあまりに浅く、たかだか三五〇年でしかない。地質学的には一瞬間というにしか値しない長さである。それに対して、地層に記録された歴史にはマンハッタン大地震の記録がある。それはニュージャージーにはじまりハドソン・リバーを越えてマンハッタンの北寄り、一二五丁目とハドソン・リバーが接する地点から、セントラル・パークの北端をかすめて、九〇丁目とイースト・リバーが接するところまで、マンハッタン島をまっぷたつに切り裂き、対岸のクイーンズにまで至る、マンハッタンヴィル大断層と呼ばれる巨大な活断層である。地震学者の中には、西暦二〇〇〇年までに、ここを中心として大地震が起こる可能性があると予測している人が一人ならずいるのである。

何によるかはともかく、いつかこの人類史上最大の都市も死ぬ日を迎えるだろう。だが、ネクロポリスとなったらなったで、今度はニューヨークは人類史上最大の遺跡としてその名を世界中の人に知られつづけることになるのではあるまいか。

（『くりま』一九八一年四月号）

第6章　AIDSの荒野を行く（'87・3〜4）

〔本レポートの内容はすべて一九八七年当時のものです（編集部）〕

I

ニューヨークは六年ぶりだった。

久しぶりにニューヨークにきて、ニューヨークを感じたいと思った。ニューヨークを感じるには、街歩きがいちばんだ。

ホテルがレキシントン・アベニューと四九丁目の角だったので、まずグランド・セントラル・ステーションまで歩いた。あの巨大な駅のコンコースの雑踏を抜けて四二丁目に出、そこからタイムズ・スクエアに向った。ブロードウェーを上り、五二丁目で東に折れ、ロックフェラーセンターを通って五番街に出た。

ひとまわりしただけだが、六年前とくらべると街の雰囲気がずいぶん変わったように思えた。なんというか、昔とくらべて緊張感がなくなったような気がする。昔は街を歩くにも、もう少し気を張りつめていなければならなかった。六年前、ニューヨークでは毎日六人が殺され、一二人が強姦され、三一六人が強盗に遭い、一七〇〇人が泥棒に遭っていた。

夜、人気のないストリートに足を踏み入れることは誰もしなかった。人気のない路上で犯罪に遭ったら、それはそんなところに行った人が悪いのだった。昼日中の繁華街で、金のネックレスをつけた人が、すれちがいざまにそれをひきちぎられるという事件がよく起きていた。それも不用心な被害者のほうが悪いのだった。地下鉄の中は犯罪の巣だった。強盗、暴行、窃盗事件は毎日無数に起きていた。在留日本人の中には、夜はもちろん昼間でも地下鉄には絶対に乗らないという人が沢山いた。

そういうヤバさが街全体にただよっていた。街を歩いているだけで、獲物を探している犯罪者の視線に出会うことが何度もあった。うつろな眼をしたジャンキー（麻薬中毒者）に会うこともよくあった。

「ジャンキーにホールドアップされたら、絶対に内ポケットに手を入れたりしちゃいけませんよ。ピストルを取り出すのかと思われて一発でやられますからね。表のポケットにいつでも二〇ドル札を一枚入れておいてそれをやればいいんです。奴らは麻薬を一発打つ金がほしいだけだから、それで満足します」

ニューヨークにはじめてくる人は、こんな注意をよくきかされたものだ。特に観光客はねらわれやすいから、いかにもお上《のぼ》りさんという感じでキョロキョロしながら街を歩いてはいけないともいわれた。

しかし、ひとまわり街歩きをしてみると、そんなヤバさがどこにも感じられないのだった。ニューヨークはいつのまにか、お上りさんが夜でも安心して歩ける街に変わっていた。地下鉄にもだいぶ乗ってみたが、身の危険や不安を感じたことは一度もなかった。

その夜、ニューヨークに長い友人と久しぶりに会って食事をした。ニューヨークはどうだいときかれて、早速ヤバさがなくなったという印象を語ると、

「六年前か。あのころがいちばんひどかった。あのころとくらべたら、いまのニューヨークは安全そのものだよ。もちろん、犯罪はまだ沢山あるけど、それはどこの大都会にもある程度のものだ」

という。

「あとはどうだい？」

ときかれて、
「ヤバさがなくなっただけでなくて、猥雑《わいざつ》さもなくなったような気がする。たとえば、四二丁目とタイムズ・スクエア周辺。六年前のあの辺は、ポルノ・ショップやポン引きの天下だったのに、いまはどうということもなくなっている」

と答えた。四二丁目界隈だけでなく、昔はニューヨーク全体にもっと猥雑な空気がただよっていた。七〇年代にはじまった性革命が頂点に達し、アメリカ人はまるで性的であることが人間の証しであるかのように、ありとあらゆる性的享楽を求めていた。そして、そのような求めに応じて、さまざまの性的欲求を満たす社会的システムができあがっていた。

独身男女が一夜の恋というより一夜のセックス相手を求めあうシングルス・バー。マッサージ・パーラー、コール・ガールなどの売春。夫婦同士のスワッピング・クラブ。集団乱交のためのバス・ハウス（大浴場）、ポルノ・ショップ、ポルノ映画館。ストリップ、さまざまのセックス実演。SMクラブ、ホモ・バー、レスビアン・バー。ホモ専用のバス・ハウス。あらゆる性の嗜好《しこう》に応じる装置がそろっていた。
「どれもまだなくなってはいない。あることはある。しかし、店の数も少なくなったし、客も少なくなった。つぶれたところも沢山ある。アメリカ人の性行動はすっかり変わってしまった。性的冒険を求める時代は終って、性的保守主義の時代に舞い戻ってしまった」

「それはやっぱりエイズのせいで？」

「やっぱりエイズのせいだね。エイズは性的放縦《ほうじゅう》に対して神が下した罰だと考える人が沢山いる。実際問題として、バス・ハウスやシングルス・バーで出会った行きずりの相手とのセックス、売春、スワッピング、どれをとっても、相手からエイズをもらう可能性が強い。エイズが恐いから、もう性的冒険はしないという人が大部分だ。だって、ニューヨークに住んでいる人なら、たいていの人が、友人知人か、近所の人か、職場の同僚の中に、エイズで死んだかエイズで病んでいる人を知っている。エイズはあまりにも身近で誰にとっても恐い病気なんだよ」

「じゃあ、きみの職場でも」

「うん、いる。半年前に一人死んだ。まだ、これからも死ぬ奴が出るにちがいないとみんな思っている」

「ところで、どうして飲まないの。酒をやめたの」

　昔は酒をガブ飲みしていた友人がちっとも飲まないのに気がついて、こうたずねた。

「うん、やめた。いま、ニューヨークでは、酒をやめるのがはやってるんだ。エリート層ほど酒を飲まなくなっている」

「酒をやめるのがはやっているって。それもエイズの影響かい」

冗談のつもりできいたのに、彼はまじめに答えた。

「そうかもしれない。いまニューヨークは健康ブームなんだ。健康に悪いことはみんなやめはじめた。麻薬、マリファナのたぐいはもちろん、タバコも、酒も、飽食も、性的放縦も。そしてジョギング、フィットネス、スポーツ、健康食といった健康にいいものが何でも好まれる。エイズの前からその傾向は芽生えていたけど、エイズがそれに拍車をかけたことは間違いない」

これにはすっかり驚いてしまった。六年前は、昼間から酒を飲むことがエリートの間ではやっていた。マリファナはもとより、コカインすら、エリート社会に入りこんでいた。麻薬はともかく、酒とセックスに強いことはエリートの条件ですらあった。いかに仕事ができようと、石部金吉《いしべきんきち》的な堅物はバカにされ、仕事もするが遊びもすごいという男が高く評価された。あのキッシンジャーですら、自分がいかにプレーボーイであり、スウィンガーであるかを自分から報道陣に宣伝したものである。

だがもはやそのような享楽主義的エリートははやらないのだそうである。代わって、禁欲主義がエリートの間の流行になりつつある。エイズはニューヨーカーのライフスタイルまで変えつつあるのだ。

エイズは、世界のどこよりもニューヨークを激しく襲った。

いま世界のエイズ患者（死亡を含む）は四万二〇〇〇人いる（八七年三月十三日、WHO発表）。そのうち三万一〇〇〇人はアメリカにいる。エイズは圧倒的にアメリカで起きている病気なのだ。第二位のフランスは一二〇〇人で、アメリカの二五分の一しかない。

そして、アメリカの患者のほぼ三分の一、九二〇〇人がニューヨークの患者なのだ。うち五〇〇〇人はすでに死亡している。

これほど沢山のエイズ患者を出した都市は世界中どこにもない。ニューヨークのエイズ患者は、アメリカ以外の国々のエイズ患者をすべて集めたに近いぐらい多いのである。

しかも、未来はもっと恐しい。当局の推計では、ニューヨークですでに五〇万人がウイルスに感染しており、少なめに見積っても、これから五年内に二万五〇〇〇人が死ぬだろうという。毎年五〇〇〇人、毎週一〇〇人という勘定になる。

これはウイルス感染者の五年内発病率を一〇％とし、発病者の致死率を五〇％と見積っての計算だが、実際の発病率は三〇％近く、これよりはるかに大きな数の犠牲者が出る可能性が強い。一九九一年までにニューヨークに四万人を超す死者が出るという予測もある。

そして恐しいのは、いまからどんなに手をつくしても、これだけの犠牲者が出ることを食いとめられないということである。これから、新しい感染者を一人も出さないとしても、すでに感染してしまっている人が五〇万人もいる以上、それだけの犠牲者は必然的に出てしまうのだ。

唯一の望みは、感染しても発病を食いとめる方法、あるいは発病しても治す方法が見つかることだが、いまのところその望みはない。特効薬といわれるＡＺＴも、エイズを治すことはできない。延命効果があるだけなのだ。

ウイルス感染者五〇万人というのは、考えてみれば恐しい数である。ニューヨーカーの二〇人に一人は感染者なのである。エイズ感染者はいたるところにいるわけだ。路上でも、職場でも、バスの中でも地下鉄の中でも、ニューヨークにいる人は知らないうちに毎日無数の感染者と出会っているのである。もしエイズが空気感染する病気であったら、ニューヨークはたちまちのうちに死の街と化していただろう。

感染率はリスクの高いグループをとってみると、はるかにすさまじいものになる。ハイリスク・グループの筆頭は、同性愛者である。エイズは、はじめ同性愛者の間ではじまり、その正体がわからぬ間は、同性愛者に特有の病気といわれていた。いまでも同性愛者の有病率は高い。患者の半数は同性愛者である。

ニューヨークには約五〇万人の同性愛者が住んでいる。これは世界最高の同性愛者密度だ。五〇万人といったら、群馬県の高崎市と前橋市の人口を合わせたのに匹敵する数だ。それだけの人がすべて同性愛者なのである。

その五〇万人のうち、半分の二五万人がすでにエイズ・ウイルスに感染していると推定されている。つまり、同性愛者の二人に一人は感染しているのである。恐るべき感染率である。ニューヨークの同性愛者は、ほとんど全員が内心では自分もエイズに感染しているにちがいないと思いこみ、いつ発病するか不安におののきながら生活している。

エイズの患者が最初に出たのは、一九八一年のことである。くしくも、私がニューヨークに長期滞在してルポを書いていた時期である。この時期は、先に述べたように、アメリカ性革命の絶頂期だった。性道徳などという言葉は死語になっており、あらゆる性的抑圧を取りはらい、あらゆる形態の性を心おきなくエンジョイすることこそ正しいことだと考えられていた時代である。

性革命の先頭を切ってすすんでいったのが同性愛者だった。それまで、同性愛に対する社会的抑圧が強かったアメリカ社会では、同性愛者は日陰者として生きてこなければならなかったが、彼らは、自分たちが同性愛者であることを公然と宣言し、同性愛に対する差別撤廃を主張し、人前でも同性愛者同士が堂々と愛しあうようになった。

その中心となったのが、グリニッジ・ヴィレジのクリストファー・ストリートだった。この一帯に、同性愛者が住みつき、同性愛者向けのレストラン、バー、カフェ、ポルノ・ショップ、衣料品店、書店など、あらゆる店がきびすを接してならんだ。ウイークエンドになると、ニューヨーク中から集ってきた同性愛者たちがこの通りを埋め、まるで休日の浅草仲見世のようなにぎわいになるのだった。

あらゆる種類の同性愛者がいた。黒い革ジャンを着て胸毛をチラつかせているのもいれば、化粧が濃いオカマ風もいた。ウォール街のオフィスからそのままきたようなビジネスマンもいれば、ハーレムからスニーカーをはいてやってきた黒人もいた。さまざまの同性愛者が夜な夜なこのストリートに集ってきては交遊相手を求めてうろつきまわるのだった。それを彼らの言葉で、「クルージング」といった。ここを舞台にそういうタイトルの映画が作られて、日本で公開されたこともある。

ともかく、最盛期のクリストファー・ストリートは、それを見た者にしか信じられないほど異様にごった返していたのである。

同性愛者には、二人だけで深く愛しあい、他の者とは絶対につきあわないというカップルもいるが、相手を取っかえひっかえ、複数の相手とつきあうという人も多い。しかし、それまでは、社会の片隅に隠れて生きるのが同性愛者であったから、そうそう多くの相手がたやすく見つけられたわけではない。

しかし、クリストファー・ストリートのような、公然たる交遊相手発見の場が与えられると、誰でも相手をたやすく見つけられるようになり、乱交の度が一層すすんだ。それに拍車をかけたのが、バス・ハウスだった。これはもう集団乱交場そのものといってよかった。巨大な大浴場の中で、気にいった相手を見つけると声をかけて個室にいくか、あるいは乱交用の大部屋に入って交渉を持ち、それが終ると、また別の相手を求めて、浴場の中をうろつくのだった。

バス・ハウスでは乱交が常識だった。お互いに名前も名乗らぬまま、複数の相手と交渉を持つのだった。そのようなバス・ハウスが、最盛期には一〇軒以上あったといわれる。

このようにして、乱交の網の目が人から人へつながり、ニューヨークの同性愛者たちの多くが、一つの巨大な乱交の網の目の中に入ってしまうことになったわけである。

その網の目の中に、誰がどこから持ちこんだのかはわからぬが、エイズ・ウイルスが持ちこまれ、それが乱交の網の目を伝って、ニューヨークの同性愛者の半数を感染させることになってしまったわけである。

あのクリストファー・ストリートはどうなったのだろうかと思って訪ねてみた。ウソのように静かな閑散とした通りになっていた。それでも店は何軒か営業している。昔はいつも満員で人いきれがするほどだったバーに入ってみた。カウンターに三、四人、部屋の隅のほうに三、四人、それぞれ静かに飲んでいる。中の一人は、見るからにやせこけていて、写真でよく見るエイズ患者特有の風貌をしている。かなりふけており、五〇歳すぎに見えるが、エイズ患者は急速にふけこむというから、ほんとはもっとずっと若いのかもしれない。視線があったら、ニコッとほほえんでうなずいてくれた。

しかし、なんとも淋しげな微笑で、すぐにまた視線を落して自分のグラスをにぎりながら、音楽に耳をかたむけていた。店の客を見まわすと、他にも二人ばかり、エイズを疑えそうな客がいた。ニューヨークの同性愛者の半分が感染者なのだから、それも当り前といえば当り前だ。

バーを出て少し先のポルノ・ショップに入った。同性愛者用のポルノ・ショップで、ハード・コアの写真集、ビデオ、性具などを扱っている店だ。

合成樹脂でできたさまざまのサイズのペニスが売られている。色は肌色と黒の二色。そのうちいちばん大きなものは、私の腕より大きい。これには仰天した。こんなものが入るのだろうかと思った。同性愛者も、アナルでフィストファッキングをすると聞いて、ウソだろうと思っていたが、これを見て信じられるようになった。

この店も、昔は客がいっぱい入っていたのに、ほとんど客はいない。店の奥にもう一つ特別室があり、そこでは、ハード・コアのビデオを常時上映している。入場料五ドルを払って中に入ると、奥のほうに大きなビデオ・モニターがあって、いましも激しいハード・コアものを上映中である。男女のポルノのハード・コアと同じく、筋はあってなきが如く、ひたすら、その場面を局部大写しで撮ったものである。黒人や白人、筋骨たくましいのや、なよなよしたのやらが次々に出てきて、同行の記者があとで気持が悪くなったというほど激しい場面を際限もなく繰り広げる。お客は二、三人しかいない。黙って、むっつりそれをながめている。これで、客が歓声をあげたり、冗談をいいあったりして陽気でにぎやかに見ていればまた雰囲気がちがうのだろうが、モニターの青い照り返しの中で、みな押し黙ったままハードな場面をジッと見ているというのは、なんとも異様で、暗くしめっぽい。

部屋の両サイドには公衆電話ボックスのような小部屋がならんでいて、そこには小さなモニターがあり、コインで別料金を払うと、自分の好きなビデオを見られる仕掛けになっている。そこにも、二、三人の客が入っている。しかし、そちらも、一人黙ってじーっと画面に見入っているだけで、なんとも暗い雰囲気である。部屋の隅に個室のトイレがあり、そこに客が小便をするにしてはかなりひんぱんに入っていく。そして、小便にしてはかなり長い時間がたってから出てくる。きっと、その中で一人さみしくおのがペニスをこすっているにちがいない。

そう思うと、だんだん気が滅入ってきた。これはなんと暗い光景だろう。ほとんど陰惨といってよい。あの性革命の時代に、同性愛者たちが誇らしげに胸を張って生きていたころを知る者にとっては、ほとんど信じ難いほどに陰惨な光景である。

「エイズのおかげで、同性愛者は、再び社会から白い眼で見られ、つまはじきされるようになってしまった。いまや同性愛者はエイズ感染者と同一視され、さまざまの社会的差別を受けるようになってしまった。そしてそれとともに、バイセクシャルのホモが、いっせいにホモ社会から身を引いて、ヘテロのほうに戻ってしまった。彼らは再び、ホモであることを社会的に隠して生きることを選んだわけだ。そして、それとともに、ホモ社会からヘテロ社会へ、エイズのウイルスが拡散していくことになった」

後に知り合った同性愛者はこう解説してくれた。つまり、性革命の時代に、クリストファー・ストリートを埋めていた同性愛者の群集の大半は、日常生活上はヘテロ(異性愛)社会にいた人々だった。自分が同性愛であることを隠して社会生活を営み、結婚して家庭まで持ちながら、夜になると、あるいはウィークエンドになるとクリストファー・ストリートにやってきて、そのときだけ本来の自分の性的嗜好を取り戻すという、いわば〝隠れホモ〟だったわけである。それがエイズ以後、再びホモ社会と縁を切ってヘテロ社会に戻ったが、そのときすでにエイズ・ウイルスに感染していたために、それがヘテロの相手にも移っていったということである。

このように、エイズは、ニューヨークの同性愛者社会に取り返しがつかないほど大きな打撃を与えた。そしてそれは、ニューヨークという都市に対しても取り返しがつかない打撃を与えつつある。

なぜなら、ニューヨークはその世界に誇るべき最良の部分を同性愛者たちに負うところ大だったからである。

同性愛者には不思議に美的才能が与えられており、世界のどこでも芸術家に同性愛者が多いことは、よく知られている。ニューヨークも例外ではなかった。ニューヨークを世界の文化の中心に押しあげていた人材の相当部分がやはり同性愛者だったのである。その人々が一人また一人とクシの歯が欠けるように死んでいく。それとともに、ニューヨークの芸術と文化の世界はかけがえのない人材を失っていったのである。

『ヴァニティ・フェア』誌は、この五月号で「一人また一人」と題して、エイズで死んだ芸術家たちの写真を両面見開きで掲載し、ニューヨークがエイズによっていかに大きな文化的損失をこうむったかをレポートした。

写真を見ると、演出家、美術評論家、画家、メーキャップ・アーチスト、ファッションョン・デザイナー、オペラ演出家、画廊経営者、インテリア・デザイナー、写真家、哲学者、レコード・プロデューサー、ピアニスト、俳優、TVプロデューサー、雑誌編集者、モデル、ダンサー、歌手、ロック・ミュージシャン、舞台美術家などなど、必ずしも日本にまでは知られていない人々だが、ニューヨークのそれぞれの社会では押しも押されもせぬ人々ばかりならんでいる。これらの職業名をならべただけで、エイズがニューヨークの文化のあらゆる側面にどれだけ大きな打撃を与えたかがわかるだろう。ここに写真がのせられた人々はほんの一例で、それぞれのフィールドで、一つ一つの写真の人物の背後にもっと多くのエイズ犠牲者がいるのである。

エイズはニューヨークを深くむしばみつつある。とりわけ多くの犠牲者を出しているのが、黒人とヒスパニックと呼ばれるスペイン系少数民族である。

はじめエイズは、白人中産階級の同性愛者に特有の病気としてはじまった。事実はともかく、そのようなものとみなされ、いまだにかなりの人々がそうみなしている。しかし実際にはいまや、黒人とヒスパニックの患者が、白人同性愛者の患者をはるかに凌駕《りようが》するようになってしまっている。黒人とヒスパニックで、ニューヨークの全患者の五四％を占めているのである。もともとニューヨークは、黒人とヒスパニックの人口が多い都市である。全米平均でいうと、黒人とヒスパニックは合わせても総人口の一八％にしかならないが、ニューヨークでは、四五％を占めている。しかし、その人口比より患者数比はもっと多いわけである。

私自身、ニューヨークを訪れるまでは、エイズ患者というと、白人の同性愛者のそれを反射的に思い浮かべていた。それまでに見たエイズ患者の写真が、もっぱらそれだったからだ。

ニューヨークで、エイズ治療のモデル病院に指定されているセント・クレア病院を訪れたときも、そういう先入見を持ったままだったから、現実に病室を次から次へのぞいてみて、黒人の患者があまりに多いのにびっくりした。

エイズ患者の半分以上が黒人とヒスパニックというのは、エイズ病棟を実際に見学しての実感と一致する。

黒人、ヒスパニックは、白人よりはるかに高い比率でエイズに罹患《りかん》している。黒人は全米で人口の一二%しか占めないのに、エイズ患者の二五%を占めている。人口比より倍以上の割合でエイズ患者がいるわけだ。同様にヒスパニックは、全米で人口の六%しか占めていないのに、患者の一四%を占めている。やはり人口比の倍以上である。

それに比較すると、ニューヨークの場合は、人口比の一・二倍程度でしかないから、むしろ患者の黒人、ヒスパニックの比率は少ないとすらいえる。

しかし実は、ニューヨークの場合は、まだまだ患者が顕在化していないために、この比率が低く出ているものとみられている。

アメリカでは、いま兵隊を採るときに必ずエイズ・ウイルスの抗体検査を実施している。その結果を見ると、ウイルス感染者の割合は、白人にくらべて黒人は三倍も高いのである。これら感染者も一定の割合でいずれエイズを発症するわけで、そうなったとき、黒人の患者の割合はもっともっと増えることになるわけだ。

アメリカは階級分化が激しい国で、黒人とヒスパニックは、失業しているか低賃金の下層労働についている者が多く、平均すると白人の所得の六割程度の所得しか得ていない。スラムの住人はだいたい黒人とヒスパニックである。

そのような貧困層をエイズが侵していった。そしてそこに一層の打撃を与えることになった。彼らは、もともと人種的差別を受けているところにもってきて、今度はエイズによる差別を受けることになったのだ。後に述べるようにエイズ患者に対する差別は、いまアメリカできわめて大きな問題になっている。

なぜ、黒人とヒスパニックにそれほどエイズが蔓延《まんえん》することになったのだろうか。

白人の場合はなんといっても、同性愛セックスが最大の感染原因だったが、黒人、ヒスパニックの場合は、麻薬が大きな役割を果している。

麻薬常習者たちは、同じ注射器をまわして麻薬を射ちあう。それが静脈注射であるため、注射針の中に残った血液を通して、エイズのウイルスが感染していく。

いまニューヨークでは、エイズ患者の三五％は麻薬常習者である。そして実にその八一％は、黒人、ヒスパニックなのである。もともと麻薬は、下層社会で広く蔓延している病理現象で、常習のきっかけは、社会に対する絶望感に発していることが多い。彼らは苛酷な現実からの逃避を求めて、麻薬を射つのである。そしてその結果、もっと恐しいエイズという現実に襲われてしまうわけだ。

黒人、ヒスパニックのエイズは、社会の最下層で起きたそのような救いのない悲劇としてのケースが多いのである。

彼らの悲劇は、エイズにかかってからもさらにつづく。貧困と無知は同居している。エイズに関する社会教育はさかんに行われてはいるが、それはスラムの末端まではなかなか届かない。

いまアメリカでは、〝セイフ・セックス〟が合言葉になっている。セイフ・セックスというのは、エイズに絶対感染しないセックスという意味である。具体的には、コンドームの使用が原則となる。フェラチオはしない。コンドームなしのセックスは、お互いに相手の性的前歴がわかっていて、何の危険もないことが確認された場合に限られる。

エイズの潜伏期間は、いちおう五年くらいとされているが、これはまだ充分に確認されていない。感染後一〇年くらいたってから発病するケースも充分に考えられると専門家は指摘している。すると、相手の性的前歴も、そこまでさかのぼって、とことん確認しなければ安全ではないということになる。

そこで、見知らぬ男女が出会ってお互いに心ひかれた場合、お互いの性的前歴を自分からすすんで告白しあうか、あるいは婉曲《えんきょく》に、あるいはダイレクトにたずねあうことが、いまや若い未婚の男女の間では普通になりつつある。

もちろんかつては、お互いに相手の性的前歴をせんさくしあうというようなことは、失礼のきわみと考えられ、そんなことをしたらそれだけで相手からきらわれかねなかった。しかしいまや、エイズの前にタブーは逆転してしまったのである。

とはいっても、処女と童貞が出会った場合はともかく、そうでなければ相手がどれだけ本当のことをいっているかわからず、疑いだすときりがない。そこでセイフ・セックスには、やはりコンドームの使用がいちばんということで、いまやアメリカのコンドーム業者は増産につぐ増産でうけにいっている。

しかし、スラムの少数民族の間では、セイフ・セックスに無頓着《むとんちゃく》な人々が多かった。エイズは白人のホモの病気で黒人には関係ないという先入見にとらわれていたのである。

麻薬常習者にエイズ感染者が沢山おり、エイズは異性間セックスでも移るのだということが認識されていなかった。

その結果、黒人、ヒスパニックの間では、麻薬常習者あるいはホモの男から女に移るケースが続出することになった。

いまニューヨークのエイズ患者のうち、一〇%が女性である。そして、その女性患者のほとんどは黒人、ヒスパニックなのである。実に八四%がそうなのだ。うち六二%は、自分でも麻薬を打っているから、そちらの経路で感染した可能性が強い。しかし、二〇%は麻薬に全く無縁で、エイズ感染者の夫か恋人から感染させられた例なのである。

いまエイズは、ニューヨークの二五歳から二九歳の女性層では死亡原因のトップであり、三〇歳から三四歳の層では死亡原因の第二位、一五歳から一九歳の層でも死亡原因の第三位を占めているが、その大部分は黒人、ヒスパニックによるものである。ちなみに男性で、二五歳から四四歳の層の死亡原因第一位はエイズである。

それだけ若い女性層にエイズが蔓延していれば、その影響は生まれてくる子供にも及ぶ。ニューヨークでは、エイズの女性から生まれて、エイズに感染してしまった赤ちゃんが一五一例もあるが、その九三%が、黒人、ヒスパニックの母親から生まれたものである。アメリカ全体をとっても、八一%が黒人、ヒスパニックの母から生まれた赤ちゃんである。

白人社会のエイズは、同性愛の患者が中心であったために、女性や赤ちゃんへの感染は、かなり低めに抑えることができた。しかし、黒人、ヒスパニックの場合は、麻薬を経て異性愛の世界に入りこんでいったために、女性や赤ちゃんにどんどん入りこんでいったのである。

その結果、黒人、ヒスパニックではエイズで一家全滅という悲劇もいくつか起きている。

黒人、ヒスパニックのケースをさらに悪いものにしているのは、彼らの予後がきわめて悪いことだ。

白人のエイズ患者は、平均して、発病後二年間生きるのに、黒人、ヒスパニックは、わずか一九週間しか生きられないのだ。約六分の一である。

なぜ彼らは死ぬのが早いのか、理由はいろいろあるが、最大の理由は、彼らの貧しさである。黒人、ヒスパニックは、ろくな職についていない人々が多いから、健康保険に入っていない。

アメリカの医療費は目の玉が飛び出るほど高いから（風邪をひいて診《み》てもらっただけで何万円もとられる）、保険なしにはよほどの大金持でない限り、医者にはかかれない。そして、日本のような国民健康保険はなく、民間の保険が中心だから、職についていない貧乏人は、入れない。貧しい人には、メディケイドという公的医療費補助制度があるが、その利用にはさまざまの制約があり、誰でもどこの病院でも利用できるというわけではない。

だいたいアメリカの病院には一般外来の窓口というのがないのである。アメリカの病院に入るには、かかりつけの医者の紹介が必要で、そうでなければ、救急患者としてかつぎこまれる以外ないのである。もちろん、貧乏人には後者の選択しかない。そして救急患者としてかつぎこまれるためには、かなり病状が悪化していなければならない。

それに対して、金持の、あるいは保険がきく（最近はエイズを除外している保険が多い）患者は、もっと早い段階で病院に行き治療を受けることができる。

これが、白人の同性愛患者と、黒人、ヒスパニックの患者の予後のちがいの大きな理由である。

黒人、ヒスパニックの患者が、病院に行くのが遅れるもう一つの理由は、エイズの患者と世に知られることによって、自分だけでなく、家族や友人、知人にまで迷惑がかかることを恐れて、できるだけ隠そうとするからである。

迷惑がかかるというのは、エイズ患者とその周辺の人間に対して社会的差別が激しいからである。エイズと知られたが故に、職を失ったり、家を追い出されたりという差別例は枚挙にいとまがないほどである。

ニューヨーク市の人権擁護委員会には、そのような差別の訴えが山のように届いている。その解決のために、「エイズ差別班」を特別に設けて、八人のスタッフを置いているくらいだ。そこを訪れると、彼自身黒人である人権擁護委員のブラックマン氏が、驚くような資料を沢山取り出してきて、説明してくれる。

「毎日毎日、スタッフ全員がかかりきりになっても応じられないくらい、差別の苦情申し立てがあります。しかし、問題なのは、申し立ての多くが、ことを荒立てたくないということで、正式の法的申し立てをしないことです。正式の申し立てがあれば、こちらも法的に強い処置をとれるケースが多いのですが、これからの生活を考えて、穏便な解決を望む人が多いのです。話を聞いていて、あまりにバカげた差別なので、腹が立つようなケースが多いのですが、それでも法的手段に訴えようという人は少ないのです」

具体的な例をあげてみよう。下町に住むある老母からの訴えである。彼女には四〇歳になる一人息子がいる。未婚でグリニッジ・ヴィレジに住んでいる。彼女の勤務先のボスが、その息子の存在を知った。そして、四〇歳、未婚、ヴィレジに住むの三条件から、その男は同性愛者にちがいないと推測し、同性愛者ならエイズにちがいないと推測し、それなら、母親もエイズに感染しているにちがいないと推測し、血液検査をしてきて、エイズではないことを証明しなければクビだと申し渡したのである。委員会では、それは違法の要求だから突っぱねるように忠告したが、彼女は、この年では他に雇ってくれるところもありそうにないからといって、血液検査を受けに行ったという。

ブルックリンのある会社で働く女性のボーイフレンドが、エイズ関連症で死んだ。彼女が嘆き悲しんでいると、同僚がどうしたのと心配するので、事情を正直に打明けた。するとその翌日からそこの事務員が誰一人として彼女に話しかけなくなった。間もなく、人事課長から呼び出しがあり、彼女がエイズにかかっていないことを証明できるまで、無給の無期限休暇とすると申し渡された。そして、実は社内の同僚事務員のうち二人から、彼女を雇いつづけるなら自分が辞めるという申し出があったので、このような処置をとるのであって、悪く思わないでくれといった。委員会はこの女性に、そのような不当な要求をはねつけるように忠告したが、彼女は血液検査を受けに行った。

小売店の売り子をしている同性愛の男が風邪をひいて一日休んだ。その日の夕方、雇い主から電話がかかってきて、お前はクビだ、給料の残りは小切手で郵送するから、とりにこなくてよいといわれた。なぜクビなのかと問うと、エイズにかかっているかもしれない男を雇いつづけることはできないといわれた。

不動産会社にガードマンとして雇われている同性愛者がいた。会社はこの男はエイズかもしれないと考えて、この男の電話を全部盗聴して録音しはじめた。それとともに、職場の空気が耐えられないほど冷いものになり、ついに辞めさせられた。

ウォール・ストリートの投資金融会社の腕ききの営業マンが、毎年定例の身体検査で、会社の診療所に行った。医者は一通りの検査を終えてから、「健康そのもの、どこも悪いところなし」といったあとで、「ところで何か健康上の心配ごとでもあるかね」とたずねた。営業マンは正直に、実は自分は同性愛者なので、エイズが心配だと答えたところ、翌日、会社は何の説明もなしに、この営業マンにクビを申し渡した。

このような例は無数にあるのである。本当のエイズ患者の場合もあるが、大部分はエイズを疑われただけのケースである。

職場で差別されるだけでなく、住むところでも差別される。エイズ患者やその家族を家主が追い出そうとするのである。

女のエイズ患者が、赤ん坊を産んだところ、赤ん坊にも感染してしまった。赤ん坊が一つ半になったときに、いよいよ具合いが悪くなり、病院に入院しなければならなくなった。赤ん坊の面倒は赤十字のボランティアがみてくれることになった。家主は彼女を追い出したくて、これまでもいろんな妨害をしてきた。それでも彼女は頑張りつづけてきたのだが、家主は入院を機に何としても追い出そうとして、ついに電気をカットしてしまった。電気なしでは、残された赤ん坊とボランティアは生活ができない。そこで、人権擁護委員会が介入しようとすると、彼女は拒否した。実をいうと、赤ん坊がエイズであることを家主は知らない。委員会が介入すると、それがバレる恐れがある。バレたら彼女が入院している間に、家主が赤ん坊に何をするか知れたものではないというのである。

本人がいる間ですらこういうことが起こるのである。本人が入院して、少しよくなったので退院したら、前に住んでいた部屋は他の人のものになり、どこにも行くところがなくなってしまったという例は沢山ある。その他、追い立てをくうなどして、家なき放浪者になってしまったエイズ患者は沢山いる。スラムのひどい家で、壁がくずれた、天井が落ちたといっても、エイズ患者の家の場合は、家主が何もしてくれない。水道や下水が壊れたといっても誰も直しにきてくれないということもよく起こる。同じ建物を借りている人々も、エイズ患者を白眼視して、家主と協力して、できるだけ早く追い出そうとする。

エイズ患者が死んだあと、家族がやってきて荷物を運び出そうとしたら、そんなことをしたら、ホコリがたって、建物中にエイズのウイルスがバラまかれるからやめてくれ、と同じ建物の借家人一同から要求されたという例もある。

母一人で子供を五人育てた女性がエイズで死んだ。父親はいない。一家は市営住宅に住んでいた。残された五人の子供たちは、借家人の名義を長女に変えて、そこに住みつづけようとした。しかし、市の住宅当局は、全員がエイズに感染していないことを証明しない限り、市営住宅に住みつづけることは許さないといって、一家を追い出そうとした。

この他、職場における差別と同様、住居における差別もまた無数にある。

住居における差別よりひどいのは、救急車や病院における差別である。

アメリカでは、救急車は民間会社が経営している。ニューヨーク市内には救急車会社が沢山ある。しかし、エイズ患者の場合は、病院に入院するにも、病院から退院するにも、救急車が運搬を拒絶するということがしょっちゅうある。電話して呼んでも、いま一台もないとか、故障しているとかいって婉曲《えんきょく》に断る場合もあれば、現場まできてから、エイズはだめだとハッキリ断る場合もある。いくつかの救急車会社では、運転手が会社との労働協約の中で、エイズ患者の運搬はしないと決めてしまっているところもあるのだ。

エイズ患者を拒絶する救急車があまりに多いため、治療を受けるに受けられない患者がいる。それどころか急場に間に合わなくて死んでしまった患者すら出ているのである。

救急車どころか、病院でも差別がある。ある患者は、病院でエイズと診断されたが、そこの医者は、エイズの治療法はまだ発見されていない、従ってここの病院でしてあげられることは何もない、といって治療を断ってしまった。

ある入院患者は、看護婦や病院のスタッフがエイズを恐れるあまり、ベッドのシーツは取りかえてくれない、寝間着も替えてくれない、部屋の掃除は三日に一度しかしてくれない、食事は部屋の中に持ってきてくれずに、部屋の外の床の上に置いていくといった、全く非人間的な扱いを受けていた。

ある同性愛者が、精神分析医の診断を受けていた。これまでの性生活を語っていく中で、自分が複数の同性愛の相手を持っていたことを告げると、精神分析医は、あなたのような患者はお断りだ、といった。複数の相手と同性愛にふけってきた男はエイズに感染しているにちがいないというのである。

あるエイズ患者が急に容態が悪くなり、救急車で病院に運びこまれた。しかし、彼は控え室で一八時間もの間、何の手当も受けずに放っておかれた。翌日、彼の友人たちが病院を訪ねると、彼はまだ救急ベッドの上で虫の息で横たわっていた。毛布もかけられておらず、失禁、脱糞しているというのにそのままだった。食物も飲物も全く与えられていなかった。そして間もなく、ほとんど何の手当も受けないうちに死んでしまった。

多くの病院で、麻薬中毒患者の治療が行われている。入院させて完全に麻薬から縁を切らせる療法である。ニューヨークには、それが二〇〇コースくらいあるが、入院希望者が多いため、ウェイティングリストがいつも半年先までつまっている。ところが、この療法をやっている病院のかなりが、エイズ患者とわかると、入院を拒否している。

この他にも、病院での差別がいくつも報告されている。最近は昔にくらべて減ってきたとはいえ、エイズ患者を専門に扱う部門を持たない病院では、いまだにエイズ患者に対する差別があるのである。

エイズに対する理解がいちばんあるはずの病院ですら、このようなことが起きているのだから、社会の別の部門では目にあまる差別例がいくらでもある。

差別の中でエイズ患者は、増える一方である。

セント・ヴィンセント病院のウィリアム・グレイス博士は次のように語っている。

「いまエイズ患者は、だいたい一〇カ月ないし一二カ月ごとに倍、倍になっていくペースで増えています。いまこの病院では、三一六床のうち四五床がエイズ患者で占められています。しかし、来年はどうなるかといえば、九〇床がエイズ患者で占められるでしょう。次の年は一八〇床です。四年以内に、ニューヨーク中の病院のベッドがエイズ患者でいっぱいになるという事態が予想されるのです。アメリカの医療システム全体がエイズに呑みこまれてしまう日がくるかもしれません。エイズの医療には大変なコストがかかります。一九八五年のエイズ患者の医療費のトータルは六〇億ドルでした。たった一万二〇〇〇人の患者に対してですよ。五年後には、患者の数が二五万人になることが予想されているのです。そのときいったいどういうことが起きるのか、まだみんなわかっていないのです」（『ヴァニティ・フェア』誌一九八七年三月号）

エイズの災禍はまだはじまったばかりなのである。

Ⅲ

エイズ患者に対して、いかに多くの差別があるかを前節で紹介した。

差別は子供にも及んでいる。エイズ・キャリアの子供、あるいは、キャリアでもないのに親がエイズだったという理由で学校から追い出されている子供たちがいる。同級生やＰＴＡがいっしょになって追い出すのである。それに教師が加わる場合もある。学校に行けば行ったで、いじめがある。いじめはしばしば暴力的である。エイズの子供を殴打するのである。それどころか、ニューヨークのある公立高校では、エイズ・キャリアと疑われた生徒が、校庭で同級生に囲まれ、この学校から出ていけといわれ、銃で撃たれるという事件まで発生している。

このような差別の広がりを防ぎ、エイズの流行を食いとめるために、アメリカの中学、高校ではエイズ教育がカリキュラムに取り入れられるようになった。

それどころではない。ついに小学校にまでエイズ教育は波及したのである。

私がちょうどニューヨークに滞在しているときに、「ニューヨーク・タイムズ」紙は、

「〝Ａ〟はエイズの〝Ａ〟

アルファベットの新しい教育法」

と題して、小学校におけるエイズ教育をレポートする記事をのせていた。

ニューヨークならびにその近郊の小学校では、すでにエイズ教育がはじまっている。普通は六年生だが、早いところでは、四年生の授業で教える。

先生が生徒に、エイズについて知っていることを何でもいってごらんなさいというと、みないっせいにいろんなことをいいはじめる。エイズに関連するニュースが毎日のようにテレビや新聞で報じられるし、街の話題にもなっているから、子供の耳にも沢山の情報が入っている。

エイズはセックスでうつる。麻薬を打つ注射針でもうつるといった正しい情報もあるが、トイレの便座を通じてもうつるとか、動物にかまれるとうつる、体重が重くなりすぎるとエイズになるとか、とんでもないまちがった知識も子供たちの間には流布《るふ》している。そしてそのような誤れる知識があまりにも多いために、子供たちの間に〝エイズ・ヒステリー症候群〟がしばしば発生しているという。

先生が一つ一つ説明を加えては、誤れる知識を正し、正しい情報を与えていく、もちろん、セックスについても、ホモについても教える。コンドームの使い方まで教えるのである。エイズ教育は性教育にならざるをえないのである。ニュージャージーの小学校では、父兄が希望する場合には、その子供を性教育の時間だけクラスから外すことができる。しかし、そう希望する父兄は一％以下であるという。

いくら何でも小学四年生にエイズ教育は早すぎるのではという声もある。たしかに、小学四年生の九〇％はまだセックスに実際的興味を持っていない。しかし、一〇％はいつセックスをしても不思議ではないほど早熟だし、またそのようなことが起こりうる生活環境にいる。そのような一〇％の児童のために、小学四年生でエイズ教育が必要になってくるのである。

エイズ教育は、刑務所でも行われている。刑務所は、エイズ患者の発生率がきわめて高い場所である。ニューヨーク州の刑務所には、三万八〇〇〇人の囚人がいる。うち五一％が黒人、二七％がヒスパニックである。アメリカの犯罪者は、経済的に貧しい少数民族に著しく偏っているのである。前節で述べたように、この層が、いまやエイズのリスクがいちばん高い層なのである。

黒人、ヒスパニックの中では、麻薬常用者にいちばん多く患者が発生する。そして、刑務所の囚人の六〇％は、麻薬常用者なのだ。必然的に患者発生率はきわめて高率である。刑務所の外にくらべて、三、四倍高い。囚人のうちエイズで死んだ者、八三年に二三人、八四年に六八人、八五年に一〇七人。驚くべき勢いでエイズによる死者が増えている。囚人の患者は、病気の進行が速い。次々に発生しては次々に死んでいく。八五年は常時三〇人の患者がいたというから、平均四カ月程度で死んでいったことになる。八六年は常時五〇人の患者がいたというから勢いは一層増しているわけだ。

この状況に看守も恐れをなし、一部の刑務所では看守が申し合わせて、エイズ囚人を取り扱いたくないと当局に求めたこともある。いずれにしろ、刑務所の病棟ではエイズ患者を扱いきれなくなっており、一部の重症患者は、民間の病院に移されている。民間の病院の一画を区切って、そこを刑務所の出先として扱うのである。私が訪ねたセント・クレア病院でも、エイズ病棟六〇床のうち一〇床が刑務所用の囚人病棟になっていた。囚人病棟といっても特別の警戒はしていない。重症患者ばかりなので、脱走の心配もないのである。

それだけ患者が発生するのだから、当然、エイズ・キャリアもまた多い。ある刑務所の調査では、囚人の七五％が感染者だったという信じ難いような数字も出ている。

これだけ感染者が多い集団を放っておくことはできない。彼らは収容中に発病しないとしても、釈放されてからエイズ・ウイルスをバラまくことになる。いや、釈放前からバラまく可能性もある。

アメリカの刑務所では〝夫婦面会〟といって、一定の条件のもとに囚人の妻または夫が面会にきてセックスを持つことができる。また、ゲイの囚人同士の間で看守の目を盗んでセックスが持たれることもあるし、ゲイがゲイでない囚人を強姦することもある。

そのような行為を通じてエイズが蔓延するのを防ぐため、ニューヨーク市の刑務所では、囚人にエイズ教育をほどこし、コンドームを使用した〝安全セックス法〟を教えている。そして囚人は、釈放時に、コンドームをほしいだけもらえるのである。釈放時だけではない。夫婦面会のときにもらえるのはもちろん、ゲイだといえばいつでもコンドームがもらえるのである。ゲイであろうと、刑務所の中での性行為は禁止されている。だから、ゲイにコンドームを配布するというのは、タテマエ上はおかしなことなのだが、いまや、エイズの蔓延を防止するという大義のためには、そのようなタテマエにかまっていられなくなったのである。

ところで、最近アメリカでは、〝クラック〟と呼ばれる麻薬が流行していることをご存知の方も多いだろう。すでに日本の雑誌でも、アメリカの新しい流行現象として何度か紹介されている。

このクラックが、実はエイズ流行の副産物なのである。学校や刑務所の中でまでエイズ教育が行われた結果、麻薬を注射器でまわし射ちするという従来の方法を用いていたのでは、エイズに感染する恐れがきわめて強いことが一般に認識されるようになった。一回ごとに注射器を使い捨てにすれば安心なのだが、そうもいかない。そのため、エイズが恐くて麻薬を打つ人が減ってきた。すでに中毒になってしまっている人はともかく、新しく麻薬を試みようとする人がほとんどいなくなってしまった。これにあわてたのが、麻薬密売で稼いでいたマフィアとその配下の売人たちである。このままいけば、エイズのためにメシの食い上げになってしまう。

そこで、エイズの心配のない麻薬として開発されたのがクラックなのである。クラックは注射器を使わない。ガラス皿などに入れて火であぶり、揮発成分を吸飲するのである。

話を戻すと、エイズに対する差別はいたるところにある。生活のあらゆる場面で差別につきあたる。ブルックリンのある郵便局に行って、小包を出そうとしたら、宛先がエイズ関連の団体になっているのを見た職員が、その小包の扱いを拒否したという例もある。

社会福祉事務所に、生活保護の支給金の小切手を受け取りに行ったら、お前の母親はエイズだから、お前も感染しているかもしれない、今後この事務所に足を踏み入れないでくれといわれた例もある。

ある患者は肺が悪くなり、自宅で酸素吸入をつづけていた。酸素ボンベが足りなくなり、販売会社に電話で注文したところ、早速トラックで配達人がやってきたが、お客がエイズ患者と知ったとたん、酸素ボンベの搬入を拒否し、そのまま帰ってしまったというケースもある。

ある同性愛のエイズ・キャリアが、テレビ局でインタビューを受けることになった。しかし、テレビ局では、そのビデオ撮りをすることになっていた三人の技術者とテレビカメラのオペレーターが仕事を拒否。結局、その仕事を引き受けたたった一人の技術者によってビデオ撮りが行われたが、それでも、ピンマイクを胸につけるのだけは自分でやるようにと要求された。また、メーキャップ師は全員仕事を拒否したので、メーキャップなしで撮影された。

ある精神病院では、患者の一人がエイズとわかったとたん、医者も看護師も近づかなくなり、診察はもちろん、話しかけることも薬を与えることもしなくなったという。

行路病人《こうろ》（行き倒れ）もまた、エイズの恐れがあると差別される。グリニッジ・ヴィレジのあるコーヒーショップで、客の一人がくずれるように倒れた。心臓発作らしいと推測された。一般に、このような場合、アメリカでは救急蘇生術の知識が普及しているので、誰かが即座に人工呼吸をはじめるのが常である。しかしこのときは、誰一人として、人工呼吸をしようとしなかった。急をきいて警官も駆けつけた。警察官は全員が蘇生術の訓練を受けている。しかし、その警官もまた黙って見守るばかりだった。

みなその男がエイズかもしれないと恐れたのである。アメリカでいちばん普及している人工呼吸法は、口から口への人工呼吸だが、エイズかもしれない見知らぬ男に、口から口への人工呼吸をしようという勇気ある人がいなかったのである。エイズ以前のアメリカであれば呼吸困難に陥った見知らぬ人へ人工呼吸をほどこすことは、当然の市民的義務として、誰でもちゅうちょすることなく行われていたというのに、いまでは、エイズのためにそのような美風は失われてしまったのである。そのため、ニューヨークでは救急車がくる前に死んでしまう行路病人の数が増えている。

ニューヨークの中でも、グリニッジ・ヴィレジは特にエイズ患者が多いために、そのようなことが起こりがちなのである。

ヴィレジの総人口は六万一〇〇〇人ほどだが、そのうちの約三割、一万八〇〇〇人は同性愛者である。そして、ニューヨークの同性愛者の二人に一人はエイズに感染しているのだから、ここには恐るべき数の感染者がいることになる。これまでのところ、エイズが発症した人は約七〇〇人（大半はすでに死んでいる）にとどまっているが、それでもこの数はイリノイ州の全エイズ患者数に匹敵する。そして、この何倍もの患者がこれから次々にヴィレジで発生することは確実なのである。

ヴィレジの通りは古い五、六階建てのアパートがつらなってできている。一つのアパートに三〇～四〇室くらいの部屋があるが、たいていのアパートが、そのうちの何室かでエイズ患者を出しているという。ここではエイズ患者の姿は日常的な風景なのである。はじめはわからないが、さまざまの症状のエイズ患者を見ることに慣れてくると、街を歩いていても、ああ、あの人はエイズ患者にちがいないと思われる人に、日に何度も出会うことになる。

そういう街であってみれば、行路病人がエイズと疑われるのも無理はないわけである。というより、エイズ患者を見慣れているこの街の住民が一様に人工呼吸を尻ごみしたということは、かなりの確率で、その病人がエイズ患者であったということを意味している。

目の前で人が倒れ、人工呼吸を必要としているにもかかわらず、それを遠巻きにして見守るだけで、誰も救いの手をさしのべることができない。これが疫病《えきびょう》というものの姿である。日常的な病気であれば、生きている者同士手をさしのべ、相《あい》助け合うのが人間の持って生まれた性《さが》であるはずなのに、疫病はそのような基本的人間性すら破壊してしまうのである。疫病は、疫病に襲われた個々人の生命を奪い去るだけでなく、疫病に襲われなかった人々の人間性をも奪い去っていく。そしてそれによって、人間性によって結び合わされた社会を解体に導いていく。ここに、疫病の本当の恐しさがある。エイズ差別はその社会解体現象の現れなのである。

エイズの犠牲者そのものは、数からいうと実はそれほど大したことはない。アメリカでは毎年二〇〇万人が死ぬ。うち、心臓病で死ぬ者が五〇万人おり、ガンで死ぬ者が一五万人いる。それにくらべたら、エイズ患者三万人という数字は大したことがないともいえるのである。エイズの本当の恐しさは、エイズ患者の数より、エイズの恐怖によってむしばまれた人の心の数によってむしろ表現されるべきだろう。

死ぬまでさまざまに差別されたエイズ患者は、死んでからも差別される。

葬儀屋がエイズ患者をきらうのである。葬儀をするのをいやだとはっきり断る葬儀屋もいれば、いま手がいっぱいだなどさまざまの理由をつけて婉曲《えんきょく》に断る葬儀屋もいる。あるいは、普通の料金プラス数百ドルから数千ドルの特別料金を請求する葬儀屋もいる。あるいは、お棺の中に入れて正式の葬儀をするのはいやだけど、大きなプラスチック・バッグに死体を詰めこんで墓地に運ぶくらいのことならやってやろうという葬儀屋もいる。

エイズ患者は多かれ少なかれ葬儀屋から差別を受けている。その中にあって、ニューヨークでただ一店だけ、エイズ患者の団体から、この葬儀店は絶対にエイズ患者を差別しないから、葬儀に困ったらこの店にと推奨されている葬儀店がある。

イースト・ハーレムにあるニューヨーク葬儀社である。その店を訪ねて、主のオブライエン氏に、なぜエイズ患者を扱うようになったのかをきいてみた。

「実はうちは昔からニューヨーク州の矯正局《きようせい》をお得意さんにしていて、刑務所の囚人の中で死んだ者が出るとその葬儀を引き受けていたわけです。ところが五年前から、囚人の中にエイズ死が出るようになって、いまでは、囚人で死ぬ者の九〇～九五％がエイズ患者なんですよ。仕方なくそれをみんな引き受けてやっているうちに、ここはエイズ患者の葬儀を引き受けてくれるという評判がたって、刑務所の外のエイズ患者もどんどんうちにくるようになってしまった。いまじゃ、葬儀屋仲間からも電話がかかってくる。エイズの客がきてるけど、うちではやりたくないんで、お宅で引き受けてくれないかって」

――よそではどうしてそんなにいやがるんです。

「そりゃ、うつるのが恐いからだよ」

――エイズは死体からでもうつるんですか。

「そこが実はまだよくわかっていない。しかし、うつる可能性はある。はっきりうつらないとわかっていればどこでもやるだろうが、うつる可能性があるとなったら、みんなやりたがらない」

――あなたはうつるのが恐くないんですか。

「そりゃ私だって恐い。恐いから用心に用心を重ねて、慎重にやっている」

――だけど、エイズはセックスでうつるか、血液を通してうつるかでしょう。体にさわるくらいじゃうつらないはず。どうして死体からうつる恐れがあるんですか。

「その通り、エイズはセックスか血液でうつる。我々の場合、セックスは関係ない。だけど、エンバーミングのときに血液を通してうつる恐れがある」

アメリカの葬儀屋と日本の葬儀屋は仕事の内容がちがう。アメリカでは、エンバーミングと呼ばれる防腐処理を死体に対してほどこす。これが葬儀屋の仕事のきわめて重要な部分をなしている。私も、アメリカでは死体にエンバーミングをほどこすということは前から知っていたが、それが具体的にどういうものか知らなかったので、説明してもらった。

「エンバーミングは、普通の死体と解剖された死体でやり方がちがう。普通の死体の場合は、首の付け根の鎖骨の上のところのちょっとくぼんだところにメスを入れて、一インチ半くらい切る。その切り口から手を入れて、中にある太い頸動脈と頸静脈を外に引っぱり出す。それを切って、ポンプにつなぎ、中の血液を排出しながら、代わりにエンバーミング液を入れていく。要するに、血液をエンバーミング液で置きかえるわけなんだ」

――そのエンバーミング液というのはなんですか。

「主成分はホルマリンだ。これは防腐剤でもあり、消毒剤でもある。血液を抜いてこれを入れてしまえば、もうエイズがうつる心配はない。あとは誰でも平気で死体にさわれる。一度エンバームしてしまえば、その死体を海外に送ることもできる。しかし、エンバーミングするときは気をつけなくちゃならない。なにしろ、ウイルスでいっぱいのエイズ患者の血液に直接ふれるんだからね。手術用のゴム手袋を二重にする。手術用のエプロンをして、マスクをして、その上、ゴーグルをする」

――ゴーグルって、あのスキー用のですか。

「そうだ、あれだ。万一、血液がはねたり飛んだりして眼に入ったらたちまち感染するからね。それにメスを使っているときに、どこかにちょっとでも傷を作ったら、そこからウイルスが入ってくる。だから、メスは慎重の上にも慎重を期して、ゆっくりゆっくり使うようにしている。これが普通の死体の場合で、解剖されている死体だともっと面倒になる。解剖死体は、頭蓋を開いて脳を取り出し、胸と腹を開いて、中の臓物をみんな取り出して調べてある。だから、いたるところで血管が切れていて、頸動脈からホルマリン液を入れても、全身に行きわたらないわけだ。だから脚、腕、首など、一つ一つ個別に血液を抜いてホルマリンを入れていく。内臓は一つ一つ化学物質で処理して防腐処置をほどこす。かなり面倒だよ」

――エイズの場合、解剖してあるほうが多いんですか。

「初期のころは全部解剖してあった。いろいろわからなくて調べることが多かったんだろう。しかし、いまではほとんど解剖されてない。ただ囚人の場合はちがう。囚人はどんな病気で死のうと必ず全部、解剖して記録を残しておくことになっているから、いまでもみんな解剖されている」

――エイズの死体の目立った特徴って何かありますか。

「それは症状によって千差万別だ。一般的にいえばやせ細っているのが特徴だ。四〇キロそこそこまでやせているのがよくある。だけど、一見したところ普通の死体と同じで、エイズだと聞かされていなければ、とてもそうとは思えない死体もある」

――これはエイズ死である、と必ずわかるようになってるんですか。

「それは法律上そうなっている。医者は葬儀屋に対して感染の恐れのある疾患で死んだ患者の場合、必ずそれがどういう病気であったかを告知しなければいけないことになっている。エイズだけでなく、肝炎だって結核だって告知しなければならない」

――だけど、初期のころは、エイズなんてよくわからなかったわけでしょう。その時期に知らないうちにエイズ患者を扱っていたということがありうるんじゃないんですか。

「そうなんだ。その恐れは充分にある。この病気が発見されてエイズと名前がつけられたのは五年前だけど、その前からエイズはあったし、エイズで死んだ人は沢山いたはずだ。そして囚人の中には昔から麻薬中毒が多かったから、恐らく知らないうちに私はやってたと思うね。だけどそれは、いまさら仕方のないことだ」

——この仕事がいやになってきませんか。

「そりゃ好きこのんでやってるわけじゃない。だけど、これは誰かがやらなきゃならないことなんだ。エイズ患者だって人間なんだから、犬や猫のように死体をその辺にころがしておくわけにはいかない。誰かが人間らしく葬ってやらねば」

——埋葬は火葬ですか土葬ですか。

「初期のころはみんな火葬にしていた。そうでないと危険だと思われていたし、それに、墓掘り人がいやがって土葬の墓穴を掘れなかった。だけどいまでは、土葬でも危険はないとわかって、ほとんど土葬だな。火葬は一〇%くらいしかない」

——これまでどれくらいエイズ患者を扱ってきたんですか。

「沢山だよ。ほんとに沢山だ。いま一週間に平均して一五人から二〇人扱っている。それを毎週毎週五年間にわたってつづけてきたんだ。はじめはもうちょっと少なかったが、このところずっと、このペースだ。これからどうなるのか。当局の予測だと、どんどん増えていって、犠牲者が一〇〇万人単位になるというんだろう。そのときいったいどういうことになるのか、全く見当もつかないよ」

こういって、オブライエン氏は首をふった。一週間で二〇人を五年間とすると、単純計算で五〇〇〇件になる。ニューヨークのエイズ死者の大半をこの葬儀屋が扱ってきたことになる。それは、いかに他の葬儀屋でエイズ患者が差別されているかを示すものである。しかし、それにしても一週間で二〇人とは、恐るべき量である。ほぼ毎日三人のエイズ死者を扱うということである。

このインタビューをしている間も、ほとんど五分おきに電話が入り、仕事上の連絡でインタビューが中断された。

電話の向うには、一つ一つ個別のエイズ死がある。統計数字ではない、生《なま》の事実としてのエイズ死がある。階下の事務室には、死者の家族が職員と声をひそめて何事か相談しあっていた。階上のこのオフィスの隣の部屋には、窓ごしにのぞいてみると、お棺が三つも四つも置かれていた。そしてこの部屋では、電話が鳴る。また電話が鳴る。電話のベルの音を聞くたびに、私はニューヨークを襲いつつあるこの疫病の恐怖を実感した。

Ⅳ

アメリカには、同性愛者のための新聞や雑誌が沢山ある。エイズのニュースが読みたくて、それを片端から買ってみたら、たちまち二〇種類くらいになった。

新聞の一つに、コロンビア大学で、北東部レスビアン・ゲイ学生同盟の大会が開かれるとのお報《しら》せがのっていたので、早速取材に出かけてみた。

コロンビア大学は、ニューヨークのブロードウェーとアムステルダム街の間、一一四丁目から一二〇丁目にかけて広大なキャンパスを持つニューヨークきっての名門校である。

同性愛の学生団体が各大学にできて、その連合組織が生まれ、大会を名門大学のキャンパスの中で開くなどということは日本では想像もつかぬことだが、ここではそれが堂々と開かれているのである。

学生会館に大会の組織本部が置かれ、大学当局から大教室を一〇ばかり借りうけ、大集会の他に、テーマ別の研究集会が八〇も開かれた。

集ってきたのは、約六〇の大学から八〇〇人の学生。ハーバード、イエールなど、東部の名門校はすべて参加している。

研究集会のテーマは、政治、宗教、学園生活、美術、文学などあらゆる面にわたっていたが、なんといってもいちばん多かったのは、エイズがらみの研究集会である。「エイズ入門」「エイズの法律問題」「レスビアンとエイズ」「ハイスクールにおけるエイズ教育」「安全セックスをエロティックにする法」「相手を安全セックスに同意させるには」「エイズと健康保険」「大学キャンパスにおけるエイズ」などなど、研究集会の一割以上がエイズがらみである。

いくつかの研究集会を傍聴してみた。チューターになるのは、上級生、大学院生、外部の同性愛団体から派遣された講師などである。

同性愛者の半数がエイズ・ウイルスの感染者で、日に日に多くの同性愛者が死につつあるという状況の中で、集会はかなり暗い雰囲気なのではないかと想像していたら、意外にも、どの研究集会も笑いがはじける明るい楽しい雰囲気だった。

どの集会でも、エイズの危険性は指摘されるが、注意すればエイズを防ぐことができることが強調されていた。エイズにかからずにセックスを楽しむためにはどうすればよいか、実用的知識がさかんに伝授されていた。

性行動を〈安全〉〈安全性不明〉〈危険〉の三つにわければ、キスはドライなキスなら体のどの部分にしても安全。しかし、フレンチキスのように、粘膜と粘膜が接触する場合は、安全とはいいきれない。感染者の唾液の中から、濃度は低いがウイルスが検出されている。濃度が低ければ感染の危険性は低いが、安全とはいいきれない。相手の体にキスする場合、あるいはなめる場合も、相手の粘膜さえ避ければ安全。

相手をマッサージする、あるい体と体をこすりつけあうといった行為は安全。オイルやクリームを体に塗って抱き合いながら激しく体をこすりつけあって射精にいたるという行為は安全セックスの一つとして推奨される。お互いに射精しても、お互いの体に傷でもない限り安全。皮膚には殺菌作用があるから、精液がかかってもウイルスは死んでしまう。同じ理由で相互マスタベーションも安全。ただし、手に傷があったりしたら危険。

フェラチオはどうか。精液にはウイルスが沢山含まれているので危険である。呑みこまなくても危険である。ウイルスは口の中の粘膜部分から血液の中に侵入していくからである。では射精の前にペニスを引き抜けばどうか。これも危険である。射精に先だってペニスの先から少量の透明の液が分泌されて出てくるが、この中にもウイルスが入っているからである。量や濃度からいってこれがどの程度に危険かはまだわかっていないが、感染の危険性は否定できない。従って、安全なフェラチオは、コンドームを用いてする場合だけである。

アナルセックスの場合も、コンドームを用いなければ危険。それに、コンドームが破れる場合も考えにいれて、コンドームをつけていても射精直前に抜くことがすすめられている。

同時に、殺菌剤入りの潤滑剤を用いることが推奨される。もともと、アナルセックスには潤滑剤が用いられる。アヌスはワギナのようには自然にぬれてこないからだ。これまで、コンドームなしで生身で行う場合に用いられていたのは、ワセリン、クリスコなど、石油化学製品の潤滑剤だが、これはラテックスの溶剤となりコンドームを傷める恐れがあるので、使ってはならないという。水溶性の潤滑剤で、〝ノンオクシノル9〟という殺菌薬が入っているものを用いるようすすめられていた。この殺菌薬は、淋病、梅毒、ヘルペスなどにも効くという。

エイズ以前から、ホモの間では、通常の性病もまた悩みの種だった。性病はペニスとワギナの間だけでなく、ペニスとアヌスの間でも、あるいはペニスと口腔や咽頭の粘膜部の間でもうつるのである。たとえば肛門淋病といった病気が起こるのである。そのため、ゲイたちは前からアナルセックスには殺菌薬入りの潤滑剤を用いていたから、その辺は抵抗がないらしい。

もっと激しい性行動では、アヌスを用いてのフィストファッキングがある。アヌスにこぶしを入れてしまうのである。一本指からはじめて、二本指、三本指と増やしていき、ついには片腕を突っ込んでしまうのだ。これは潤滑剤をベタベタに塗り、少しずつ慎重にやっていかなければ危険である。肛門や直腸の内部を傷つけたら、感染が起きる。直腸の先にS字結腸と呼ばれる弱い部分があり、ここは指を突っ込むだけで簡単に破れてしまう。そして、ここが破れると、すぐに病院にかつぎこんで手術しないと、命を落すこともある。

それだけ危険であってもその危険性を忘れさせるだけの魅力がフィストファッキングにはあるという。それは性的快感以上のもので、最高のヨガによって得られるのと同じ精神的静けさの中の忘我の境地だという（する側の境地ではなく、してもらう側の境地である）。その域にたどりつくと、それまで勃起していたペニスも力を失ってたれさがり、同時に他の一切のことを忘れてしまうという。フィストファッキングの魅力に取りつかれたゲイたちは、同好の士が集ってＦＦＡ（Fist Fuckers of America）という親睦団体を作っているほどである。

しかし、フィストファッキングもまたエイズ感染をもたらしやすい。出血をもたらすような行為はすべて危険なのだ。同性愛のサド、マゾもあるが、これも同様に危険だから傷を作ったり血を流したりしないように注意してやれとゲイ団体では呼びかけている。フィストファッキングも、どうしてもやりたい場合には、手術医が用いる腕全体をおおうゴム手袋を用いてするようにすすめられている。

もう一つゲイの人たちが好む独特の性行為はリミングである。これはアニリンガスともいい、肛門を舌でなめまわす行為をいう。クニリングスの要領で、ワギナならぬアヌスをなめまくるわけである。すると、ふだんはしまっている肛門がだんだんゆるんできて、中に舌を突っ込めるようになるという。また、このとき同時に相手のペニスをつかんで刺激する。これで射精にいたってもよいが、その前にアナルファッキングに切りかえてもよい。

このリミングもまたエイズ感染の危険がある。エイズのウイルスは、精液の中だけでなく、人間の粘膜から分泌されるものすべての中に潜んでいる。唾液、汗、涙の他、小便、大便の中にもいる。リミングの場合、相手の肛門粘膜部から分泌物が出てきて、その中にウイルスがいる他、大便の残りかすの中にもウイルスがいる。だから、これまた感染の危険が強い行為なのである。

普通の人には、このリミングというのは、ちょっと理解を絶する行為だが、ゲイの人にきくと、これはたまらなくよいものらしい。もちろん、なめるよりなめられるほうがよいのである。それはクニリングスで絶頂に達するときの女性の感覚に近いもので、よだれがたれるほどよいという。

エイズ感染の恐れでこれができなくなってしまった。こればかりはコンドームを使うわけにもいかない。そこで考えだされたのが、ラテックスの薄い緑色のシートである。これを肛門にあてがい、その上からなめろというわけである。コンドームより少し厚目だが、なめられるほうはなんとかある種の快感を得られるだろう。しかしなめる側はたまらないのではないか。ラテックスだから、どうしてもゴムのにおいが消えない。

ともかく、このリミング用ラテックスとコンドーム、それに潤滑剤を入れた安全セックスキットが、ゲイの団体で作られ、大量にバラまかれている。ほしい人は誰でもいくつでももらえる。そして、ワークショップではその使い方の実技指導が行われる。

アメリカでは一九五〇年代にピルが解禁になり、それ以来、避妊といえばピルであったから、コンドームを使う人はほとんどいなくなっていた。だから、コンドームの使い方を学ぶ必要があるわけだ。

ワークショップでは、参加者全員にキュウリが配られ、それをペニスにみたてて、みんな大まじめな顔をしてコンドームをかぶせる練習を繰り返す。ちなみに、アメリカのキュウリは日本のものより太めで、かつ表面のボツボツがないから、いかにもそれらしいのである。

ワークショップの中でいちばんにぎやかだったのは、「安全セックスをエロティックにする法」というテーマのセミナーだった。これは、大きなホールが会場に使われて、一〇〇人を超す人が参加した。

まず、エイズによって、自分たちの性生活にどんな変化が起きたかを徹底的に語りあう。エイズによって何が失われたか。何がもたらされたか。

司会者が指名して、参加者になんでも思いつくことを次々に発言させる。エイズによって失われたものには、先に説明したリミングがある。生《なま》のフェラチオがある。特に、精液を呑みこむ楽しみはもう永遠にない。生のアナルセックスもなくなった。要するに生の性行為はみななくなってしまった。グループセックスもなくなった。不特定多数の見知らぬ人とのセックスは危険度が高いからだ。前に説明したホモ浴場もほとんどなくなり、数軒のみが残っている。しかしここでも、安全セックスの原則が守られている。浴場に入るときに、自分は安全セックスを守りますという誓約書にサインしないと中に入れないのである。それにサインすると、コンドームと、安全ピンのついたバスタオルを渡される。安全ピンは、自分は安全セックスを守る人間であるという宣言なのだ。これはホモ浴場だけでなく、どこでも通じるサインである。外では、衣服のエリとか胸ポケットなどに安全ピンをとめておくわけだ。これで見知らぬ人間同士でも、お互いにさそいあったときに安全セックスでいけるかどうかがわかるというわけだ。

さらにエイズが失わせた精神的なものをあげれば、「自由」「匿名性」「安心感」「即興性」「気まま」「他人への信頼感」などがあげられる。それに代って、エイズは、不安、恐怖、不信などをもたらした。しかし、いい面もないではない。行きずりの人間関係より、長つづきのする人間関係を求めるようになった。見知らぬ者同士の匿名の関係ではなく、お互いに相手の人格の内部にまで立ちいって深く知り合う関係を求めるようになった。感覚のみを共有しあうのではなく、エモーションを共有しあうことを求めるようになった。

しかしそうはいっても、セックスそれ自体は、いつでもコンドームを使わねばならず、これまで開発されたさまざまの性技も使えなくなり、官能的にはセックスの質が低下したことは否めない。そこで、なんとかそれを補う工夫をしたいというのが、このワークショップなのである。

参加者は、一〇人くらいずつの小グループにわけられ、それぞれ、ファッキング、オーラルセックス、相互マスタベーション、ヴィジュアル・セックス、コンドーム使用法などといった小テーマを与えられる。それぞれの分野で新しいエロティシズムをもたらすテクニックを研究し、その成果をあとで発表しあおうというのである。

みな楽しそうにワーワー騒ぎながらさまざまのアイデアを出しあう。半分まじめだが、半分は遊びである。

コンドームの上にアイスクリームのトッピングをいろいろのせてフェラチオをしてみたらどうか。口の中にアイスキューブを含んでおいてフェラチオするといい。竿《さお》の部分ではなくて、タマの部分ならナマでしゃぶってもよいのではないか。自分のペニスを入れないで、キュウリ、ニンジン、ズッキーニなどの野菜を相手のアヌスに入れてみてはどうか。あるいは、西瓜、メロンに穴を開けて、そこにペニスを突っ込んでみるのはどうかなどなど、たちまち数多《あまた》のアイデアがあふれ出てきて、それが発表されるたびにみなで笑いころげあう。

見ていて実に明るい雰囲気なのである。性的抑圧などかけらもない。エイズの脅威がいかに大きかろうと、安全セックスの範囲内でとにかく目いっぱい楽しもうという意欲満々である。

そして、二日間にわたる大会の間に、早くもあちこちで仲よしのゲイのカップルができあがり、キャンパスのど真中で白昼堂々人目もはばからず抱き合ったりしているのである。私はそのおおらかさに驚いてしまった。エイズ禍の中のゲイということで、もっと暗い雰囲気をイメージしていたのに、そんな空気は全くないのである。

だがそう見えたのは、表側の一面だけだった。実はこの大会のワークショップで、エイズ関連のテーマに次いで多かったのは、キャンパスにおける同性愛者迫害の問題だった。

いまアメリカの大学では、ゲイ・バッシングといって、同性愛者を暴力的に迫害する事件が相次いでいる。

どこの大学でも、ゲイの団体があって掲示板を持っているが、そこには、「エイズ！」とか、「こいつらはみんな殺しちまえ」とか、あるいはさまざまな卑わいな言葉の落書きがしょっちゅうある。掲示板が壊されてしまうこともよくある。そして、ゲイの活動家に対しては、電話で、「お前を殺してやる」、「大学から出ていけ」などの脅迫がよくある。

ニュージャージーのウェストチェスター大で、ゲイの集会が催されたところ、その集会を、頭に紙袋をかぶって顔を隠した一般学生たちが取り囲んで集会を妨害した。

オハイオのデイトン大学では、ゲイの学生がロッカーの中に閉じこめられ、アンモニアとトイレの洗浄剤を頭からぶっかけられて失神した。

カンサスのあるゲイ活動家は、知らぬ間に車の車輪をとめてあるナットをゆるめられ、それを知らずに走ったため、走行中に車輪が脱落し、危うく大事故になるところだった。カリフォルニアのスタンフォード大学は、昔からゲイに理解がある大学で、構内には、ゲイ解放を記念して、二人のゲイと二人のレスビアンの群像が置かれていた。ある日、これがハンマーで打ち砕かれていた。

マサチューセッツ大学は昔からリベラルな大学として有名だったが、いまでは、〝異性愛者の反撃大行進〟とか、〝ゲイを絞首刑にせよ大行進〟といったデモンストレーションが校内で公然と行われるようになってしまった。この大学では、同性愛者の二一％が肉体的暴力を加えられた経験を持つし、四五％が言葉による中傷、いやがらせをされた経験を持つ。

他の大学にしても事情は同じようなものだ。どこでも、ゲイの学生は殴られたり、蹴とばされたり、石を投げられたりといった暴力的攻撃を日常茶飯のごとく受けているし、オカマは出ていけ、死んじまえ、殺してやる、チンポを切り取ってやろうかなどという暴言をしょっちゅう浴びせかけられているというのである。

このようなことが起きているのは、大学のキャンパスの中だけではない。一般社会では、もっともっと激しい同性愛攻撃が行われつつある。

インディアナポリスでは、ゲイ運動の事務所に勤める女性が銃を突きつけられ、三時間半にわたってレイプされた。レイプしながら犯人は、こんなにゲイがはびこる世の中をなんとかしなければならない、お前がゲイ運動を離れなければ殺すなどとおどしつづけた。

ワシントンDCで、あるゲイは二人のティーンエージャーに公園でつかまり、ナイフを突きつけられ、全裸になるように命じられた。そのとき、ナイフを喉に当てながら、殴る蹴るの暴行が加えられ、つばを吐きかけ、小便までかけられた。ナイフで性器をえぐり取ってやろうかともおどされた。

サンフランシスコのスーパーマーケットの駐車場で一群のティーンエージャーがゲイの男を取り囲み、「この病気のオカマめ！　お前たちの病気のおかげでオレたちもみんな死んじまうんだぞ！」と口々にわめきながら、手にしていたスケートボードで殴り、男が倒れると、その体の上に乗り、顔を爪で引っかいた。男は肋骨を三本とアゴの骨を折り、頭部、顔面ならびに肝臓にも重傷を負った。

ニュージャージーでは、屈強な三人の男がゲイの男を取り囲んでぶちのめし、その顔に火のついたタバコを押しつけて消した。そのあとロープで縛り、そのロープをトラックに結んで男を引きずり倒したまま街を走り回った。

ニューヨークではエイズ患者とまちがわれた看護師がエイズ患者を憎む男から路上で金ヅチで殴られ、全治一カ月の重傷を負った。サンフランシスコでは、ゲイの男をぶちのめした男から、「エイズ・ホットライン」に電話がかかってきて、いまゲイをぶちのめしたが、それで自分がエイズに感染した恐れはないだろうかと相談してきた。

こういう話がいくらでもあるのである。あまりにひどいので、この問題で、議会で公聴会が開かれたくらいである。ゲイ団体の調べ（全国調査ではない。三二州の四四都市のみの調査）によると、八五年だけで、肉体的暴力行為が四四五件、殺人が二〇件もあった。その他、放火が五件、爆破が一件ある。ニューヨークだけをとってみると、八五年は同性愛者攻撃が二四九件も発生した。三日に二件の割である。八六年には三五一件となり、ほぼ一日に一件となった。そのうち殺人事件が一七件だった。

この数字は氷山の一角しか示していない。アメリカでは、警察にも同性愛者に対する偏見があり、どうせ警察に届けてもまともに対応してくれないだろうと思って、自分が襲われても届けない人が多いのである。ゲイ団体の調査によると、届ける人の割合は二〇％だという。

実際、警察に届けに行ったところ、エイズがうつるかもしれないからこっちに寄るなどといって被害者調書を作成しようともしなかったというような話が珍しくない。

偏見があるのは、警察だけではない。検察官も被害者が同性愛者だとわかると、不起訴にしたり、あるいは司法取引で示談にしてしまったりというようなことをする。裁判にしてもそうなのである。アメリカの裁判は陪審制だから、陪審員に偏見があれば、判決も偏ったものになる。南部で白人を殺した黒人はすぐ極刑に処せられるのに、黒人を殺した白人は軽い刑にしかならないのと同じような偏見の構造が同性愛者についても成りたつのである。

同性愛者を襲撃したり殺したりした事件の被告たちは、みな一様に、同性愛者の側が攻撃しようとしてきたので、こちらは先制的防御をはかったとか、目の前で同性愛者が変なことをしていたので心理的パニック状態に陥り、つい暴力をふるってしまったといって弁明する。するとその弁明が通り、軽い処分になったり、犯意が認められないとして無罪になったりすることがよくあるのである。

アメリカの表面的な性解放だけを見て、アメリカは性的に解放された国だと考えると誤りである。七〇年代、それまで社会の表面に出てこなかった同性愛者たちが堂々と姿を現し、派手なゲイ解放運動を繰り広げてきたので、遠くから見ると、アメリカでは同性愛が社会的に受けいれられるようになったように見えるが、実際には、アメリカ社会の底流には昔も今も同性愛に対する強い反発と拒否があるのである。いまでも、同性愛行為を犯罪として処罰する法律や条例を持つ地域がアメリカにはあるのだ。性革命の時代には陰に潜んでいたその底流が、エイズをきっかけに噴出してきたのである。

エイズは同性愛者に対する神の怒りのあらわれである。天罰である。だから同性愛者を迫害することは神の意に沿うことである。こういう論理づけで同性愛者襲撃が行われているのである。彼らの間では、GAYとは、God Aids Yet?（神はいまだに同性愛者を助けたもうや）の略であるとか、AIDSは、America's Ideal Death Sentence（アメリカの理想的死刑宣言）の略であるとかいう語呂合わせがはやっている。

そのような伝統的道徳観の持ち主である右翼的保守派が、大学のキャンパスでも社会でも大きな勢力を持ち、公然と同性愛者や、性解放派を攻撃するようになった。エイズはアメリカ社会を性革命の時代から性反革命の時代に逆転させてしまったのである。

そのような保守派の学生によって、ダートマス大学ではロック・ハドソンが死んだとき、その死を祝うビール・パーティーが開かれた。カンサス大学では、同性愛者攻撃のスローガンをつけたTシャツが作られ、あっという間に売れてしまった。カンサスのラジオ局のディスクジョッキーは、〝オカマをやっつけろ〟というコーラス曲を自分で作ってラジオで何度も流した。保守派の学生たちは、その心情を次のように語っている。

「七〇年代のフリーセックス、フリーラブが何をもたらしたかといえば、家庭の破壊だ。離婚家庭、片親の子供が世にあふれている。いいことは何もなかった。ゲイの連中は、本当は薄汚いことをやっているのに、それがいかにも美しくて素晴しいことであるかのように喧伝して世の中をまどわす。あいつらは非難されるべきだ。フリーセックスの連中がやったことは結局この世の中を巨大な乱交パーティー会場に仕立てあげるということだった。それは自由のはきちがえだった。愛のないセックスには価値がない」（『ローリング・ストーン』誌・四八三号）

このような保守派の考えがキャンパスで支配的になり、いまや学生たちのセックス頻度と相手の数は、七〇年代にくらべて劇的に減っている。テキサス大学とカンサス大学の女子学生を調べたところ、七〇年代には月一回以上セックスする学生が五一％いたのに、いまでは三七％しかいないという。そして、フリーラブ、フリーセックスの考えを拒否し、いまや特定の相手とステディな関係を保ち、結婚を志向する考えの学生のほうが多くなっている。

大学のキャンパスにおけるエイズ患者の発生はまだそれほど多くはない。カリフォルニア大バークレー校で三人、スタンフォード大学で学生三人、教職員に七人、ニューヨーク大で五人といった具合いに、だいたい一ケタである。

しかし、バークレーのエイズ対策主任は、カリフォルニアの大学生だけで、やがて、五〇〇〇人から二万五〇〇〇人の患者をかかえることになるだろうと予測している。

そのような状況の中で、若い学生の性行動や性意識も変化せざるをえないのである。

V

この七月二十二日、ブルックリンのエモンス通りに住む、ジョン・デンテイルという三〇歳の元郵便局員が、エイズの治療を要求して、自分の妻にピストルを突きつけて人質にし、自宅にたてこもった。警官隊がやってきて説得すると、ピストルを射って抵抗した。

デンテイルはその前日、ブルックリンの市立病院を訪れた。いまのところ、エイズにきく唯一の薬であるAZTを求めて病院に行ったのである。

AZTはアジドチミジンと呼ばれる物質で、ガンの特効薬を研究する過程で発見された薬品である。ガンにはあまり効かないということで放っておかれていたが、これに、エイズのウイルスの増殖を抑える作用があることがわかり、いまアメリカで唯一エイズ治療薬として許可されている。エイズの治療薬といっても、これでエイズが治るわけではない。AZTにはエイズ・ウイルスを殺す力はない。増殖を抑えるだけなのだ。だから延命効果はあるが、エイズを治すことはできない。そして、延命効果がある反面、強い副作用がある。骨髄の増血組織に障害が起きる。頭痛、けいれん、神経症状なども起こす。副作用が強いから長期間使用するのはまずいのだが、AZTの服用をやめるとまたエイズ・ウイルスの増殖がはじまってしまうというジレンマがある。

しかし、いまのところは、これ以外に治療薬らしい治療薬がないので、副作用をだましだまし使っているというのが現状である。

この薬が高い。年間一万ドルかかる。貧乏人にはとても使えない。そこでこの七月から、ニューヨークでは、健康保険に入っておらず、かつ年収が一万二六〇〇ドル(三人家族の場合。だいたい月収一五万円というところ)以下の場合に限って、AZTの費用を公費で見ることにした。その対象になる低所得層患者は約一一〇〇人いるという。

デンテイルの場合、この対象にならなかったのかどうか、ブルックリンの病院では冷たくあしらわれ、AZTを処方してもらえなかった。エイズ患者のデンテイルは、AZTがもらえなければ死ぬほかないと思いつめ、自分の妻を人質にとってエイズ治療を要求するという挙に出たわけである。

デンテイルは警官隊と三時間にわたってにらみ合った末、逮捕後は充分な治療を受けさせてやるとの警察側の説得に応じて、ピストルを捨てて投降した。デンテイルを逮捕した警官は、エイズ感染を恐れ、いずれも外科手術用のゴム手袋をはめていた。デンテイルにはすぐ医療用のマスクがかけられ、逮捕後ただちに病院に連行された。

この事件は、アメリカのエイズ患者がいかに絶望的な気持に陥っているかをよく示している。AZTがいかに不完全な薬であろうと、それが唯一の頼りだから、こんなことまでしてそれを求めずにはいられないのである。

そして、医療費の問題である。年間一万ドルの薬代というと高いようだが、エイズ患者の医療費トータルはもっともっとかかる。私が取材したセント・クレア病院の場合、入院患者一日当りの医療費は五四〇ドル（約八万円）だという。年間では約二〇万ドル（約三〇〇〇万円）もかかってしまうのである。保険に入っていない人は、よほどの大金持でなければ、とても払えない。そして、前にも述べたが、アメリカは国民皆保険制度でないから、必ずしもみなが健康保険に入っていない。だからエイズにかかっても医療費が払えなくて病院に行けないという人が少なくない。それを国や地方自治体で面倒見ようとすると、途方もないお金がかかる。ニューヨークの場合、このままいくと、エイズ患者のための公費負担が一九九一年には二〇億ドル（約三〇〇〇億円）もかかることになり、州の財政はパンクしてしまうと、いまから財政当局者は悲鳴をあげている。

医療費は底なしにかかるが、いくら医療費をかけても助かるわけではない。エイズはいまのところ、どう頑張っても死に至る病いなのである。だから、患者の中には、エイズが発病したら無駄な医療はやめて、早く死なせてくれと願う人も出てくる。

いまアメリカでは、〝リビング・ウィル〟といって、生命維持治療の中止を求める〝生前執行の遺言〟が制度化されている州が三八もある。ガンの末期や脳損傷の重度のものなど、目前の死が避けられない、あるいは回復したとしても重症の植物状態など有意味な生が期待できないときには、生命維持治療をやめて死なせてくれという意思表示をあらかじめ文書にしておき、医者はそれに従わなければならないという制度である。

ニューヨーク州では、リビング・ウィルは制度化されていない。しかし、いまニューヨークのベルヴュ病院にエイズで入院して脳障害を併発し昏睡状態に陥っているトーマス・ワースという四八歳の患者は、まだ意識が鮮明だったこの四月に、「回復の見込みがない場合、または、生きている意味がないような状態の生しか期待できなくなった場合には、生命維持治療を中止してもらいたい」というリビング・ウィルを作成して、弁護士に託しておいた。リビング・ウィルが制度化されている州では、医者はこのウィルに従わなければならないが、ニューヨーク州では、医者はそれに従う義務はない。そこで、ベルヴュ病院の医者は、このウィルに従うことを拒否した。それに対して、ウィルを託された弁護士が、これを不当であると裁判所に訴え、いまこの訴えが、州の最高裁判所で審理されているところである。

ニューヨークのゲイの団体、GMHC（Gay Men's Health Crisis）の法律担当理事の言によると、ゲイのエイズ患者のうち、月に三五人から五〇人の人が、意識があるうちにリビング・ウィルを遺しておきたいと望み、その八〇%の人が実際それを作成しているという。だから、もしニューヨーク州最高裁がリビング・ウィルの法的効力を認める判決を出せば、今後、毎月三五人から五〇人のエイズ患者が生命維持治療を拒否して、死を選択することになるわけである。

治療法がない死に至る病いと闘うことは、患者にとっても楽ではないが、医者や看護師にとっても楽ではない。

ニューヨークの多くの病院で、エイズ担当の医者や看護師の間で、〝燃えつき症候群〟が広がっているという。毎日毎日ハードワークの連続で、心身ともに疲労困憊しているのに、いかなる努力も空しく、患者は毎日のように死んでいく。その徒労感から、精神が虚脱状態に陥るのだという。

私が訪ねたセント・クレア病院は、ニューヨークではいちばん最初にエイズ専門病棟を設けた病院で、現在、エイズ病棟には六〇床のベッドがある。いずれも重症で、あと数週間しかもちそうにないという患者ばかりである。この病棟から、毎月平均一二人の死者が出るという。ほぼ二日に一人は死んでいくのである。

許されてエイズ病棟に入ると、向うのほうから、ネグリジェを着たやせ細った中年の女性がフラフラと近づいてきて、

「あなたタバコ持ってない？」

と、かすれたささやくような声でいう。びっくりして顔を見ると、彼女の目は宙を泳いでいる。

「あなたタバコ持ってない？」

表情を変えずにもう一度同じ調子でいう。目はやはりこちらを見ていない。

「この患者は、エイズが脳にきて、精神障害を起こしてるんです。こうして、一日中廊下をうろついて、誰かれなく出会う人に、〝あなたタバコ持ってない〟ときくんです。一日中それを繰り返してるんです」

と病院の当局者は説明してくれた。

――エイズが脳にくるというのは、よくあることなんですか。

「ええ、結構あるんです。そうなると悲惨です。脳にくると慢性化しがちなんです。こうして狂ったままずっといかなければならない」

エイズは、ウイルスがどこを襲うかで、その発症の仕方がちがってくる。よくあげられるカリニ肺炎とかカポジ肉腫といった病気になるだけではない。患者によって、さまざまの症状を呈す。激しい苦痛がつづいて苦しみながら死んでいく人もいれば、ほとんど苦しまないで死んでいく人もいる。やせ細って骨と皮のようになって死んでいく人もいれば、エイズときかなければ、見ただけでは健康人と変わらない状態で死ぬ人もいる。

だがいずれにしても、エイズとの闘いは、医者にとって、毎日が敗北の連続である。

「治療法がないわけですから、とにかくあらゆる手段を通じて延命をはかるということしかないんです。患者さんの命を引きのばしていけば、なんとかそのうち治療法が見つかるのではないかということに唯一の望みを託しているわけです。しかし、現実には、いくら力をつくしても患者さんは毎日のように亡くなっていく、しかもまだ若い人たちが。それは本当につらい仕事です。精神的に落ちこんでしまうときもあります」

と、エイズ病棟主任のデブラ・スパイスハンドラー博士は語った。

こう書いてくると、エイズの世界は、暗くて救いのない世界に思われるかもしれないが、そうでもない。妙ないい方だが、明るい側面もあるのである。

エイズにかかっていることを告げられ、近未来に必然的に死がやってくることを知れば、たいていの人は落ちこむ。しかし、中には、死の恐怖にうち勝ち、最後の瞬間まで堂々と生きていく患者も決して珍しくはないのである。

スパイスハンドラー博士は、いまでも忘れ難い患者が一人いるという。

「四〇代はじめで、白人の同性愛者でした。この病院に一年半いて、それからカリフォルニアに移り、そちらで亡くなったと聞きました。その患者は、エイズの患者としては最悪でした。考えられるあらゆる合併症を起こしていました。肺もやられていたし、肝臓も悪くしていたし、髄膜《ずいまく》炎も起こしていました。エイズがもたらすあらゆる症状の見本のようでした。絶望的なケースです。それなのに、その人ははじめから終わりまで明るかったのです。落ちこむということは一度もありませんでした。いつでも希望に満ちていて、元気いっぱいでした。どうしてあんなに元気でいられたのか本当に不思議でした。そして、病棟の中で、他の患者さんに積極的に話しかけ、話を聞き、その希望と元気をいつもみんなにふりまいて歩いていたのです。エイズでは精神的に落ちこむ患者さんが多いんですが、そういうときいちばんきくのは、同病の患者さん同士のはげましあい、助け合いなんです。エイズで落ちこんでる人は、健康な人には自分の気持がわかるわけがないと思って、普通の人からなぐさめられても、それを精神的に拒否してしまうんですね。しかし、患者同士の話は素直に受けいれるのです。だから、その患者さんのように元気いっぱいの人がいると、病棟全体が明るくなってくるのです。彼は決して未来への希望を捨てず、最後にカリフォルニアに行ったのも、新しく家を買って、新しい人生をはじめるつもりだったのです」

エイズ患者の医療において、何より大切なのは、患者の精神状態だという。この患者のようにエイズと診断されても希望を失わないでいられる人は滅多にいない。絶望し、落ちこみ、無気力になったり、自暴自棄的になったりする人が大部分である。それは主観的な気のもちようだけで解決できる問題ではない。エイズと診断されたとたん、その人の現実生活が激変する。仕事を失い、友人を失い、ときには住んでいる家から追い出されたり、家族から見捨てられたりもする。知っている人の誰からも見捨てられ、世の中から見捨てられ、神からも見捨てられてしまったと思う絶対的喪失感からくる絶望。これが大きい。

医療だけでは、患者を救うことができない。精神的助けや、生活上の物質的助けを与えることも必要になってくる。そこでこの病院では、エイズ患者のために精神医を置き、ソーシャルワーカーを置いている。物心あらゆる面の相談にのってやる。その他、患者の話し相手になってくれるボランティアに沢山きてもらって、どんなに社会的に見捨てられた患者にも人間的接触を欠かさないようにしてやっているという。

エイズ患者に死が避けられないなら、その死を、精神的に安らかに、かつ尊厳をもって迎えられるようにしてやりたいという。孤独と絶望の中の死だけはなんとか防いでやりたいのだが、それを防ぎきれないのが現実であるともいう。

先にも述べたように、いま医療技術の上で、エイズの唯一の希望の灯となっているのが、AZTである。セント・クレア病院で、AZTのおかげで病気が持ち直し、退院して、二週間に一度ずつ病院に外来患者としてくればよくなった患者に会った。マーク・ラニアンという。個人的なことは語ることを避けたが、三〇代後半、知的な仕事をしているという。色が白い、やさしそうな青年である。いまはちょっとふとって見えるが、昨年十月に入院したときには、いまより三〇キロもやせていて、ほとんど骨と皮ばかりだったという。どんどんやせるというのが、エイズの症状の一つである。

「高熱を発していましてね、ほとんどものが食べられない。入院したとき、ちょうど、AZTの試験投与をしていたので、それに参加すると、二、三週間で効き目がでてきて、どんどんよくなってきました。食欲も出て、またふとりはじめた。一カ月後に退院できるようになって、その後はじめは毎週通院していたのが、いまは二週間に一度でよくなり、そのうちもっとよくなれば、月に一度でよいといわれています」

とはいうものの、決して健康体ではない。声は弱々しいし、歩くのもしんどそうである。

――エイズになってからの精神状態はいかがでした。

「それは仕事を失ったり友人を失ったり、つらい側面もありました。しかし、逆に、精神的に豊かになったという側面もあるんです。つまり、いろいろ失った人間関係も多いけど、逆に、とても強くなった人間関係もある。それまであった日常的な沢山の人間関係がエイズに洗い流されて、本当に大切な、本当にかけがえのない人間関係だけが残った。整理がつかないでゴチャゴチャになっていた戸棚の中がきれいに整理できて、自分に必要なものだけを残すことができたような感じなんです。ニューヨークというのは激しい競争社会で、その中でうまくやっていくためには、いつでもハイペースで走り回っていなければならない。周囲をゆっくり見まわす余裕もなく、突進していかなければならない。そういう生活にみんな疲れていて、そこにバラの花が咲いているのに、立ち止まってバラの花の香りをかごうともしない。これでは本当に生きていることにならない。そういうことが、自分がエイズにかかってはじめてわかったんです。死というのは妙なもので、自分は本当のところ何者なんだろう、自分がしていることは何なのだろうということをいやでも考えさせるんです。そういう意識のもとに自分と自分の生活を見直すと、何もかもがちがって見えてきたんです。そういう意味で、ぼくは、元気だったときより今のほうが本当の意味で人生を生きているという気がするんです。映画を見たり、人に会ったりしても、今のほうがずっとエンジョイできる。親しい人との人間関係もずっと深いものになっている。いまは人生の一瞬一瞬をすみずみまでフルにエンジョイしているという気持なんです。そういう風に人が生きるとはどういうことなのかを新しい目で見直すことができたという点で、ぼくはエイズに感謝すらしているんです。前よりもっとよく見えるんです。人生も、世界も」

似たような感想を別の患者からも聞いた。ニューヨークの同性愛者の街、クリストファー・ストリートの西の外れに、ベイリー・ハウスと呼ばれる六階建ての建物がある。ここはかつて、古いホテルだったが、いまはニューヨーク市が買いあげて、身よりも家もないエイズ患者のための施設になっている。先にも述べたように、エイズになったおかげで、職を失い、家を失い、友人を失い、家族を失ったという人が少なくない。そういう人は本当に重症になれば救急病院にかつぎこんでもらえるが、そうなるまでは、浮浪者にでもなるほかなかった。そういう人を救うための施設なのである。

ここの患者は、みじめな境遇を反映してか、あまり外部の人と積極的に話したがらない。一人、喜んで話そうといってくれたのが、ジェイムス・リードという四七歳の黒人だった。彼もまたプライバシーを語ることは避けたが、前職はタクシーの運転手で、身よりは一人もいないという。このベイリー・ハウスにきてできた知り合い以外、知人もいないという。天涯孤独の身である。その手はがっしりと大きく、握手をすると、私の手は彼の掌の中にすっぽり隠れてしまった。

彼がこれまでどのような生涯を送ってきたかはわからないが、

「エイズにかかってから、差別を受けましたか」

と質問したとき、彼はそれまでの穏和な調子を捨て、語気を荒げた。

「差別だって！　オレはこの人生を通じて、生まれたその日から、ずっと差別を受けてきたんだよ」

と吐き出すようにいって、私の顔をジッと見た。しわが深くきざまれた黒い顔の中で、充血した眼が私をとらえて離さず、お前に、差別という言葉の本当の意味がわかるかと問いかけているようだった。

「この国は差別だらけの国だ。黒人は生まれたときから差別されている。オレはずっとその差別と闘ってきた。小学校でも、黒人がいく小学校は、白人のいく小学校より程度が低い。オレは差別と闘って、いい小学校にいった。差別と闘いながら大学までいった。金がないから働きながら大学にいった。しかし、大学にも差別がある。大学を出て就職するにも差別がある。就職して会社に入ってからも差別がある」

詳しくは語らなかったが、大学を卒業しても、アメリカで四七歳にしてタクシー運転手として生計をたてねばならなかったという事実そのものが、彼の人生における差別の歴史を何よりも雄弁に語っているといえるだろう。

彼には黒人であるという以外に、もう一つのハンデキャップがあった。心臓が弱かったのである。そのために、エイズ以前に失職している。

生活に疲れ、差別との闘いに疲れ、昨年、彼はうつ病にかかり病院に入らねばならなかった。

「エイズにかかっているのがわかったのはそのときなんだ。うつ病の治療のために血液検査をしたら、エイズの抗体が出た」

――ショックでしたか。

「いや、そのときはむしろ喜んだくらいだ。ついにやったかと思った。これで死ねると思った。そのころうつ病がひどくて、ずっと早く死にたい、自殺したいと思っていた。だからこれでこの世とおさらばできると思って嬉しかったんだ」

――いまもその自殺願望があるんですか。

「いや、それがすっかりなくなった。抗うつ剤を飲んで、うつ病が治ったということもある。だけど、それより効いたのは自分がエイズだとわかったことだ。

いずれにしても自分に残された時間はそんなにないんだということがわかったとたん、生きてるということがどんなに大切なことかわかってきた。自分がこの世にそう長くとどまってはいられないのだということがわかってから、日の出を見たり、ハドソン河の流れを見たり、通りを歩く人々を見たりするたびに、そういう一つ一つのことが何て素晴しいことなんだろうと思えてきた。自分がここに生きており、それを見ているということ自体が素晴しいことなんだと思う。生きてる者にとって、生きてるということとそれ自体が素晴しいことだ。

　そう思って見ると、車でも人でも、これまで見慣れていたものがみんなちがって見えてきた。何もかもがこれまでよりずっと生き生きと、ずっとはつらつとして見えてきた。何もかもがこれまでよりずっとリアルに見えてきた。何もかも、これまでずっとそこにあったというのに、まるでちがって見えてくる。そして、これまで気がつかなかったものに気がつくようになる。鳥の声なんてこれまで気にもとめなかった。だけど、鳥の声がなんと美しいんだろうと思うようになる。これまで見逃していた小さなこと、小さなものがみんな見えてくる。それが生きることに持つ意味が見えてくる。だから、今日も、その辺をちょっと散歩しただけで、それだけで、生きてるということはなんと素晴しいことなんだと毎日毎日あらためて感じられるんだ」

――神とか、死後の世界とか、そんなものは信じませんか。

「何も信じない。この世にある限りが人の生で、死んだら何もない。何も残らない。何も継続しない。すべてが終りだ。だからこそ、この残された人生が素晴しいんだ」

――エイズはずいぶんあなたの人生観を変えたんですね。

「そう。オレにとって同じ世界がちがって見えてきたという点ではたしかにそうだ。

しかし、エイズ、エイズと騒ぎすぎるのも考えものだ。エイズでいくら人が死んだといっても年間三万九〇〇〇人だ。アメリカの人口一億八〇〇〇万人の中のたった三万九〇〇〇人だよ。アメリカで死因の一番は心臓病だ。心臓病で死ぬ人にくらべたら、エイズで死ぬ人など、ものの数ではない。エイズにすでにかかってしまった人や、エイズにかかりそうな危険性がある人にとっては、エイズは重大問題だけど、その心配がない人はエイズを必要以上に恐れる必要はない。それより、人はみんないずれ死ぬのだということを恐れたほうがよい。それを認識すれば、別にエイズにかからなくても、この世界をちがった目で見られるようになるよ」

こういってリード氏はまた私をジッと見た。それはそうなのだと私も思う。大きな目で見れば、我々はみなエイズ患者と同じなのである。我々の来るべき死は生まれたときから宣告されているのである。だから我々も、本当は、エイズ患者と同じように、来たるべき死をもっとはっきり意識して生きなければならないのである。我々がエイズから学ばねばならないのは、この人生の最も冷厳な事実なのではあるまいか。

（『ペントハウス』一九八七年六〜一〇月号）

下巻　初出一覧

第1章▼パレスチナ報告〈文藝春秋『諸君!』一九七四年八月〈パレスチナ報告〉〉
第2章▼独占スクープ・テルアビブ事件〈文藝春秋『週刊文春』一九七二年七月二四日号〈独占スクープ・テルアビブで岡本公三と一問一答〉、同八月七日号〈狙いはダヤン暗殺だった〉〉
第3章▼アメリカの世論を変えたパレスチナ報道〈講談社『週刊現代』一九八八年四月三〇日号〈アメリカの世論を変えたパレスチナ報道〉〉
第4章▼自爆テロの研究〈文藝春秋『文藝春秋』二〇〇一年一一月号〈自爆テロの研究〉〉〈『同時代を撃つ──情報ウォッチングPART2』（一九九〇年、講談社）所収〉
第5章▼ニューヨーク'81〈文藝春秋『くりま』一九八一年四月号〈ニューヨーク'81〉〉〈『ニューヨーク読本2・ニューヨークを知る』（一九八六年、福武書店）所収〉
第6章▼AIDSの荒野を行く〈講談社『ペントハウス』一九八七年六〜一〇月号〈AIDSの荒野を行く〉〉

本書は、二〇〇四年一〇月に書籍情報社より刊行された『思索紀行——ぼくはこんな旅をしてきた』を二分冊にして文庫化したものです。

ちくま文庫

思《し》索《さく》紀《き》行《こう》（下《げ》）
――ぼくはこんな旅《たび》をしてきた

二〇二〇年六月十日　第一刷発行

著者　立花 隆（たちばな・たかし）
発行者　喜入冬子
発行所　株式会社 筑摩書房
東京都台東区蔵前二―五―三　〒一一一―八七五五
電話番号　〇三―五六八七―二六〇一（代表）
装幀者　安野光雅
印刷所　凸版印刷株式会社
製本所　凸版印刷株式会社

ISBN978-4-480-43666-5　C0195